中国领导力
提升系列

主编 胡月星

领导沟通

周　敏◎著

中国出版集团　研究出版社

图书在版编目（CIP）数据

领导沟通 / 周敏著 . -- 北京：研究出版社，
2017.1

ISBN 978-7-5199-0023-6

Ⅰ. ①领… Ⅱ. ①周… Ⅲ. ①领导学—人际关系学—
研究 Ⅳ. ① C933.2

中国版本图书馆 CIP 数据核字（2016）第 311154 号

领导沟通

作　　者 周敏　著
责任编辑 陈侠仁
出版发行 研究出版社
地　　址 北京市东城区沙滩北街 2 号中研楼
邮政编码 100009
电　　话 010-64257481（总编室）010-64267325（发行部）
网　　址 www.yanjiuchubanshe.com
电子信箱 yjcbsfxb@126.com
印　　刷 三河市金泰源印务有限公司
开　　本 710 毫米 ×1000 毫米　1/16
印　　张 19.5
版　　次 2017 年 1 月第 1 版　2017 年 1 月第 1 次印刷
书　　号 ISBN 978-7-5199-0023-6
定　　价 48.00 元

参与研究单位

国家行政学院
中国人事科学研究院
中组部浦东干部学院
国家税务总局党校
北京市行政学院
上海市行政学院
黑龙江省行政学院
吉林省行政学院
广西壮族自治区行政学院
辽宁师范大学
宁夏回族自治区行政学院

支持协助单位

国家行政学院中国领导科学研究中心
中国人才研究会领导人才专业委员会
西安思源学院新发展理念与领导力研究中心

提升领导力是聚焦点（代总序）

胡月星

领导科学研究告诉我们，组织发展与领导力提升并不是同步的。组织规模增大，并不意味着领导力随之提升。组织规模小，并不代表没有强大领导力。有的组织诞生时规模很小，但能够逐渐壮大，关键就在于其具有强大领导力。我们党诞生之初人数寥寥，但犹如喷薄而出的朝阳，光照四方。成功的秘诀在哪里？就在于我们党拥有强大的领导力，正是这一核心力量使我们党焕发出旺盛的生命力。今天，我们党是拥有436万多个基层党组织、8779万多名党员的大党，但规模越大并不意味着领导力就越强。加强和改善党的领导，必须把提升领导力作为聚焦点。

那么，领导力究竟是什么？以往人们通常把领导力等同于权力，认为有权力就有领导力。这种观点至今还停留在一些人的头脑中，限制了人们探索提升领导力的视野。领导力与权力确实有密切关系，但绝不是对等关系，有权力未必就有领导力，否则就难以解释个别领导“有权无威”甚至“众叛亲离”的现象。权力仅仅是领导力的一种重要资源，而不是领导力的全部。在领导科学研究中，领导力存在于精神信仰、思想观念、规章制度等方方面面，既包括组织领导力，也包括个体领导力。组织领导力是由个体领导力积极作用而成的合力，这就像百川终归大海一样。组织领导力与个体领导力相辅相成、高度融合，共同提升政党的领导力。我们讨论加强和改善党的领导，当然需要从组织领导力角度去分析，但领导科学研究表明，重视个体领导力对于加强和改善党的领导同样至关重要。因为组织领导力最终要具体落实到领导干部行为中，如果各级领导干部缺乏领导力所必需的知识、能力、品质以及积极行为表现等，组织领导力就会失去来源，组织就会变得软弱无力。可以说，领导干部的领导力直接决定着党的领导力。一个政党领导力的缺失，很大程度上是因为领导干部领导力的缺失。当前，从提升领导力入手加强和改善党的领导，需要把组织领导力与个体领导力紧密结合起来，从“领”入手，由“导”贯通，实现“心”与“力”的积极融合。

用信仰目标实现“领”。信仰就是希望，目标就是方向。没有信仰目标的政党是没有希望的，没有信仰目标的领导干部是难堪大任的。成立90多年来，我们党的领导之所以坚强有力，就是因为我们党有信仰、有目标，让广大党员有使命感，让人民群众有方向感。一个政党如果不能让自己的党员有使命感就无异于乌合之众，如果无法让群众有方向感就会失去号召力和凝聚力。新形势下，加强和改善党的领导，尤其需要把党的领导与党所坚守的崇高信仰、党所追求的远大目标紧密结合起来。要让广大党员和人民群众明白我们党究竟从哪里来、往哪里去，信仰什么、追求什么，党对人民群众来说有着什么样的功能和价值。把这些问题讲清楚，人民群众就会拥护党、追随党。

用科学理念实现“导”。信仰的追求、目标的实现都要有科学的理念。一个政党所坚持的科学理念凝聚着政党的智慧，能够引领人民群众的行动。从这个意义上说，理念科学，领导力就强。我们党一直强调用科学理念实现党的领导。习近平同志在党的十八届五中全会上提出的创新、协调、绿色、开放、共享新发展理念，凝聚着全党的智慧，是统一全党思想和行动的指挥棒。领导干部能不能深入贯彻新发展理念，坚决纠正那些与新发展理念不相适应甚至背道而驰的错误观念与行为，直接关系我们党的领导力。领导干部要把学习贯彻新发展理念与提升领导力、加强和改善党的领导紧密结合起来。

用“心”与“力”的融合提升领导力。心为万力之本。提升领导力，从领导干部个体角度而言尤其要注重“心”与“力”的融合，具体而言主要包括以下几个方面：一是强调忠诚。忠诚是对“心”最重要的要求，是“力”的源泉。领导干部要对党忠诚，不论身在何方，不论处于何种境地，都要把对党忠诚作为自己的道德操守和行为准则，这样才能担负起组织重托。二是强调提升能力。有“心”无“力”，最终只能流于平庸。提升领导力，既要有“心”，也要有“力”。这就要求领导干部必须高度重视提升自己的能力。三是强调责任担当。责任是“心”，担当是“力”。当前，加强和改善党的领导特别需要领导干部有责任担当。有了责任担当，就能把“心”与“力”融合后的力量充分发挥出来，不断提升我们党的领导力。

原载《人民日报》（2016 年 04 月 15 日 07 版）

目录

i n t r o d u c t i o n

导论

道术结合的领导沟通

案例

如果 http://www.facebook.com 的用户们选择成立一个国家，那么它拥有全球 1/12 的人口，仅次于中国与印度。每天，全球 5.5 亿用户操着 75 种不同语言在 Facebook 上浏览、评价、分享，全球用户每月耗费在这个社交网站上的时间高达 7000 亿分钟。而创造这一切的就是马克·扎克伯格。这位不满 27 岁，被誉为“人类 2.0 时代”的造物主，彻底改变了互联网时代全球社交联系方式。

人们猜测促使扎克伯格创建 Facebook 的动力是一些明确的诱因，比如“把妹”，或者进入某个哈佛秘密社团，但实际上，创建 Facebook 的唯一原因就在于，它是件伟大并且值得为之付出的事情。这件“伟大而值得为之付出的事情”，起源大概在 2003 年 9 月。当时身为哈佛大二学生的扎克伯格把大部分业余时间都花在了编程上。在他的“课程搭配”网站获得了意想不到的热烈反应和欢迎后，扎克伯格和他的室友们于 10 月推出了在线照片排名网站 Facemash。和电影《社交网络》中关于这一事件的情节一样，扎克伯格一边利用黑客技术获取了哈佛大学 12 间学生公寓中 9 间住宿生的全部数码注册照，一边在博客上及时更新自己的最新进展。尽管此举遭到了很多女性组织的抗议，而哈佛校内计算机服务部更是在当晚 22 点半左右关闭了扎克伯格的恶作剧网站，然而它已经取得了爆炸性的影响：在存在的几小时内，已经有 440 名哈佛校内学生用户浏览了 Facemash，并留下了 2.2 万次网络投票记录，扎克伯格那台作为网站服务器的手提笔记本电脑也因网络流量过大而宣布宕机。

Facemash 的成功，使扎克伯格看到了人们对于社交网络的渴望，他坚信，这是一场网络社交革命的前奏：如果建立一个用户必须以真实身份注册，在发出的邀请得到对方确认后才能与之联络并共享一切，包含更多可见信息，同时可以供用户分享、查看的网站无疑是一种更令人激动的服务。2004 年 1 月 11 日，扎克伯格向域名公司 Register.com 支付了 35 美元，注册了 facebook.com 一年的域名使用权，4 天之内，就有将近 900 名哈佛学生注册。4 月，当 Facebook 已经推广至所有常青藤学校，注册用户突破 3 万人时，6 月扎克伯格在自己的家乡佛罗里达成立了一家有限责任公司，他们正式上路了。

——改编自《扎克伯格：天才而非怪胎 Facebook 源自一场即兴恶作剧》[①]

脸谱网站的鹊起，代表着对用户需求满足的成功。2010 年，脸谱的浏览量超过了谷歌，人们惊呼：原来人的内心深处是如此渴望交流和沟通！原来，脸谱的鹊起，本质上是一种响应文化驱动的成功。

人类自诞生以来就乐群且爱交际，在人类早期，不断提升沟通能力是出于生存和安全的必要之举。但随着社会生产力的发展，乃至迈入网络时代，生存已不成为大多数人的第一需要时，人们发现，人际沟通仍然是内心深处一种强烈的召唤。沟通具有的洞穿历史、跨越时空的这种力量，应该属于人性的一部分。

领导活动的生命力一直是基于人性的，领导理论的研究一直在努力沿着洞悉人性、善用人性的道路摸索，那么，让我们将领导和沟通做一个巧妙的结合，尝试从沟通的角度，思考如何提高领导的品质，或者说从领导的角度，如何发挥沟通的潜能。

领导沟通作为实现领导活动的必备技能，是理论研究和实践探索一直

① https://www.aliyun.com/zixun/content/2_6_186480.html.

重视和关注的话题，在领导活动中，似乎人人都知道沟通的意义且具备沟通的技能，但“熟悉”并不代表“理解”，“知道”更不代表“掌握”。领导沟通和一般意义上的沟通有什么区别？领导沟通和管理沟通有何异同？当人类文明的进程已经迈入21世纪的第二个十年，人类在20世纪末爆发的全球性的超越哲学、文学、艺术等范畴的后现代主义的思想和文化的大变革，对管理世界是否会发生撼动？领导沟通是否会在这股洪流的裹挟下发生新的转向？世界著名未来学家约翰·奈斯比特曾预言：“未来竞争是管理的竞争，竞争的焦点在于每个社会组织或成员之间及其外部组织的有效沟通。”在此背景下，重新审视领导沟通的功能、内涵和方法，又具有何种层面的意义？当我们思考这些有趣的话题时，领导沟通就穿越管理丛林的各种迷障，站在我们面前。让我们一起携手历史和未来，连接传统和创新，进行一场别开生面的会晤吧。

一、领导沟通在“族谱”中的位置

领导沟通是一个古老又年轻的话题，自人类有了领导活动，领导沟通就如影相随，在千百年来领导实践的历史长河中积淀出丰富多彩的内容，产生了超凡的智慧。同时，在21世纪这个信息爆炸、知识爆炸、网络技术飞速发展的时代，领导沟通又面临许多新挑战新机遇新动态，被赋予了特定的时代气质和崭新的现实意义。为了更好地理解领导沟通的内涵和本质，认识领导沟通的规律，掌握领导沟通的技巧，我们先梳理一下领导沟通的理论渊源，界定一下其学科属性，以便准确找到坐标定位。

（一）领导沟通的家族关系

什么是领导沟通？领导沟通是指在领导活动中利用一切方式传播信息，从而达成目标的活动。定义领导沟通的内涵并不难，难的是如何界定领导沟通的身份——它隶属什么学科？有什么经典理论和牛人大家？就像一个人要有能说明其血缘关系的族谱一样，其实每一个理论都有其自身的“血缘关系”。我们就扒一扒领导沟通的那些事，替领导沟通修修“族谱”。

领导沟通是由“领导”和“沟通”两个概念组成的，正好比喻成血缘关系中的父系和母系，“领导”涉及“领导学”，是领导沟通的父系，决定其特殊属性。“沟通”涉及“沟通学”，是领导沟通的母系，决定其一般属性。而领导学和沟通学在学科体系里，都属于三四级学科。要上溯领导沟通的理论渊源，发现其确实有一个庞大影响力的家族势力，构成了领导沟通的雄厚背景，它们是传播学、管理学、政治学、心理学、文化学、社会学、修辞学、视觉艺术、信息技术等，它们的研究成果，共同滋养了领导沟通理论，使其根深叶茂，茁壮成长。

如果用图来表示，应该是这样的：

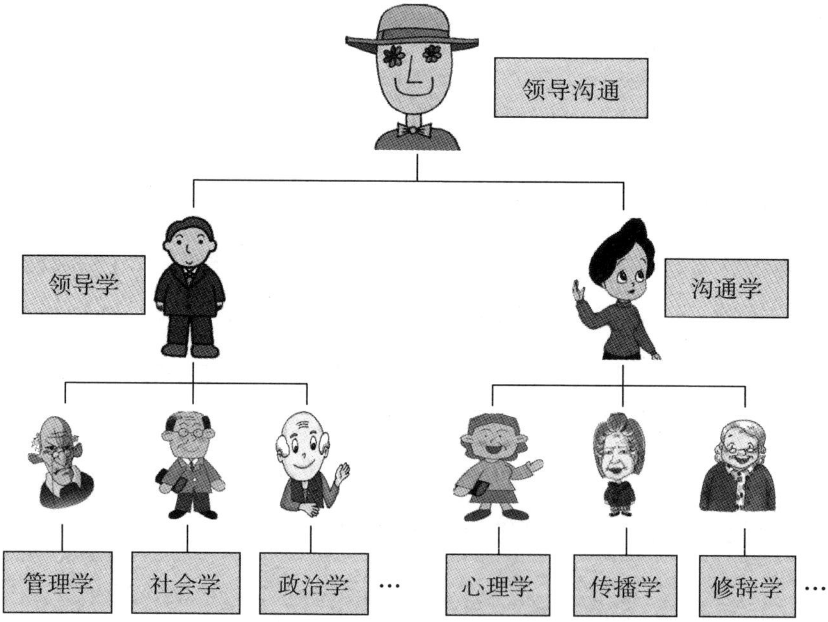

图导论.1 领导沟通的理论渊源

领导学视角：领导是为了实现共同目标而影响他人、获取追随的行为，此行为的有效性高低，很大程度取决于领导沟通的质量。

沟通学视角：从揭示人类的行为本质出发，研究领导沟通的基本理论，揭示领导沟通行为的规律性，探究领导沟通基本能力的组成因素，使领导沟通能力训练更具有规范性和可操作性。

管理学视角：管理是由计划、组织、指挥、协调、控制五个职能构成，其中，协调贯穿始终，而沟通作为协调的重要方法和基础，在管理中发挥着重要的作用。

心理学视角：心理学是一门研究人类的心理和行为的学科，其研究涉及知觉、认知、情绪、人格、行为、人际关系、社会关系等许多领域，而作为人类组织的基本活动之一的领导沟通，几乎每一个环节都离不开心理学的视野。

社会学视角：社会学是一门研究社会事实的学科，其研究范围拥有相当的广泛性。任何领导沟通都是在一定的社会背景下发生的，社会学为领导沟通研究提供了一个宽阔的视野。

传播学：传播学是研究一切人类传播行为和规律的学科，是 20 世纪 30 年代以来发展起来的跨学科研究的产物，处在多种学科的边缘。某种意义上，领导沟通就是一种传播活动，传播学为领导沟通研究贡献了更多方法论的成果。

政治学：政治学是一门研究政治活动的学科，狭义的政治学研究国家的活动，而广义的政治学研究在一定经济基础上的社会公共权力的活动及其发展规律。领导沟通显然属于广义政治学的范畴，政治学为领导沟通研究提供了理论制高点和哲学高度的解释。

修辞学：修辞学是研究提高语言表达效果规律的一门学科，属于语言学范畴，它为领导沟通提供了加强言辞效果艺术性的修饰手法，是通往提高沟通能力必由之路的重要工具。

在血缘关系的追溯中，还有很多相关学科，但由管理学领衔的相关“领导”理论和由心理学领衔的相关沟通理论，构成了领导沟通最重要的理论来源。而作为一门实践性极强的理论，领导沟通自形成之日，就处于不断演进状态，始终和社会发展、时代进步同程进行。特别是进入 21 世纪后，知识的迭代效应显著增加，刚刚产生的新理论，很快在反馈循环的过程中，成了下一轮新理论的初始值，从初始值中诞生出新值。领导沟通同样也表现出强烈的活跃性，在一轮轮的递推过程中，其理论演进的新面貌渐渐呈现出来，成为领导沟通族谱中的下一代，发展并引领领导沟通理论新趋势。它们是：西蒙的决策理论沟通、卡茨与卡恩的系统组织沟通、彼得斯的感情沟通、德鲁克的知识型沟通、彼得·圣吉的学习型组织沟通、萨维奇的知识网络沟通等。

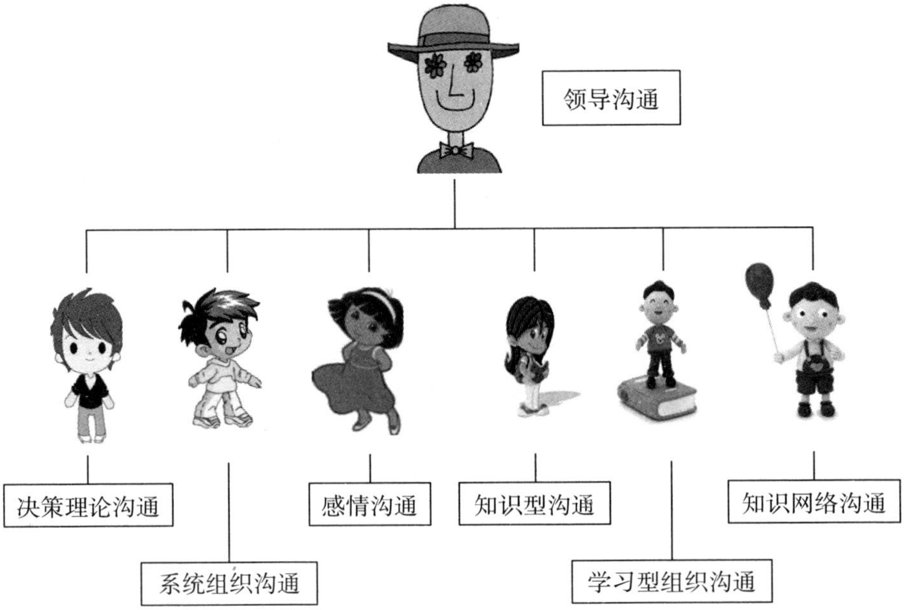

图导论.2 领导沟通的理论发展

决策理论沟通：决策理论的代表人物西蒙（Herbert Simon）在20世纪中叶认为决策过程就是信息传递的过程，信息传递分为正式渠道和非正式渠道，决策时利用的信息大部分由非正式渠道传递。为克服决策障碍，应成立一个"信息联系服务中心"，以收集、传递和存储各种情报。

系统组织沟通：20世纪70年代，开放的系统理论认为每一个组织都是相互关联的内部子系统和外部环境共同互动整合形成的开放系统。卡茨和卡恩认为组织成长和发展的关键在于一个完整的系列输入、转化、输出的过程。

感情沟通：20 世纪 80 年代，托马斯·彼得斯提出充实感情沟通的管理原则，强调管理到处充满着感情用事的人，他们是通过直觉进行管理和决策的，因此，管理要重视感情沟通。这是有异于科学管理思想中的纯理性的管理模式的转向，是深刻的管理思想的变革。

知识型沟通：彼得·F. 德鲁克（Peter F. Drucke）1988 年在《哈佛商业评论》上发表名为“新型组织的出现”的论文，指出经历了所有权和经营权的分离后，组织将进入由专家小组构成的知识型新形态，知识将成为最重要的生产要素，因此，获取知识、传递知识和使用知识成为知识管理中的沟通全过程。

学习型组织沟通：1990 年，彼得·圣吉的《第五项修炼——学习型组织的艺术与实务》出版，自我超越、改善心智模式、尽力共同愿景、团队学习和系统思考这五项修炼风靡全球，其中深度会谈、反思与分享等沟通方式，成为建立学习型组织的重要管理工具。

知识网络沟通：1991 年，查尔斯·M. 萨维奇出版了《第五代管理》，提出突破工业时代严格的等级制，实现知识网络化管理。受其影响，组织的沟通方式也由封闭、静态走向开放和虚拟。

（二）领导沟通和沟通

领导沟通和沟通的关系，是下游和上游的关系、被包含和包含的关系。沟通既为领导沟通储备了丰富的基础知识，也为领导沟通搭建了基本的理论框架。从范围看，领导沟通明显小于沟通。从逻辑看，领导沟通蕴含着沟通的本质属性和内在精神。所有领导沟通的基础理论，不过是在沟通理论前面加上“领导”一词进行了限定，其本身并无特别的独立价值和独到见解，因此，温习沟通的基础理论，对领导沟通还是最有效的学习方法。

沟通（Communications）一词源于拉丁文，含有分享、共享之意，后来用来特指非物质领域的分享，比如方法、感觉。沟通就是一个人与其他人建立联系并使自己被他人理解的活动。

1. 沟通的过程

沟通的过程通常被经典地描述为信息的双向交流，如图所示：

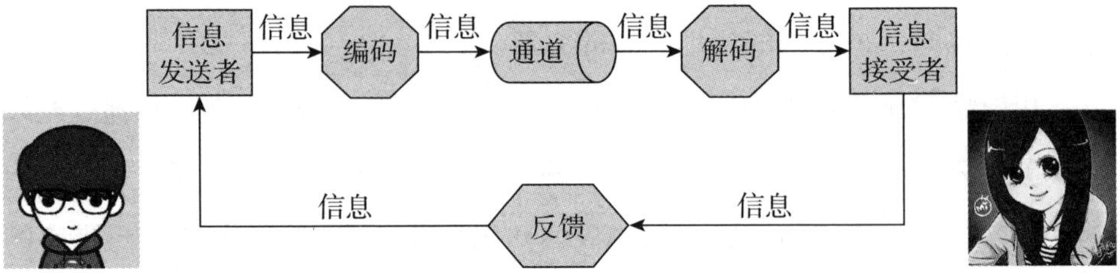

图导论 .3 沟通的过程

分析此图，其中含有三层重要意思：

（1）整个沟通过程包含信息发送者、信息接受者、信息、通道、反馈五个基本要素，即拉斯韦尔的“5W”沟通模式。美国政治学家哈罗德·拉斯韦尔在 1948 年在《传播在社会中的结构与功能》一文中最早以建立模式的方式对人类的传播活动进行了分析，提出了著名的“5W”模式：谁（Who）、说什么（Says what）、通过什么通道（In which channel）、对谁（To whom）、取得什么效果（With what effects）。

“谁”就是信息发送者，在沟通过中担负着信息的收集、加工和传递的任务。发送者既可以是个人，也可以是集体或专门的机构。

“说什么”是指沟通的信息内容，它是由一组有意义的符号组合组成的，符号包括语言符号和非语言符号。

“通道”，是信息传递所必须经过的媒介或借助的物质载体。它可以是诸如信件、电话等人际之间的媒介，也可以是报纸、广播、电视等大众传播媒介。

“对谁”，就是信息的接受者，它是传播的最终对象和目的地。

“效果”，是信息到达接受者后在其认知、情感、行为各层面所引起的反应。它是检验传播活动是否成功的重要尺度。

（2）沟通是个双向交流的过程，沟通双方互为主客体关系，任何一方既是沟通的信息发送者，也是信息反馈者。如果一方缺少反馈环节，则会造成沟通的障碍或阻断。

（3）任何沟通都是在一定背景下发生的，不同的背景赋予信息不同的含义，离开背景讨论沟通，仿佛无本之木无源之水，无法理解。

2. 沟通的分类

沟通有不同的分类标准，基本有以下几种：

（1）按环境分可分为内部沟通和外部沟通。内部沟通是组织内的各种沟通形式的集合，是维持组织正常运转的重要活动形式。外部沟通是组织外部关系的维系，是一个组织社会地位、社会形象和社会支持的重要体现。

（2）按主体分可分为个体沟通和群体沟通。个体沟通是两个单个个体之间发生的沟通行为，属于一对一的沟通。群体沟通有一对多、多对一和多对多的形式，演讲、小组讨论、论坛、大众传媒等，都属于群体沟通。

（3）按沟通渠道分可分为正式沟通和非正式沟通。正式沟通是通过组织正式的结构或层级进行的，如文件、会议、正式谈话等，具有一定的规范性，也相对刻板。非正式沟通是通过正式沟通以外的途径进行的，具有一定的偶然性和不确定性，同时也具有一定的灵活性。

（4）按沟通网络分可分为链式沟通、环式沟通、轮式沟通、Y 式沟通和全通道式沟通。每一种形式都有利有弊，现实中更多是以混合型的方式出现。

（5）按运行方向可分为上行沟通、下行沟通、平行沟通。如果沟通的对象为上级领导，就是上行沟通；如果沟通对象为下级，就是下行沟通；如果沟通的对象是与组织同级的外部人员或内部成员，就是平行沟通。

上述各种类型的沟通，经常广泛运用于沟通过程之中。它们不是相互矛盾和相互抵触的，有些是相互交叉的，有些则是相互衔接和相互补充。每一种分类，都是从不同的角度揭示沟通某一面的独特规律，它们共同构成了沟通的丰富多样性。

3. 沟通的意义

为什么要沟通？一般的沟通学认为沟通一是可以维持生存，因为创造出的积极关系使人更健康；二是通过和他人的互动，帮助人们认识自我；三是帮助人们通过和他人的连接形成积极的关系，这是人们满足感和情绪幸福感的重要来源；四是具有工具性目标，是达成人们的各种大大小小目标的重要工具。①

为什么要沟通？换个哲学的角度来思考，发现这个问题和“为什么要吃饭”一样对人类具有同等价值，都属于元问题，属于终极追问。所谓终极追问都是关乎生命意义的问题：我是谁？我从哪里来？我要到哪里去？这三个问题就是世界上最终极的三大哲学问题。当一个人找到关于宇宙、社会、自我的答案时，人生的意义就自然浮现出来。沟通虽然看似没有哲学那么深沉厚重，但是沟通解决的也是宇宙、社会、自我三个层面的问题，沟通的目的是关系的改善，改善的不只是人际关系，更是人和世界、人和他人、人和自我的关系，只不过这种关系的改善是通过信息传递和信息获取的方式进行的。

（1）为了更好地认识外部世界。高品质沟通使人进行清晰的思考，把握有价值的信息，养成良好的外部联系的习惯，以赤子之心和世界联结，有益于建立正确的宇宙观、世界观。

（2）为了更好地认识社会和他人。高品质沟通满足人们彼此交流的需要，更好地达成共识和促进社会协作，有益于建立更美好的社会。

（3）为了更好地认识自己。高品质沟通首先是向内的自我觉察和自我修炼，通过内观找到成为自己的核心和根源，在有限的生命里成为更好的自己，和自己对话，让内心强大、平和，有益于建立起科学的人生观和价值观。

任何人、任何组织、任何时间、任何空间，沟通无处不在无时不在，沟通不仅是人类生存的需要，沟通其实也是世界存在的一种方式。一个主体只

---

① ［美］罗纳德·B. 阿德勒，拉塞尔·F. 普罗科特 . 沟通的艺术：看人人里，看出人外［M］. 黄素菲，李恩译 . 北京：世界图书出版公司，2014：5~8.

有通过客体的观照、对比、反馈，才会找到主体的存在，才可能寻求存在的使命和价值。沟通像水、空气一样，看似那么地普通、自然，其实蕴含着极大的深意，正如晋代大诗人陶渊明的《饮酒》诗，虽出语平淡，却寄情深长，托意高远，反复咀嚼，似有无穷的理趣。

结庐在人境，而无车马喧。问君何能尔？心远地自偏。采菊东篱下，悠然见南山。山气日夕佳，飞鸟相与还。此中有真意，欲辨已忘言。

（三）领导沟通和管理沟通

领导沟通有一个血缘非常接近的“堂兄弟”，它就是管理沟通。就像领导和管理的关系纠缠不清一样，这两个概念也比较绕人。沟通和领导沟通的区分还容易辨别，前者更侧重人际沟通和基本规范，后者则加上了大量组织沟通的内容，如果说此观点成立，那么，领导沟通和管理沟通几乎就是一回事，都是强调在一定的组织框架或权力框架下进行信息的传播以实现既定的目标。领导沟通和管理沟通确实有很多相似之处，所以也极容易造成概念的混淆。

1. 相似之处

（1）首先，它们的最终目标是一致的，无论是领导沟通还是管理沟通，都是通过有效的信息传播的方式实现组织目标，沟通是服从并服务于目标的，组织目标决定了领导沟通和管理沟通的内容与形式。

（2）其次，从传播本身的角度，它们的方式、手段、工具具有一致性，都要遵循信息传播的基本规律，都要恪守沟通已有的规矩和准则。在沟通这一交集上，两者完全重叠。

（3）最后，从更广义的角度看，两者都属于通过决策和控制来施展影响力的社会实践活动，在活动过程中，两者不能截然分开，经常是你中有我、我中有你，相辅相成，相得益彰。

2. 相异之处

领导沟通和管理沟通有紧密联系，但应该也有所差异，否则，“管理沟通”

作为管理学的一个概念已相对成熟，就没有再造出“领导沟通”这一新概念的必要了。在生产力较不发达的社会背景下，组织活动简单，领导沟通和管理沟通两位一体。随着生产力的发展，尤其是进入信息化时代，组织活动日益复杂多变，领导沟通渐渐从管理沟通中独立出来，有了自己的一席之地。

（1）风格差异。领导和管理有不同定位，决定了领导沟通和管理沟通的风格具有本质差异。管理更多的是和事务业务打交道，是通过计划、预算、组织以控制某些活动的过程，也形成了一整套较合理较成熟的工具和技术，在不同的组织环境下这套工具可以通用。因此，管理具有稳定性、规范性、科学性，从而决定了管理沟通更多的是常态的、重复的和可预见的。领导是和人打交道，是通过影响他人以获取追随，领导工作没有现成的“地图”可循，具有创造性、灵活性和艺术性，从而决定了领导沟通是弹性的、柔性的、人文化和个性化的。

（2）功能差异。管理沟通是为了维持秩序，高效执行。领导沟通是为了产生变化，引起变革。管理沟通是传达共识寻求一致，领导沟通是表达差异达成共识。

（3）内容差异。管理沟通讲计划、预算、进度表，领导沟通讲战略、愿景和形势分析。管理沟通使用数字、图表和制度，领导沟通凭借情感、魅力和故事。

（4）发展状态差异。管理沟通已形成相对成熟的理论体系，也涌现了一大批人物，出版了很多书籍，成为管理学大家庭里名正言顺的一员，像一位经历过青春期已经定型的中年人，有经验有地位，但缺少成长性。领导沟通完全是新生事物，能否成就为一个经典理论体系被大家接受认可还有待观察，但领导沟通因为拥抱趋势不断创新而充满了活力和激情，像是一位天天蹿高的少年，总是嫌现有理论储备的“衣服”太短，总是有令人惊讶的新形象出现。

需要强调的是，领导沟通和管理沟通不是非此即彼的相互替代关系，而是一种平衡关系。

告别了农业社会的经验管理，告别了工业社会的科学管理，进入21世纪，人类开始全面进入信息化和知识经济时代，人力资源在各种资源中异军突起，知识成为生产力中的最核心因素，人的价值凸显和高扬，那种农业社会振臂一呼应者云集的个人英雄主义式的领导一去不复返了。知识和信息的爆炸，使得任何领导者的知识和经验都只是庞大系统中的一部分，完成一项复杂的工作，需要团队的力量。因此，与人相联系的领导就会越来越突出，与领导活动紧密联系的领导沟通就从管理沟通中分化出来，成为时代的产物。

（四）领导沟通须知的"牛人牛语"

在领导沟通的世界里，有很多顶级"牛人"留下了闪光的思想和深刻的论述，它们宛如一颗颗珍珠镶嵌在领导沟通这个冠冕上，使领导沟通更加弥足珍贵。梳理前人的观点，是一件入宝山不空手回的美差，不时有惊喜和震撼，原来前人对此问题的认知已经达到如此高度。同时，也是温故知新、推陈出新的再创造的前奏。站在巨人的肩头，我们可以看得更远些。

1. 亚里士多德

第一位出场的是亚里士多德（Aristotle，公元前384—前322），古代先哲，古希腊人，世界古代史上伟大的哲学家、科学家和教育家之一，堪称希腊哲学的集大成者，卡尔·马克思称赞亚里士多德为古希腊哲学家中最博学的人。

《修辞学》是亚里士多德的重要著作之一，书中认为，"修辞"的字面意思就是"装修自己的语言"，修辞最初主要由演讲技巧和论辩技巧组成，在此基础上创建出"修辞学"。亚里士多德从更高的角度重新审视了"修辞"这个词汇，他将修辞能力定义为一种能够从常规事例中发现潜在因素的能力，而这些潜在因素能够增强一个人的说服力、沟通力以及推理力。换句话说，亚里士多德将修辞看成综合性的学科，这个学科以说服力为中心，同时包含了听众分析技巧以及思路组织技巧等各种软性技能。

修辞学三要素是修辞学中的基本模型之一，它要求写作或演讲时从三个方面来组织思路或准备材料，只有这样的讲话或者文章才具有吸引力，读者或听众也能很容易理解它们。三要素是什么呢？按照亚里士多德的说法，三个要素分别是人品诉求、情感诉求和理性诉求。人品诉求对应于讲话的人或作者，它要求演讲者具有较高的品性；情感诉求对应于听众或读者，它要求所讲内容能够满足听众的情感需求，引起听众共鸣；理性诉求则对应于内容，它要求内容清晰、条理清楚、逻辑性强。实际上用简单的话来说三要素就是讲话人、听众与话题。[①]

亚里士多德的修辞学，开启了领导沟通研究的序幕，其思想的光芒洞穿2000多年的历史，奠定了说服和辩论的理论渊源。罗杰斯的《传播史》中曾经把修辞学作为传播学的源头之一，“如果从修辞学开始计算传播学的历史，那这个领域在时间上领先于其他社会学科。”无论从哪个角度讲，亚里士多德对于沟通学，都是位开山鼻祖式人物。

2. 费雷德里克・W. 泰勒

第二位出场的是“科学管理之父”费雷德里克・W. 泰勒（Frederick Winslow Taylor，1856—1915），他的地位是100年来管理学界谁也无法超越的。他创造性地把管理当作一门学科而终结了几千年的经验管理，他的理论不但带来了美国企业劳动效率的普遍提高（提高了20%~30%），产业工人获得了中产阶级的工资和地位，也使得很多欠发达国家仅仅通过一代人的努力就跻身为世界级的竞争者。所有管理沟通的书籍里，一提起泰勒对沟通的贡献，就是职能工长制的上对下的纵向沟通，往往就想到时间分析、标准动作研究、差别工资，甚至科学管理还被贴上了缺乏人性关怀、“经济人”等的标签。其实，泰勒在创立科学管理之初，就强调企业和员工双赢的“心理革命”才是科学管理的灵魂所在，劳资双方把关注的重点从分配生产剩余的问题上转向如何增加生产剩余上来，进行增量改革，使劳资双方都获益，最终整个世界都因这种增长而获益。也就是说，100年来，人们记住了泰勒的技

① http：//www.xphabit.com/article/4011.html.

术改革层面的突破，却忘记了他通过这种技术革命要实现的初衷是什么，从而捡了“芝麻”丢了“西瓜”。

泰勒在他的《科学管理原理》中明确指出：“管理人员和工人亲密无间的个人之间的协作，是现代科学或任务管理的精髓。”[①] 也就是说，泰勒指明了实现科学管理的路径，只有劳资双方由对立走向合作，由斗争走向和谐，科学管理的时间研究、动作研究等举措和方法才能达到预期的实现。

泰勒对管理沟通的贡献，是一开始就奉人际和谐为管理的圭臬，为整个管理世界奠定了基调。组织中上对下的纵向沟通不是泰勒的首创，在工业革命前的传统社会这种沟通模式一直占据主流，而和谐管理、心理革命却是先驱者泰勒的洞见和远见。遗憾的是泰勒去世了 100 年，也被人们误解了 100 年。但是我们有理由相信，泰勒的和谐管理思想在越来越重视高品质领导沟通的 21 世纪，将成为不二的发展方向。泰勒对整个人类社会的价值，怎么估计都不为过。

3. 威廉・冯特

第三位出场的是心理学史上的一个里程碑人物威廉・冯特（Wilhelm Wundt，1832—1920），他在心理学领域的贡献，主要在于把直接经验的研究规定为心理学的任务，1862 年率先提出“实验心理学”的名称，坚决利用生理学，坚持走实验的道路。他能把过去所有关于心理实验的结果加以收集并组织成一个系统，使心理学的面目大为改观，即从哲学中独立出来成为一门学科。他坚决主张用客观的方法研究心理问题，这就是把心理学研究的权力从玄学家手中夺到科学家手中，为心理学的研究方法开拓了一条新的途径。

冯特认为心理元素应该是个简单的心理过程，只有两类：一类是感觉和意象（意象是感觉之后大脑内相应的局部兴奋引起的），另一类是情感。情感包括愉快和不愉快、兴奋和沉静、紧张和松弛，这就是冯特的情感三维学说。在复杂的心理过程中，他尤其重视统觉。认为统觉是表现心的意志性、

---

① ［美］费雷德里克・泰勒 . 科学管理原理［M］. 马风才译 . 北京：机械工业出版社，2007.

主动性、统一性的作用。[①]

冯特虽然没有对沟通进行直接研究，但他的心理元素理论，为所有沟通的研究做出了质的界定，以后所有林林总总的沟通论述，无论用什么沟通方法，万变不离其宗的是，总要关照人的情感体验，总要回归内心世界的平衡。他的理论，是沟通的总则，以后的沟通研究，都是对这一总则的演绎。

4. 哈罗德・拉斯韦尔

第四位出场的是哈罗德・拉斯韦尔（Harold Lasswell，1902—1977），他是美国的政治学家，也是一位社会学家、心理学家和传播学家，由于涉猎广泛，有“社会科学界的达尔文”之美誉。

1948 年，拉斯韦尔发表了《社会传播的结构与功能》一文。论文一问世便受到了广泛的赞誉，成为早期传播学研究的经典成果之一。学界给予它极高的评价，认为它是一部纲领性的力作，一部传播学的独立宣言。甚至认为，所有的传播学研究都仿佛是对拉斯韦尔这一论文的注释，因为它涉及了传播学中的许多基本内容，因此认定拉斯韦尔在传播学中的创始人地位。

拉斯韦尔在沟通方面的成就可以概括为“五句话”“三功能”。他的 5W 模式的地位不可撼动，因为它最早明确地将传播过程划分为 5 个部分或者要素，并且相对应地限定了 5 个研究领域，从而引申出“控制分析、内容分析、媒介分析、受众分析和效果分析”五大研究课题，有效地描述和规划了传播学研究。三种功能为：监视社会环境、协调社会关系、传承社会遗产。尽管后来传播学者认为拉氏的论述需要做进一步补充和完善，但其影响的巨大而深远是毋庸置疑的。

5. 彼得・德鲁克

第五位出场的是彼得・德鲁克（Peter F. Drucker，1909—2005），这是一位从时间跨度上离我们最近的大师，也是被各种头衔围绕的人物，“大师中

---

① http://baike.baidu.com/link?url=YbuizT4cQkZ20rJAFpgiOH52SqL3nsfSx7QcPrbnjmtU-0GJPcA8CBCTWoyztnSbfYJpqJi6l05-VNlhJXrVV_.

的大师”“20 世纪最重要的管理思想家”“现代管理学之父”……德鲁克一生以领导力学者和管理学专家的身份去思考问题，“凡是现在当红的管理概念，很可能早在你出生之前德鲁克就已经发表过有关那些概念的观点”[①]，因此，他是一位当之无愧的现代管理预言家。

德鲁克的管理思想博大精深，和领导沟通关系最为紧密的，还是知识管理理论。德鲁克在《后资本主义社会》一书中提出了比“知识经济”更有价值的概念“知识社会”，他指出，“知识社会本质上是后资本主义社会”，这个新兴的社会是以知识和知识工作者为基础的，知识将成为社会的关键资源。21 世纪的管理，最重要的贡献是提升知识工作者的生产力。就像当初泰勒创造性地提出如何科学管理产业工人一样，德鲁克提出如何有效地管理知识员工。因为知识员工和自己独特的价值观和需要，组织就必须为知识员工进行团队工作设计，提供更多的培训机会，给予充分的自主权，考虑工作和生活的平衡。在知识型组织里，知识员工要加强自我管理能力，积极与他人沟通、学会分享和对话是激励的重要方法。

德鲁克的知识管理思想是对现代管理理论的融合和发展，充分体现了以人为本的管理本体论、自我管理为中心的管理目标论、以柔性组织为中心的组织变革论。对于领导沟通研究，这些思想既体现出沟通主体和沟通客体之间对立统一的哲学意义，也贡献了宝贵的方法论意义。在现代管理向后现代管理的过渡中，德鲁克的真知灼见具有举足轻重的作用。

二、后现代社会背景下的领导沟通

（一）后现代社会背景下的解构与重构

1. 什么是后现代？

“后现代”是一个从理论上难以精准下定论的一种概念，甚至后现代本身就反对下定义这种追求字面意义和传统解释的行为，但它作为 20 世纪后

---

① 杜鹏程，赵曙明．德鲁克经典管理思想解读［J］．外国经济与管理，2009，11.

期最重要的哲学思潮和文化运动，已经对社会生活和社会潮流产生了巨大影响并势必将产生更大影响，以至于每一个跨过 21 世纪门槛踮起脚尖眺望未来的人，都不得不回过头去了解一下什么是后现代，才能更好地理解未来。

后现代，post-modern，在“现代”前面加个前缀，显然是有别于“现代”而言的。后现代衍生出各种语意、符号、文本的丰富和多样，并且随着时间的推移而改变，构成一种蔚为大观的混杂世界。在这个世界里，有三个相互关联的重要词汇，支撑起后现代的天地，它们是后现代主义（post-modernism）、后现代性（post-modernity）和后现代化（poet-modernization）。作为 20 世纪影响最大也是歧义最大的社会思潮，理解这些词语并非容易的事，但为了说明领导沟通在当下具有的特殊意义，或本书的写作目的，我们绕不过去，还是与后现代来一次正面邂逅吧。

（1）作为历史分期的概念，后现代是一个明确的时间节点，它是个量的时间范畴，划为有起始的时间段，有人说是 20 世纪 20—30 年代，有人说是 20 世纪 60—70 年代。同时，它又是一个质的概念，根据某种变化的特质来标识时间段，这个变化就是对“现代”的批判和反思。

（2）作为相对于“现代”的概念，后现代是对现代的解构和建构。作为社会学概念的“现代”，是以 14—16 世纪的文艺复兴为肇始和以 17—18 世纪启蒙运动为标志，高举理性主义的大旗，反封建，反专制，反宗教愚昧，以科学和逻辑的普世价值，构建起一个庞大发达的现代社会，表现为工业化、城市化、科层化、市民社会、殖民主义、民族国家等现代化的指标。但这种高官僚化、高技术化使整个社会越来越像机器，在这个强大而又高效率的机器里，第一，个人的社会关系越来越受制于大型工厂、国民经济、大型城市和民族国家等大型组织；第二，工业文明的强迫性迫使人适应机器去生活，最终使人面临被机械化的倾向，每个人都成了工业机器中可更换的原件；第三，无限度地改善人的物质生活的欲望被看成人的内在本性，人是经济动物成为信条，人和物的关系成为首要关系，人和人的关系成为次要关系；第四，科学和理性并不一定导致进步，纳粹战争、广岛原子弹、冷战、“文革”都是人类社会处于一种支配性宏大叙事的咒语下产生的灾难。因此，反思和怀疑成为新的文化图景。

（3）后现代主义最早作为艺术领域的运动，认为对给定的一个文本、表征和符号有无限多层面的解释可能性，这样，字面意思和传统解释就要让位给作者意图和读者反映，后来成为反传统倾向的哲学思潮，现在已经裹挟文学、艺术、建筑、传播等各种文化生活，成为一种无所不在的轰炸。后现代性是一种思想风格，它置疑客观真理、理性、同一性和客观性这样的经典概念，置疑普遍进步或人类解放，不信任任何单一的理论框架、大叙事或终极性解释。后现代化是西方学者提出的一种社会发展理论。它认为，后现代化的核心社会目标，不是加快经济增长，而是增加人类幸福，提高生活质量。

2. 后现代解构什么？

后现代对现代的批判，是一种彻底的批判，后现代主义用批判的手术刀，迅速地解构了现代社会。

（1）反对传统的主体性。主体性是哲学一直关注的核心问题，解释人和外部世界的关系。古代，人处在依赖的社会关系里，这就使得古希腊哲学得出了人、物同源同性的结论。随着近代工业革命和科学技术的突飞猛进，人和自然、万物关系由平等转向了隶属，人成了世界的中心和主宰。商品经济的自由交换强化了作为个体的人的主体平等性，个体从类中独立出来，个体的人被赋予了主体的内涵，人不再是一面镜子单纯地反映客观世界，人的主观能动性可以构建世界的知识体系，这就是提倡人的自由解放的现代资本主义的新人文主义。

后现代思想对这种主体—客体关系的新人文主义加以坚决摒弃。认为它夸大了人的主体性地位，造成人与自然的疏离、对立，人与人的冲突、对抗，这种主体性的弘扬，并不能带来人的自由、解放，正如生产力发展后的科技繁盛和物质富足并没有给人带来幸福感却走向了它的反面一样，是没有出路的。

（2）反对理性至上。理性主义是建立在承认人的理性是高于并独立于感性作为知识来源的一种哲学观念，这种观念的盛行，是启蒙运动背景下以反对宗教神学、封建专制为动因，以科学、民主为旗帜，以揭示世界的客观规律从而遵循规律追求幸福为目的。理性主义在当时具有一定的进步意义，但经过几个世纪的发展，科学理性在认识自然和技术操作上取得了巨大成功，成了社会的主导意识，并片面发展为手段的理性、纯粹工具性理性，完全否定人性中非理性因素的积极作用。把理性变成了压制不同意见的权力话语，并因此导致了民族国家成为法定的杀人机器，科技创新推动了批量屠杀的便利，大型机械使人异化为其中的一个零件，等级森严的官僚制组织结构严重扼杀了人的活力和创造性……理性取代了中世纪的上帝的地位，却成了新的上帝。

后现代通过对 19 世纪以来各种社会冲突、战争灾难和环境破坏等社会问题的反思，发现理性主义并非如 18 世纪的思想家们想象的那么乐观，人性挣脱了迷信等毫无根据的信仰枷锁，却又走进了集中营、世界大战、生态灾害、等级控制等极权主义的囚笼。所以，理性本身具有了超理性的非理性特点，背离了初衷。

（3）反对中心控制。由于理性主义强调权威与服从，现代社会就形成了各种控制中心，权力的、技术的、话语的、身份的，并容易导致伪装成各种面目的法西斯哲学基础的出现——对齐一性思维的迷恋。中心产生了二元对立，一方为中心，另一方就为边缘，中心的一方还会固化自己中心的地位，以制度的形式形成新的排他的暴力等级系统。因此，后现代主义通常认为中心的存在没有必要，它们倾向于去中心化，倾向于一种随机的、反形式的、表层性的游戏，倾向于多元的、分散的、无等级无固定意义的自由游戏。

后现代对现代的解构有很多，新的概念也层出不穷，甚至令人眼花缭乱，但反传统主体性、反理性主义和反中心控制是其中最核心的思想，是催生其他思想的源头，是后现代解构之刃中最锋利的力量。

3. 后现代建构什么?

后现代不仅在摧毁、解构和否定，后现代也蕴含着积极的、肯定的、建设性的内涵，否则，后现代就走向了否定主义、虚无主义、悲观主义。如果把后现代比喻成一个多声部合唱，那么，总有一些成分在合唱中占据着十分重要的位置，并呈现出较清晰的特征，虽然后现代反对对意义进行阐释，但为了可以顺畅地走进后现代建构的新世界里，我们还是循着这些特征，绘制一张属于后现代世界地图的主干道吧。这些主干道，最后可以引导我们到达每一个想去的角落。

（1）创新。“在后现代思想家那里，最推崇的活动是创造性活动，最为推崇的人生是创造性的人生，最欣赏的人是从事创新的人。”[①]后现代理解的创新和现代的创新有所不同，后现代的创新既尊重有序又尊重无序，反对以过度的有序和过度的无序来扼杀人的创造力。后现代思想家认为创新并不是天才、艺术家等少数人拥有的特权，而是每个人都具备的“天性”。后现代代表性人物大卫·雷·格里芬（D. R. Griffin）认为：“人是创造性的存在物，每个人都体现了创造性的能量，人类最为整体显然最大限度地体现了这种创造性的能量（至少在这个星球上如此）。”吉尔·德勒兹（Gilles Louis Réné Deleuze）认为：“哲学活动就是创造概念，伟大的哲学家之所以伟大，就在于他是新概念的创造者。”米歇尔·福柯（Michel Foucault）认为：“生活本身就是活生生的创造。生活的乐趣在于创造。”[②]

（2）多元。后现代认为世界是复杂多变的而不是给定的，因此提倡一种多视角看问题的方法，一个人观察世界的角度越多，所获得的解释就越丰富，一个人越是向他人开放，和世界的连接点越多，人生就越丰富。要做到多元，就要具备一些前提条件，比如对差异的宽容，对复杂多样、不协调甚至混乱的接受，就要摒弃“要么……要么……”的齐一思维，就要享受“既是……

① [美]大卫·雷·格里芬.后现代精神[M].王成兵译.北京：中央编译出版社，2015：3.

② 王治河.作为一种生活方式的后现代主义[J].北京大学学报，2006，3.

也是……”的双重码符的快乐，还有在无等级的基础上具备对他人的尊重。

（3）感性。出于对理性的批判，后现代无疑是充满浪漫主义激情的，以至于后现代选择了和灵感、情感、欲望、本能等感性生活紧密联系的艺术界为肇始者。宣称启蒙价值观、基督伦理死亡的弗里德里希·威廉·尼采（Friedrich Wilhelm Nietzsche）使西方文化丧失了中心，但在分裂和瓦解中，现代艺术开始用感知、记忆、想象、梦幻等寻找某种超越混沌的终极价值。后现代用感性实现对现实中一切界定的突破，以审美的、娱乐的、生态的、神秘的力量，滋养人性的丰赡，活出生命，活出风格，活出优雅，活出美。

（4）主体间性。后现代倡导对世界的关心和爱护，视个人和他人、外物的关系是内在的、有机的、构成性的，改变现代人习惯统治与占有的心态，而推崇代替以一种顺其自然的愿望和生态主义的联合的快乐。后现代重建人与人、与世界的关系，人不是世界的主人和征服者，而是自然的“托管人”，就如同农夫和土地一样，通过播种和收获形成一种共生的和谐。人也不是一种实体的存在，而是一种关系的存在，永远处在和他人关系网络中的一个交汇点，摒弃激进的自我主义，主张通过“主体间性”来消除人我之间的对立。主体间性这种本体论，改变了现代社会二元对立的主体论，建立了人与世界的同一性，它不是主客体对立的关系，而是主体与主体之间的交往、理解的关系。

后现代建构的新世界，既是一种精神上的新世界，也是一种人的自由生活——审美生活的现实实现的新世界，它不仅炙手可热，声势浩大，而且思想新颖深刻，它提出的问题是和每个人生存与命运息息相关的问题，是人类要发展亟须解决的问题。后现代带给我们无限的启示。

（二）后现代思想背景下的沟通转向

后现代以无限丰富性和复杂性影响了整个世界的走向，其触须深入社会生活的每一个领域。作为现实生活中必不可缺的人际沟通，自然也输入了后现代的鲜血，呈现出前所未有的后现代性格。

1. 利奥塔的叙事理论

让 – 弗朗索瓦 · 利奥塔（Jean–Francois）是后现代话语体系里最具代表性的人物，他第一个提出了“后现代主义”概念，被称为“后现代哲学之父”。

利奥塔深刻地洞悉了“元叙事”构成了自启蒙运动以来现代主义的理论基础，所谓“元叙事”或“宏大叙事”，是将人类历史过去与未来串在一起，对各种事物能够无所不包地进行说明、解释，并凌驾于次要的、微小的本土叙事，比如以伏尔泰、卢梭为代表的法国式的理性主义、以黑格尔为代表的德国式的绝对精神，以马克思为代表的马克思主义。在利奥塔看来，传统社会处在一种支配性叙事咒语之下，而在后现代社会，许多微观叙事拥挤在一起，这个叙事的狂欢节取代了某个元叙事的庞大单一的呈现。[①]

随着社会的发展，旧学科不断分化，新学科不断产生，知识出现信息化和量化的趋势，曾经由“元叙事”统合的知识被碎片化，愈发呈现多样性和异质性，意义的普遍性体系消失了，微观叙事成为最具创造性的创造知识的方式。

利奥塔的叙事理论明确承认非物质的现实，把自己置身于一个表述的世界，用微观叙事推翻元叙事的霸权，采用就事论事、具体问题具体分析的方式防止元叙事对微观叙事进行压制。利奥塔的思想虽然晦涩难懂，但他以一种前所未有的勇气，打开了一个无中心、无深度的新世界的大门，这种后现代性的转向，无疑对沟通理论的新发展指明了一个方向，奠定了整个后现代沟通理论的底色。

2. 伽达默尔的对话理论

汉斯 – 格奥尔格 · 伽达默尔（德语 Hans–Georg Gadamer）作为一位哲学家，用一生研究、实践“对话与理解”，也是用一生在解构西方传统的语音

---

① ［美］吉姆 · 鲍威尔 . 图解后现代主义［M］.［美］乔 · 李插图 . 章辉译 . 重庆：重庆大学出版社，2015：29~32.

中心主义。

语音中心主义是主体哲学的一种表现形式，认为语言是思维的表征，文字只是语言的记录，语言是“在场”，文字是“不在场”，在场先于并优于不在场，因此语言比文字重要。而伽达默尔着重将语言和社会实践联系起来，语言本身就是社会实践。他批判传统的语音中心主义死抱着说话主体的语言意义不放，忽视或否定听者作为新主体对原作的加工再创造并赋予新的意义。所以，基于对平等和多元的认同，后现代主义十分推崇对话。

伽达默尔认为，对话不是内心独白，而是人与人相互交往的过程，对话的本质并非用一种观点来反对另一种观点，也非用一种观点强加于另一种观点之上，对话是建立起一种共同体。真正的对话蕴含着一种伙伴关系或合作关系，因此，对话是在平等的主体“我”和“你”之间发生的连接；向他人开放，倾听他人，尊重他人，宽容他人，是产生理解的必要条件；对话必须有问与答的结构，提问就是进行开放；进行一次对话就是在做一场游戏，要求游戏者全身心地投入游戏中；对话的过程就是相互理解的过程，从彼此不同的视阈走向更大的视阈，达成共识。①

阐释学属于哲学理论，但其中对于语言的研究占据了重要地位，伽达默尔的对话理论，启发和影响了后世的哈贝马斯，更是对沟通学做出了直接的贡献，成为当代沟通学的奠基理论。

3. 哈贝马斯的交往理论

法兰克福学派是当今西方世界中流行最广影响最大的一个哲学、社会科学流派，对整个资本主义社会进行总体性的哲学批判和社会学批判，尤尔根·哈贝马斯（J ü rgen Habermas）就是其中的旗手性人物。哈贝马斯一生研究涉猎众多，建树丰硕，成为当代最有影响力的思想家之一。交往理论作为哈贝马斯后期的研究成果，推动了行动理论的发展，成为后现代沟通理论的扛鼎力作。

---

① 张鹏骞 . 问与答——论伽达默尔的对话理论［D］. 华东师范大学硕士论文，2006.

哈贝马斯直面当代资本主义国家干预日益频繁、科技作用越来越大的现状，创造性地提出了“科技即意识形态”的命题，在科学理性时代，科技已经超越了生产力的单一职能，具备了社会意识形态的职能，并且逐渐取代了哲学、宗教、政治、艺术的统治地位，成为社会的主要参照系，其危害是以一种非政治的形式对人进行潜移默化，在人们的价值体系里嵌入功利的代码，用精英文化统治大众文化，用专家理性控制日常生活，最终导致交往的物质利益化、人与人的不信任、不理解，造成人际的疏离。如何改变这种不健康的人际关系？哈贝马斯提出建立交往理性——人们普遍接受并乐意遵循的共同的社会规范，达到交往行为的合理化——理论理性表达真实性，实践理性表达真诚性，审美理性表达正确性。

哈贝马斯的交往理论具有很强的解释学色彩，拟通过“理想的语言情境”的打造——对语言的理解来达到相互认同、合理行动的目的，并以此整合社会。但这一视角非常独特，加深了人们对沟通中语言问题的重视。同时，哈贝马斯的交往理论重建交往理性以拯救理性，是建立在人们自觉遵守共同的道德律令基础上以实现交往和谐，因此也具有强烈的乌托邦色彩。但它强调交往是建立在理解、对话基础上然后取得意见一致，是平等、自由的主体间性解构。“它把理性放在人际间广泛的和相互交往的生动关系网络中考察，使理性凸显为交往关系的总和。”①

哈贝马斯的交往行为理论对沟通研究的贡献，不仅提供的是工具理性，更具有价值理性。

后现代思想是个十分庞杂的体系，对于沟通有不同层面、不同角度、不同深度的涉及，利奥塔的叙事理论、伽达默尔的对话理论和哈贝马斯的交往理论，应该是其中最具代表性的经典，它们在宏观和微观层面，都影响了沟通理论的新走向。

---

① 王凤才．哈贝马斯交往行为理论述评［J］．理论学刊，2003.

（三）用后现代精神重塑领导沟通

1959年，彼得·德鲁克在《已经发生的未来》一书中第一个提到了后现代管理的概念。他以非凡的洞察力捕捉到管理的变化，果敢地预言："过去20年来，我们走过了某个未命名的里程碑，而在不知不觉当中挥别了'现代'（指19世纪末20世纪初），进入一个尚未命名的新时代。"[①] 这个时代就是后现代。

1. 在变革的边缘，时代需要价值引领

后现代管理概念的提出已过去半个世纪了，这半个世纪来，社会的发展中最活跃、影响最深刻的因素莫过于科技了。这半个世纪的以信息技术为引擎的科技飞速进步，它几乎重塑了整个人类生活，长成一个巨无霸。并且保持着一种不可思议的速度往前迭代递进。1965年英特尔公司创始人戈登·摩尔预言的摩尔定律（当价格不变时，集成电路上可容纳的元器件的数目，约每隔18~24个月便会增加一倍，性能也将提升一倍）已被正面突破，达到了每12个月增加一倍。美国发明家、未来学家雷·库兹韦尔（Ray Kurzweil）把这种人类的加速发展称作加速回报定律（Law of Accelerating Returns）。之所以会发生这种规律，是因为一个更加发达的社会，能够继续发展的能力也更强，发展的速度也更快——这本就是更加发达的一个标准。19世纪的人们比15世纪的人们懂得多得多，所以19世纪的人发展的速度自然比15世纪的人更快。超级计算机、网络、人工智能、搜索引擎、物联网、云计算，一个全球性的综合网络已经形成。只需一个移动终端，用户就可以随时随地满足各种需要。克隆技术、基因图谱等生命科学造成了不小的伦理之争，新能源技术使人们看到了摆脱能源危机的希望，纳米技术可能引发相关领域的产业革命……科技已经成为全球经济和社会发展的主导力量，经济发展、国家安全、组织结构、民主进程，科技对其影响无所不包。谁掌握了科技，谁就"赢者通吃"，无论是产业体系还是军事竞争，都出现了中心——外围的格局，

---

① ［美］彼得·德鲁克．已经发生的未来［M］．许志强译．北京：东方出版社，2009.

强者越强，弱者恒弱。从这个意义上说，启蒙运动以来崇尚的科学理性，不但没有被摒弃、削弱，反而发展到无以复加的地步，而且，同样出现了理性主义综合征——科技法西斯主义的盛行。领土之争由地球发展到太空，能源之战、货币之战、信息之战都用上了高科技的手段。在互联网的世界里，也盛行话语霸权、信息控制和多数人的暴力，人们渴望科技带来的自由、民主、人权和幸福这些终极价值在宏观层面似乎并未有实质性的突破。如果说现代社会将人的社会关系捆绑在城市、工厂、国家等一些大型组织，21 世纪的今天，人的社会关系可能从城市、工厂、国家这类大型组织中抽身出来，但人又嵌入了互联网这个全球性的更大型的非人格化的群体。科技对人的异化，比之 200 年前似乎是加剧了。按照加速回报定律，库兹韦尔认为人类在 21 世纪的进步将是 20 世纪的 1000 倍。2030 年的世界可能就能把我们吓傻了，而 2050 年的世界会变得面目全非。①

与科技发展同步的是，总有一批人保持着对科技的清醒状态。2016 年 3 月 15 日，当人工智能 AlphaGo 以 4∶1 的比分战胜韩国围棋高手李世石，关于人机大战的讨论铺天盖地，其中很有价值的是比尔·盖茨、马斯克、霍金等，让人们警惕人工智能。因为人工智能创新和人工智能安全的赛跑，可能是人类历史上最重要的一次竞争。当我们思考这些事情的时候，我只希望我们能够慢慢来，并且要格外小心。从来没有任何事情比这个更重要——不管我们要花多少时间来把这件事情做对。②

这一切和领导沟通有什么关系？似乎是没有什么直接的关系。领导沟通是领导活动中发生的一个行为，科技发明是科学研究和应用，一个属于社会科学范畴，一个属于自然科学范畴，两者风马牛不相及。的确，从微观层面看是不太相关，可是，我们退后一步，从历史的视角考量人类的发展，是不是这一切都是相互关联的？领导三要素理论告诉我们，领导者、追随者、情

① http：//zhuanlan.zhihu.com/p/19950456.

② http：//zhuanlan.zhihu.com/p/19950456.

境三个要素构成了领导这一统一的整体，三要素中任何一个要素的变化都会引起领导的变化。当领导情境切入 21 世纪的背景之下，当科技的力量对社会生活进行全方位的改造，领导绝不能独立方外之地独善其身。三要素中的领导者和追随者也是时代的人，他们的行为选择和价值判断也不可能不打上时代的烙印。对社会背景的判断是对领导情境做出正确判断的前提。

更重要的是，社会发展的现状并不是宣告后现代主义的失败，反而是彰显了后现代主义的救赎功能。这个世界何去何从？如何给科技这头“野马”安上辔头，避免工具性的理性主义再次走向“疯狂”，人类需要一种价值引领。如果说学术探讨更多的是审视、分析和批判，本身就是理性的行为，是相对感性而言的人的认识阶段或认识状态，那么它也一定是价值理性和工具理性的合一。自启蒙运动以来，价值理性和工具理性就出现了分离，造成了现代性的悲剧。现在呼唤价值理性的回归和高扬，显得尤为迫切。价值理性是以主体为中心的理性，它关注世界对人的意义，专注人的幸福，它和后现代的精神追求是一致的。

数学家、计算机专家、科幻小说作家弗诺・文奇（Vernor Vinge）说：“我们正站在变革的边缘，而这次变革将和人类的出现一样，意义重大。”

2. 互联网时代的领导力特质

有趣的是，新技术在将世界推向不可知的未来时，新技术又迅速地瓦解了现代社会建立起来的规则，提供了一种变革的可能，特别是和每一个普通人关系最为密切的互联网。网民成为现代人特有的社会身份，互联网思维成为现代人特有的思维方式，“网联网 +”赋予了整个社会生活前所未有的后现代气质。“互联网 +”是嗅觉，是快速反应。硅谷的成功并不在于发明了什么，而在于以魔鬼般的嗅觉让新技术“迅速传播”。否则我们不是被对手打败了，而是被时代打败了。“互联网 +”不仅是技术，更是文化与体制。硅谷为什么出现在美国而不是英国？出现在美国西海岸而不是东海岸？因为美国比英国更提倡开放、平等，因为西海岸比东海岸更追求自由、梦想，硅谷的多元、自由，独特的反现存体制的情绪，以及一种要改变世界的坚定信念，这些都给创新提供了成长的温床。“互联网 +”不仅是信息、数据，更是思维。多元互联性、创造性、超越性、开放性、共享性、虚拟化、数字化、碎片化、娱乐化、触觉和视觉的情感体验、审美体验、免费玩法、互动、私人订制、资源连接……与其说这些词汇在描绘互联网思维，不如说在描绘互联网时代的领导力特质，新技术将传统的领导力格式化了，重新读写了新的内容，这些内容和后现代精神如此地息息相通，一脉相承，成为一种新领导观。

2002 年美国学者苏珊·阿农齐奥首次提出了“E 领导”概念，并且说了一句至理名言：“至为重要的是，E 领导不是以技术为本，而是以人为本。”①这种人本思想揭示出信息时代技术和人的关系，技术塑造环境和人，人推动技术发展，两者互为因果，并且在特定的领导活动中，人的地位、人的价值、人的尊严、人的需求比任何时候更需要被重视。

3. 领导沟通的后现代品质

领导观被后现代精神改写了，与这种新领导观相伴随的就是领导行为的改变。领导沟通就是其中很重要的一个行为改变。

（1）权力微细化，沟通水平化

关于权力，传统理念一直认为权力是一种控制关系，是指权力主体凭借自己所拥有的力量，使权力客体服从自己的一种社会力量。也就是说，权力是指一定的法律、法令、意志、威望和影响力。这种权力观，强调的是权力同质性、集中性、总体性。米歇尔·福柯一直关注权力和知识的关系，他反对传统的权力观，指出权力具有各种不同的形态，是一种关系，像“鱼和水”一样，总是处于不停的流动、循环和运转之中，相辅相成，相互影响，相互作用。福柯认为：“权力”不是“物”，拥有它就可以统治、控制其他人的物，而是一种在场域内起作用的网络。在行使过程中，场域内的各种因子构成相互交错的复杂的关系，形成结构性的活动，每个活动因子在这个相互交错的

① ［美］苏珊·阿农齐奥，朱丽·莱斯. 网络经济时代的管理创新新领袖——e 领导［M］. 袁雪针译. 北京：中国宇航出版社，2006：20.

权力网中流动着，像“鱼”和“水”一样，既是被权力控制的对象又是行使权力的角色。[①]福柯认为，现代权力呈现毛细血管状的，它在日常的社会实践中作用于社会机体的每一个末端。承认了权力的微细特征，就等于排斥了关于权力的那些宏大叙事。无论是规训的权力，还是生物权力，对于福柯来说，都在我们的身体之中，而不在我们的头脑之中[②]。

领导活动是一个依赖于权力展开的活动，不管这个权力是依托职位的硬权力还是依托个人的软权力，领导者都必须拥有其中至少一种，再凭借权力产生控制力和影响力。领导活动中的沟通行为，是在权力光环笼罩下进行的。在后现代主义那里，当权力被分解，被微细化，由权力带来的“等级制度”就失去了合法地位，领导沟通就很难再凭借职位权力的优势施加影响，自上而下的垂直体系过时了，代之以无等级的、水平式的沟通方式兴起。领导活动不再是自上而下发起的命令和服从、决策和执行的关系，领导者只是活动或项目的发起人，追随者是这个活动或项目的响应者，因为大家地位平等，互相尊重，为了产生不为晋升期望、政治压力或工作保障等因素影响的自发的新式凝聚力，说服式的领导沟通就显得史无前例地重要，它不仅是人际交往的技巧性工具，而且已经变成组织提炼“溶胶”（一种凝聚力的新比喻）时必需的加热器。

（2）信息便捷化，沟通个性化

计算机技术不仅只是和计算机有关，还关乎我们的生存，主要是因为网络的兴起和发展。网络通过计算机和光纤的联结，构建了信息与信息、人与人的联系的系统，网络一方面巩固了信息技术的地位，另一方面将人的沟通发展到一个万分便捷的状态，电子邮件、网聊、网购、网游、微博、微信、群、社区、语音、视频、电子政务……便捷就降低了沟通的成本，便捷就提供了更多的可能，才能实现个性化的需求满足，因此更受欢迎。

---

① 方小玲 . 福柯的权力观［J］. 杭州：杭州电子科技大学人文学院学报，2008，10.

② 刘晓勇 . 福柯的权力观 .http：//blog.sina.com.cn/s/blog_4df54e2c0101anpl.html.

在这个系统中，实现信息的交换要有两个条件：其一，人要熟练运用信息技术的工具为目的服务；其二，更重要的是要具备网络时代的思维——开放性、共享性、交互性、分布性（非集中性）、超限性（无限性），网络思维培养得越纯粹，才能越充分享受网络世界中的自由和美好。如果说网络技术是网络世界的通行证，那么网络思维就是网络世界的身份证。还抱着三维空间观和强调职权进行管理的人，无法真正成为网络世界的公民。

领导行为的选择是根植于特定的领导情境和领导理念的，当网络化交往使组织与人、人与人的联结更自由、平等和开放时，必然要引发领导沟通方式的更新。在新型领导沟通中，每一个不同渠道、载体的选择都要求被尊重，每一个个体的话语权都具有同等价值，每一个个人偏好都具有合理性。人们更接受和喜欢针对性强的个性化沟通，广泛号召、全场动员、大会报告这类一言堂式的沟通方式将越来越失去市场，点对点的即时互动、全民发声的“弹幕式”扫射、自创自编的网络切口等形式越来越被接受。我的沟通我做主。

（3）管理心本化，沟通人性化

范式（paradigm）作为方法论引入管理学的研究中，将管理学界一直以经验管理、科学管理、文化管理三阶段论（见张德、吴剑平《文化管理——对科学管理的超越》，2008 年）一统天下的局面打破，它为人们重新寻找认识纷繁复杂的管理世界提供了便捷的工具，实现了对盘根错节、各执一词的管理理论和学派超越时间序列和学派限制的一个整体性的把握。经验管理因为缺少系统理论和研究方法的指导而被剔除出来，科学管理范式（物本）、人本管理范式（人本）、文化管理范式（心本）“新三阶段论”被提出并受到学术共同体的拥戴。这三种管理范式的区分，有时间连续谱的因素，但单纯的时间因素已不足支撑其演变和发展的内在逻辑了，范式区别于模式就在于范式更强调精神工具的作用，体现一种世界观和信仰，范式的转换往往伴随着精神世界的革命。人性问题就是贯穿科学管理范式、人本管理范式、文化管理范式始终的价值聚焦，在不同的范式中既有特殊面貌地呈现，又在三个范式中表现出一种传承和发展，成为管理世界中形成秩序又打破平衡并联结三范式的轴线。

在三大管理范式中，我们发现，人的内在驱动，即人性的需要，贯穿始终且对管理产生决定影响，成为管理做出诸种反应的基本刺激。物是相对于人而存在的，没有人，物就失去了意义，物的管理也需要通过对人的管理来实现。组织更加是人的组织。人赋予了物和组织以灵性和意义，只有人，才是管理世界的“主”，只有以人为中心，才能真正地把握住管理的主律。管理所有的要素，无不是从人这一原点出发，又以人为媒介，最后实现对人的满足和完善。在整个管理世界中，人的内在驱动就是构成管理反应最基本的条件，或者说，管理内在的逻辑，就是寻求对人性的遵从。管理起源于人集合成群体和组织后的有意识地对有效协作的追求，这是人性对安全感、归属感的需要和对秩序的享受，管理创新推动管理发展并走向成熟形成范式，这是人性中的好奇心、求知欲和想象力的作用。人性的原始驱动仿佛是那根撬动“管理地球”的杠杆，没有人性的原始驱动，管理就失去了本的存在。

长期以来，管理研究集中于“如何管理”而沉溺于工具理性，却忽视了对“为何管理”的思考和回答，导致管理的价值理性缺失。泰勒的科学管理思想，原本强调的是科学与人性的统一，“科学管理的实质是一次企业或机构中人们的一次完全的思想（心理或精神）革命……在科学管理上，劳资双方要发生的大革命是：双方不再把注意力放在盈余的分配上，不再把盈余分配看作最重要的事情。他们把注意力转到增加盈余的数量上，使盈余增加到分配盈余的争论成为不必要”。这才是完整意义上的科学管理，建立在人性基础上的科学管理。可惜科学管理的继承者和实践者在继承、传播和实践科学管理时，却仅仅把科学管理当成了一个效率至上的工具，片面接受了效率的概念，割裂了效率结果和产生机制之间的关系，没有理解泰勒的思想精髓，从而导致管理实践走了很长一段时间“目中无人”的弯路，或者在科学和人性之间徘徊，导致物本管理成为科学管理的代表。

人本管理范式重理论轻实践，虽然它的很多流派的研究结论都产生于行为科学的社会实验中（其中一部分来自对动物的实验），但反过来作为现实行为的管理应用，在需求冲动方面完全没有形成不可或缺的刚性必需，在使用范围方面也缺少普遍意义的规模效应，在生产力提高方面较少具有冲击性的现实成果，因而，人本管理范式中的人性管理未形成大众化的社会效应，更多停留在理论研究者的“自娱自乐”中。

物本管理提供的“发展 = 经济”是一种残缺的发展观，“现代化 = 物质文明”是一种狭隘的偏见，缺乏对物质之外更深远的精神追求，这个社会一定不知道自己应该走向何处。人本管理范式耽于关注人的本能、特质和心理，而几乎不去思考和寻求意义、价值。这种没有意义和价值的人性是低级的人性，是不完整的人性。无论是科学管理范式还是人本管理范式，都不能为“现代社会综合征”提供管理解药。

文化管理范式是继科学主义范式和人本主义范式之后的一场管理学范式的“文化革命”。文化管理范式将视野从“谋生”这一定性思维上跳开，它用价值观、信念、道德、情感帮助人去寻找意义，解释经验，生成行为，文化管理范式中的物，是人的行为的一种实体化需求，是为人的精神服务的。文化管理范式认为组织不仅是人的集合体和经济单位，也是一个社会组织，它不仅要面对计划、组织、指挥、协调和控制的问题，同时还要面对政治、法律、道德、心理、社会问题。自从组织诞生那天起，就在塑造一种文化，即这个组织如何看待人、如何看待人和人、如何看待人和世界的关系，这种假设决定着组织的寿命。文化管理范式中的“人”不仅是物质的创造者，人际关系的联结者，人具有人之为人的意义，是作为主体的人、人本的人，是整体意义上的人，是自由的、自主地全面发展的人。这不是一幅理想的图画，而是通过基于共同价值观的行为准则来一步步实现的。所以，文化管理直指人性，直指人性中最深层的精神世界，直指人心，“心本”成为文化管理范式的代表。[①] 人学即心学。

---

① 周敏．管理理论范式转换中的人性轴线分析［J］．天中学刊，2014，7.

既然人性在三大范式中是“通约”的，领导沟通就得基于人性的内在驱动而展开。既然心本管理是对“现代综合征”开出的一贴解药，领导沟通就得出于真心、了解人心、贴近人性、打动人心、走进人心、拥抱趋势、拥抱未来。

（四）道术结合，知行合一

领导沟通本身亦为价值理性和工具理性的统一体。价值理性为体，工具理性为用，价值理性为工具理性提供精神动力，工具理性为价值理性提供现实支撑。领导沟通蕴含着价值判断、思维模式、理论归因等抽象因素的提炼，需要后现代精神塑造价值理性。这些形而上的因素探究的是“为什么要进行领导沟通”的答案，同时，回答完“为什么”的问题，解决“怎么办”就更需要接地气的方案了，领导沟通也需要工具理性转化为现实世界的实际生产力。

领导沟通真正有效地实施和运用，是依靠领导沟通能力。

领导沟通能力和其他领导能力一样，除天赋之外，主要通过后天的培养和开发来提升。根据成人学习理论，沟通能力的提升不属于信息的学习（了解性的学习），应属于质变的学习（改变性的学习）。领导沟通能力是基于情境的学习，而且是微观的领导情境，具体又直接，可以借鉴行为主义的“刺激—反应”原理，将复杂的领导活动简单化，抽取出关键行为进行强化训练，建立起经验性的反应，达到技巧层面的收获。同时，沟通能力不仅是一种沟通的技巧，说服力也需要催生意识和无意识共同作用才能发生智慧，还要利用情绪和情感的积极作用激活创造力。建构主义认为认知过程是建构性质的，有效的学习不是简单被动地接收信息，而是主动地建构知识的意义，这种建构是无法由他人来代替的。因此，领导沟通能力开发需要呈现一种整体性的设计，从广阔的建构空间出发，方能让受训者调动积累，针对具体情境采用适当的策略。

领导沟通是社会科学范畴的研究，需要系统地思考，整体的架构，需要理论渊源和流派的梳理，概念的解释和含义的界定，需要进行价值判断和趋势分析。没有思辨，领导沟通就会因缺乏理论性而失去高度，沦为江湖膏药。而领导沟通能力的提升，不仅需要知道，更需要做到。没有应用，领导沟通永远纸上谈兵，不堪一击。中国传统文化向来提倡道术结合，知行合一，本着这个理念，从后现代思想入手，提倡领导沟通的后现代性，是本书的立意，也是本书不同于其他管理沟通、领导沟通书籍之所在。同时，本书又从“术”的层面介绍了许多领导沟通的方法、技巧，旨在让读者“阅后产生新行为”。

心无限，沟通无限。

CHAPTER 01

第一章
“三心”模式：从“心”开始的领导沟通

案例

Professor Shechtman、各位领导、各位嘉宾，老师们、同学们：

每年到了炎炎夏日的时候，我的内心总是充满热情，期待与大家见面。

这一刻，你们肯定松了一口气，那些苦苦温习的漫漫长夜，已过去了。

红日的光华，照亮前路，你们就如年轻的凤凰，有劲的翅膀已准备好高飞，应战人生。

我和校董们，很高兴能与你们分享这快乐时刻，昨天晚上有一位同学跟我说，以你们的语言，要表达衷心的祝福，就是：“同学们，你们太牛了！”

感恩，蕴含特强的感染力，是一股悦己达人的正能量。“推己及人”的态度，是一股为自己灵魂充电、成就他人、造就成功的超能量。

一念的同理心，有无可量度的威力，我认为它是世界上最值得投资的“储备货币”，它的规模，它的流通，它的价值，在人心之中是实在、全面和绝对的。

年轻的同学们，你可能觉得这是老生常谈，知易行难。其实，你不在乎它，才是一个关键失误。

今天，世人要求成功者交出的成绩表，不但要对经济有所掌握，还要对环境保护有所承担，对人类生活有所贡献，“三重底线”的概念已是最基本要求，如果你想成为明天的领袖，世人对你的节气和能力要求，基准将更高。具有同理心的储备，才知道自己是一个“求存者”，还是一个“求成者”。

在“求存者”的眼里，一切都是“谜”，但“求成者”却不同，即使置身于熙熙攘攘的世态中，依然懂得解码的方法。

求成者的内心有所追求，对自己的定位明确，他们愿意为改善今天，不断寻找最佳方案；他们精明，但没有一大堆主观的标签；他们负责任的心态，为了贡献明天，拒绝接受不认真、僵化，把一切弄复杂的做事方法。

“求成者”有纵横合一的真功夫，他们的思维系统，是非线性的，不怕拥抱新知识、新领域，看不见的联系，是他们创新的乐园。使命感令他们知谦卑，而不妄自菲薄；潇洒勤奋工作，爱思考探索，乐在其中。

最重要的是，“求成者”以“仁能善断”“仁能善择”去定义自己的一生，我们要把这种态度元素，像编写智能系统内核一样，内置在人生当中，不断升级、不断优化，令涌现的机遇、洞见的升华、做人处世节奏的掌握，汇合运行自如，有效做出最好的判断、最好的选择，打造自己的运气，建立充满光芒的人生。

大家都知道汕头大学和以色列理工学院合办一所新大学，今天我借用犹太长老一个古老的命题：“我不为己，谁人为我，但我只为己，那我又是谁？”只有求成者对这个问题，有真正的答案。

各位亲爱的同学，我相信你们，一定会选择做一个“求成者”，我对你们充满信心，我知道你们愿意在责任的路上，活出成功、丰盛、快乐和充满尊严的人生。

今天你们以汕大为荣，明天汕大必以你们为荣。谢谢！

——李嘉诚 2015 年 6 月 26 日在汕头大学毕业典礼上的演讲①

李嘉诚在汕头大学毕业典礼上的演讲，发自肺腑，感人至深，现场听众无不动容。中国有句俗话：震天下者必震之于声，导人心者必导之于言。其实，言语的力量不是来自辞藻，而是来自心田。成功的沟通莫不如是。中国移动通信有句著名的广告词：“沟通从心开始”，它一语道破了沟通的要义。

---

① http: //henan.china.com.cn/latest/2015/0626/530425.shtml.

沟通中信息的传递分为显性传递和隐性传递。信息传递中编码、传递、解码、反馈四步骤，这是可以被观察、被记录的显性传递。人们重视沟通，往往对显性传递着重研究，努力改善，却容易忽略掉沟通中还有一个和显性传递并行的、比显性传递更重要的隐性传递，它内嵌于沟通所有环节，并真正决定了沟通的品质。这就是沟通的情感传递。

情感是人精神生活的核心部分，对外界的刺激表现出肯定或否定的反应，这种反应反过来对人的心理和行为起着动力作用和组织作用。情感由情绪、心境、元心境三部分组成，情绪一般是针对特定事物的最为活跃的激烈反应，心境是不针对特定事物表现为较稳定的中等反应，元心境指人们对心境或情绪的清楚性、情绪与心境的可控性产生的想法与情感体验。情感附着在人们传递的每一个信息上，在沟通过程中，和信息本身相比，情感具有以下几个特性。

1. 先引性。它先于狭义的信息（信息本身）之前产生，是沟通中第一个形成的“元细胞”，它既是开端也是根源，情感也是沟通中的信息一部分，和信息本身构成了沟通中广义的信息。

2. 制约性。沟通的过程，可以比喻成情感这个元细胞不断分裂的过程，而它分裂的方式和质量，决定了接下来沟通环节的运行方向和状态，它影响信息的编码结果，影响沟通渠道的选择，更对解码质量具有情感暗示作用，因此，情感具有制约性，它为整个沟通贴上了好恶的标签。

3. 隐蔽性。沟通中，情感的好恶体验表现方式并非爱憎分明、一览无遗，相反具有内敛的、隐藏的特征，有时甚至具有伪装性。这增加了沟通的难度和容易形成沟通中的障碍。

组织是一个充满情感的环境，领导活动是以人为中心的活动，领导者、追随者不断地进行情感的输入与输出，领导沟通的过程，其实就是一个情感交换、情感处理、情感分享、情感体验的过程。情感和领导关系甚为紧密。美国新罕布什尔大学的梅耶（Mayer）等首先提出情绪智力（Emotional Intelligence）概念，认为它是类似于不同于智商的社会技能，是成功地完成情绪活动所需要的个性心理特征，包括个体感知和体验、表达和评价、调节和控制自身及他人各种情绪信息的能力。[①]哈佛大学的心理学家戈尔曼教授（Goleman）更是将个人成功的因素80%归功于情绪智力。彼得·德鲁克首先提出自我管理的概念，领导者的自我管理的最高境界是心灵的管理。彼得·圣吉的五项修炼的第一项就是“改善心智模式”。两位麦肯锡的资深女顾问乔安娜·巴斯（Joanna Barsh）和约翰妮·拉沃伊（Johnne Lavole）建立在大量成功领导者访谈基础上，提出了正念领导力的概念并引入领导力培训中，发现意义、调整视角、建立关系、积极参与、管理能量五位一体，使领导者通过更深刻的自我认知和自我反省，产生心态和行为上的变化，拓展思维和行动上的空间。中国传统文化心学宗师陆象山的“吾心即宇宙”，王阳明的“心即理”，都开宗明义指出，心在与否决定了我们能不能明了世间的理。凡事之所以有价值，都跟你的心有关。深受中国心学影响的日本工商界，流行一种观念：心情好的员工产生高绩效（People who feel good about themselves produce good results）。

整个管理学研究和实践领域，在20世纪末21世纪初，出现了一股浩浩荡荡的潮流，重视感觉、知觉、情感、思想、意志等多种心灵力量的挖掘与整合，强调内在心性修炼和心灵自觉，心本管理范式应运而生，成为超越物本管理、人本管理、能本管理三大范式的最新管理范式，被称为管理学界的第三次革命。

为什么“心本”对管理活动、领导实践能产生这么大的作用？心本管理解决了三大问题：

1. 心本管理在人本思想的基础上，深挖了“以人的什么为本”这一问题，并寻找到“以心为本”这一解决路径。使原本强调外在感动的人本管理升华为自我的内在超越。这一思想不但是对人本管理的继承和完善，更是发扬和

---

① 张剑，王建辉，王欢．情感：人员管理研究领域中的新热点［J］．北京科技大学学报，2007，9.

升华，成为21世纪管理的主流思想。

2. 心本管理理顺了“以什么人的心为本”这一主体关系，并给出了“以所有人的心为本”的答案，明确指出管理活动、领导实践中，个体与群体并重，领导者和追随者并重，顾客和员工并重，当代人和后代并重。这一回答，将人作为管理的目的而非手段，人非资源、资本性的存在，而是自我实现的主体性存在，这是对人性最好的诠释。

3. 心本管理提出了“如何以人的心为本”的设问，并开具了一大堆的行动指南，构建了“和谐人”的假设，指出人与自然要人天和谐，人与人要人际和谐，人要身心和谐，人在创造物质财富的同时要追求人自身价值的最大化的人事和谐。和谐不是一种静态平衡的保持，而是动态平衡的维护和发展，这种研究指向给心本管理带来很大的发展空间。无论是作为个体的人的“心”还是作为群体的人的“心”的积极状态，都是可以开发、提升和管理的。由此，管理学、领导学在工具理性层面，提出各个角度的丰富的支持性策略。

心本管理思想秉承后现代管理的思想的要义，为领导沟通奠定了重要的理论基础。领导沟通是人的沟通，人的沟通发乎于心，现乎于行。高品质的领导沟通，首先从“心”开始。让我们开启领导沟通的“三心”模式，走进领导“心本”的新天地。

一、同理心

作为心理学中研究情商的专业术语，同理心烙有明显的外来语印记。的确，它原来是个美学词汇，还是个非英语术语，来源于德国历史学家哲学家罗伯特·费舍尔（Robert Vischer）1873年提出的一个概念Einf ü hlung——描述观察者从艺术作品中引发的情绪。在这里，Einf ü hlung不是描述人际关系的，是指人在欣赏艺术品时将情感投射到这一客体的状态，是美学欣赏范畴的事。1897年，德国心理学家西奥多·利普斯（Theodore Lipps）将Einf ü hlung这个词引入心理学，用于描述感同身受的一些个人体验。1903年实验心理学家威廉·冯特第一次将Einf ü hlung用于人与人的场景之中。

1920年冯特的学生英国心理学家爱德华·布拉德福德·铁钦纳（Edward Bradford Titchener）在德文Einf ü hlung基础上编造了一个英文术语新词empathy，Empathy来自希腊词语empatheia——欣赏另一个人的情感。后来，人本主义心理学家卡尔·罗杰斯为这个术语得到广泛认同做出了很大贡献，他指出同理心是一种能深入他人主观世界，了解他人感受如同体验自身的主观世界一样的态度能力。Empathy传入中国，翻译为共情、移情、共感，但普遍为人们接受的还是“同理心”。

同理心沟通是基于对他人感受的理解和认同基础上进行的人际互动，客观地理解当事人的内心感受，并把这种理解传达给当事人的一种交流方式。在领导实践中，同理心沟通是十分宝贵的沟通品质，成为21世纪领导者必备的重要的领导能力之一。

（一）领导者为什么要“把自己的脚放进别人的鞋子里”

西方有句谚语Put one's feet in other's shoes，意思是“把自己的脚放进别人的鞋子里”，这是领导者进行同理心沟通的形象写照。亨利·福特先生也有句名言：成功的秘诀，在于把自己的脚放入他人的鞋子里，进而用他人的角度来考虑事物，服务就是这样的精神，站在客人的立场去看整个世界。

在领导沟通中，学会从他人的角度，而不是从自我的参照体系出发，设身处地去体会、感受、理解对方，这是双方能否建立起沟通关系的第一步。

1. 可信的个人关系的建立

从个体角度看，领导沟通是两个个体之间的人际互动，这种互动的成功要建立在互信的基础上，同理心正好具备这种功能。沟通初期，沟通双方都处在试探状态，同理心的恰当运用，可以迅速改变沟通的主客体——领导者和沟通对象之间的位置和距离，成为共同主体。因为站在了对方的立场去感受，就使得领导者和沟通对象的位置不是“面对面”的关系，而是“肩并肩”的关系，“在一起”的关系，这种关系中物理性的改变，使视线朝向同一个方向，产生“我们”的感觉而拉近双方的距离，从而建立起人与人的信任感。

同理心为什么有助于领导沟通中信任感的建立？首先，因为领导者位置的改变，不再局限于自己的视野看事物，能从沟通对象的角度看事物，进而才可能有进一步的共同语言，才可能做出理解对方的回应。其次，心的距离拉近，彼此有了“同类”的身份默契，容易建立归属认同，在沟通过程中不再持排斥、警惕的心理。再次，沟通对象因为领导者对自己的回应具有同理同感而唤起的安全感、认同感、愉悦感，催化了对方进一步向领导者敞开心扉进行交流的行为。

所有的领导沟通，都需要经历一个通过信任识别来控制自己的行为的过程，可信任与不可信任像红绿灯一样，直接导致领导行为是回到起点还是可以继续进行。信任的产生需要有融合的交集，它可能是一个相似的价值观、一份共同的经验、一次情感的共鸣，交集越大，融合度越高，信任感越强烈。领导力的本质是影响力，影响力能否发挥的前提，一定是对方先信任，再愿意接受被施加影响。

2. 和谐的团队关系的维护

组织本质上是个沟通系统，同理心沟通是领导团队时有利的和谐利器。团队的本质在于协调合作，同理心沟通能消除人与人的戒备、敌对的心理防线，降低了团队融合的成本，便于合作的产生。同理心沟通能化解、避免因利益不同、角色不同、性格不同等造成的矛盾和冲突，增强团队的凝聚力、向心力。同理心沟通因为不去强化人与人的互斥点，而突出人与人的共同点，所以是团队文化形成的孵化剂，是巩固大家共同价值观形成的助推力量。

3. 心本管理理念的践行

同理心沟通是心本管理理念落地的有效载体，是后现代管理思想的具体实践。心本管理不应该是束之高阁的一整套思想、理论，而应该是和科学管理一样，有一套可操作、可运用的方法、技术支撑，在领导实践中带来现实生产力的改变，应该是看得见摸得着的可直观感知的东西。同理心沟通高屋建瓴，直接从人心出发，摸索出行之有效的沟通模式和沟通技术，提高了沟通的效率，改善了沟通的质量，发展了沟通的理论和实践，并将后现代管理思想直接运用到领导行为中，为心本管理提供了十分接地气的可操作性的方案，让艰深晦涩的管理思想变成了生动活泼的领导案例。

（二）同理心沟通特点

同理心沟通不同于传统的Y式、链式、环式、轮式等沟通分类，它关注的不是沟通的结构，而是沟通的主体，关注的不仅是主体的沟通地位，更重要的是沟通的发起形式、表达方式和反馈效果。同理心沟通既是内容，也是形式。正确把握同理心沟通特点，要处理好以下几个区分。

1. 有无同理心的表现

在沟通实践中，有无同理心其表现有明显差异（见表1.1），了解这些差异，便于领导者做出正确的沟通判断和采取合适的调整策略。

表1.1 有无同理心的对比

同理心沟通	非同理心沟通
以对方为中心	以自我为中心
以对方的感受为出发	以自己的感受为出发点
以双方达成共识为结果	以说出自己想说的内容为结果
多倾听	多辩解
接纳、关怀、尊重	抗拒、不接纳、批判
就事论事	翻旧账
重视自由意志和主体性	操控
多情感投入	多情绪投入

2. 换位体验和换位思考的区别

同理心是典型的换位体验，换位体验和换位思考有一定的联系，都要从对方的角度去看问题，都要给对方回馈，但换位体验和换位思考还是有区别的，对这个区别的辨识，有助于加深对同理心的理解。

表 1.2 换位体验和换位思考的区别

换位体验	换位思考
用心	用脑
情感代入	理性分析
寻求认同、共鸣	寻找原因、方案
理解至上	合理性至上

3. 同理心和同情心的区别

同理心不等于同情心，两者都有对“情”的认同，都有对对方的帮助，但同理心认同的是情感体验，同情心认同的是情感悲悯，区别还是很大的。

表 1.3 同理心和同情心的区别

同理心	同情心
心理平等	心理优势
了解，理解	悲悯，安慰
接受你的心情，但未必接受你的行为	接受你的痛苦，也接受你的处境
创造条件让对方自己走出来	直接帮对方走出来

（三）同理心沟通公式

同理心沟通既然是一种从对方看世界的技巧，是领导沟通中打开心扉的重要手段，那么总结、提炼同理心沟通的规律并运用于领导实践，其意义就十分重要了。

1. 走出自我的参照框架，代入对方的体验

这是第一步，强调一定要从对方的角度去体验对方的情绪感受，快乐着对方的快乐，痛苦着对方的痛苦，难受着对方的难受，害怕着对方的害怕，担忧着对方的担忧，即把自己的情感体验调到和对方同一个频率，来感受这种情感并表达出来。

“是的，这件事让你伤心了。”“您内心很生气，是吗？”

这样做的重要提示逻辑是：“先处理心情，再处理问题。”因为对一个被各种情绪困扰的人，最需要的是支持而不是讲道理。你一旦表示了对他的支持，他就容易信任你，为进行下一步处理赢得了可能。

2. 接纳

“接纳”就是认可对方的情感：你这个样子我理解，也能接受。这是在第一步“代入”的基础上，强调对他情绪表现的同意。一般需要寻找对方的合理之处加以肯定，以表示支持。注意，这里只是接纳他的情绪，不是接纳他的行为。

要使接纳表现得更真实有效，建议使用“三明治”式表达方式，即感受——事实——感受三段论。例如，你的下属抱怨：最近工作上别的部门都不配合，孩子今天生病住在医院，现在还要加班，感觉很生气。

你需要接纳他生气的感受，再通过事实的举例来证明他生气有道理，最后再强化你对他生气的接纳。

感受：你当然生气了。

事实：你加班那么辛苦。

事实：小孩现在还在医院。

事实：工作上别的部门还不配合。

感受：如果是我，也会生气的。

3. 区分

当对方进行情绪的宣泄和诉说时，要仔细倾听，认真辨别，哪些是事实部分，哪些是演绎的部分；哪些是对方真实的意图，哪些只是对方的气话。这个区分很重要，为你寻找突破口将他从情绪中带出来提供重要参考依据。

“不过我看出来了，你生气归生气，也就是发个牢骚心里舒服点而已，又不是要辞职。”

这里就将“发牢骚”和“辞职”进行了区分，暗示对方问题没那么严重，也不需要上升到那么高的高度，采取的行为也应该和发牢骚相对应。

4. 反馈

“反馈”就是先找出事情中你可以接受的，表达肯定；接下来，再指出事情中他需要改变的地方，通常不是直接说对方不对或应该如何，而是通过暗示、类比、举例等旁敲侧击的方式，启发当事人自己悟出其中的道理，从而走出自己的情绪。

“我刚才也在生气，不过是生我自己的气。小王和我同一年进单位的，进步得那么快，已经成为这方面的专家了，我相比小王差距太大。但想想小王是怎么付出的，从来没在12点前睡过觉，为了解一手材料经常出差，原来的领导还给他穿‘小鞋’他都不泄气。天道酬勤啊，一分耕耘一分收获，我努力不如人家，想想这个心里也平衡了点。”

（四）同理心沟通练习

1. 下级A：“我真的没用，单位最近提名了一些先进人物，却没有我的份儿。好几次我想和一把手谈谈，又总是鼓不起勇气，唉！我真的没有用，我真恨自己！”

中层a：“如果我是你，我就会去找一把手，一把手又不是老虎，怕他作甚？”

（分析：中层a完全忽略来访者的感受而从自己的角度给予建议。）

中层A：“真蛮令人不舒服的，你一直很努力，业绩也不错，但评先进却没有你，和领导又开不了口，换成我也会不爽的……”

2. 下级B：“马上要结婚了，开始一种新的生活，心里有点紧张。”

领导b：“结婚是好事啊，有什么好担忧的！”

（分析：这种回应显然忽视了来访者的感情，以自己的不紧张代替了下级B的紧张。）

领导B：“我能感受到你的紧张。你从未独立生活过，马上要结婚了，并且要与公公婆婆住在同一屋檐下，你心里感到不安，我这样理解对吗？”

3. 下级 C：“我因为堵车迟到了。”

领导 c：“为什么不提前半小时出发？”

（分析：没有站在对方的角度，理解对方因堵车迟到的内疚和不安，用指责和责问的方式，容易激化矛盾，导致对立。）

领导 C：“迟到被扣分真令人恼火，何况出发得不迟，都是堵车惹的祸。不过这条路是蛮堵的，我上次走也差点迟到，以后知道了，走这条路一定要提前半小时出发。”

4. 下级 D：“这个方案我是按局长的意思写的，加了三个晚上的班，结果拿到局长那儿去还是没通过，真是郁闷。”

处长 d：“没通过肯定是有理由的，为什么不检查一下自己的原因？”

（分析：完全无视下属付出劳动后不被承认的辛酸，也无视下属按上级旨意行事仍被批评的委屈。）

处长 D：“是蛮令人郁闷的，明明按领导的意思写了，还牺牲了休息时间加班加点，没有功劳还有苦劳，换成我也会郁闷了。不过这种事我经历过不止一次，我后来是这样处理的……”

5. 下级 E：“你们出台这个年龄限制的政策就是冲着我来的，不想用我就明说，干吗拿年龄说事，老张提拔的时候比我大多了，你们怎不嫌他老？真是不公平！”

领导 e：“你怎么不说老张贡献比你大，群众得分比你高？”

（分析：没有处理下属气愤的心情，急于讲道理和争辩，导致火上浇油。）

领导 E：“由于没有和你说明事情的背景情况，难怪你生气。我刚开始听说时也觉得不理解，后来了解到，出台这个政策并不是冲着你来的，事情是这样的……”

二、委婉心

所谓委婉，就是不直言其事，故意把话说得含蓄、婉转一些。委婉心就是出于为对方着想而把话说得含蓄、婉转一些的用心。

（一）委婉的魅力

请看两副理发店的对联：

一副是：磨刀以待，问天下头颅几许；及锋而试，看老夫手段如何？

另一副是：相逢尽是弹冠客；此去应无搔首人。

看了第一副对联，自信爆棚，霸气无双，但相信没有几位客人愿意光顾此店，拿自己的头颅开刀。而看了第二副对联，温婉含蓄，莞尔一笑，搔首而进。这就是委婉的魅力。

1. 委婉是一种含蓄的艺术

直言不讳是生活中的一种表达方式，但生活中、工作中毕竟还有许多不便、不能或不想直来直去表达的内容，需要巧妙地运用具有多义性或隐含性的语言，加以婉曲表达。曲笔，是中国古典诗词中常见的一种艺术手法，用曲笔来抒写感情，可以使诗歌的抒情更为婉转、含蓄、意境深邃，倍增哀乐。中国传统书画有留白的手法，以“空白”为载体进而渲染出美的意境。同样，在人际交往中，委婉表达也是一种曲笔和留白，令人回味和想象。

2. 委婉是一种适度的哲学

度有很多解释，其中作为哲学概念，表达的是事物质和量的统一，是保持事物质和量的界限、幅度和范围的统一。就是说，过了这个度，质和量就发生变化了，事物也就不是本来的事物了。

委婉是对这种哲学智慧的灵活运用，人际交往时说话处事把握好分寸，拿捏好火候，控制好进退，调节好刚柔，都是生活中适度原则的最佳体现。

3. 委婉是一种谦和的修养

中国人习惯用谦和来形容一个人为人恭敬谦逊，性格温婉平和，有此修养的人被誉为君子风范。真正的君子是有实力的人，知道山外有山，天外有天，人外有人，就会愈加谦虚、低调。真正的君子是有德行的人，尊重为先，礼让为先，和睦为贵，就会愈加不急不躁，不争不斗，合群不孤。

委婉就是秉持这种谦和的态度和习惯，顺应自然，知晓事理，在尊重他人中修养自己，在修养自己中成全他人，是人性中善的美德的发扬。

（二）委婉的社会功能

委婉表面看是一种遣词造句的语言现象，其实质是一种社会文化现象，它渗透于人们日常生活的方方面面，反映广泛的社会心理，具有强大的社会功能。

1. 禁忌功能

人们出于安全考虑，对冒犯神圣行为的规避，对危险的、不洁的事物的躲让，在言行、态度上对自己进行约束，形成了社会生活中的许多禁忌，因“忌”而“禁”。这种禁忌和道德法律的约束不一样，它是当事人自觉自愿的自我抑制，是民间的约定俗成的禁止力量。

委婉语的使用，常常出自对禁忌的遵从，反映了人们对民俗的尊重，对文化传统的沿袭，也是社会化过程中一种心理需要。

2. 掩饰功能

由于隐藏真实目的的需要，人们在社会活动中还会用一些替代、比喻等方式表达，带来信息的模糊性和欺骗性，以实现掩饰功能，这是政客和商人在政治领域和经济活动中常采取的策略，“罢工”表达为“劳资关系紧张”，“增税”表达为“税收加强”，“平民伤亡”表达为“附带损伤”等。

撇除政治因素和经济因素，领导沟通中，人们出于善意，也需要用委婉语进行掩饰。比如批评下级，本身的内容已经很尖锐了，就需要选择一些温和的词汇进行“润滑”，或采用模糊的表达进行包装，让对方容易接受，而不至于导致摩擦、怨怼。

3. 礼貌功能

委婉语的适用，更多体现的是对对方的尊重和礼遇，用敬词消除粗俗，给人以文雅、尊敬，用反语、暗语避免刺激，给人以安慰、安全，用幽默、比喻等修辞手法摒弃陈腐，给人以新颖。用“资深”代替“老”，用“丰满”代替“肥胖”，用“骨感”代替“消瘦”等。当你绕开那些令人不快、尴尬或带攻击性的词语而希望带给对方愉快、高兴、安全时，你重视对方感觉的良苦用心就跃然纸上。这种充满善意的信号，是沟通中宝贵的精神元素，确保了沟通的品质。它由自己的内心直接作用到对方的内心，对方感受到你出发点的善意，即使你在具体的沟通技巧上有了瑕疵，对方也能忽略不计。所以，在委婉语之前，要先有委婉心。

4. 美化功能

委婉语还能起到美化作用，将一个平淡的事物描绘成具有审美价值的事物，比如理发师改为“美发师”，“保姆”改为“家政师”等，提高了事物的附加值，满足了人们的自尊心和虚荣心。

总之，委婉语极大地丰富了人类的语言，有助于帮助人们更好地交流与合作，它在人际沟通中一直发挥正面的影响。委婉心就是使用委婉语的用心，先有委婉心的善意，后有委婉语的效果。提倡委婉心，就是提倡领导沟通先从内在的修为做起，由内而外，内外兼修。

（三）委婉语的委婉机制

所谓委婉机制，就是探究实现委婉含蓄的表达效果生成的各种原理、方法，以期实现举一反三，推广运用。

1. 同义

仔细研究事物之间的内在联系，利用同义词语来表达自己的思想，达到委婉含蓄的效果。比如“死”在禁忌语中拥有表达最丰富的一组同义词，分别为“老了”“走了”“升天”“往生”“驾鹤”“涅槃”“圆寂”“遁化”“羽化”“夭折”“就义”“捐躯”“安息”等，通过相同的内容，替代原先引起不愉快体验的词汇。

2. 修辞

利用多种修辞方式，如比喻、借代、双关、暗示、反语、谐音等，来达到含蓄的效果。“鸡爪”形容为“凤爪”，“失业”为“赋闲”，“情夫 / 妇”为“第三者”，“秃头”为“谢顶”，“性病”为“暗疾”，“喝酒”为“小酌”，“穷”

为“手头紧”，“贿金”为“油水”，“吸毒”为“瘾君子”，“怕老婆”为“气（妻）管炎”，“解溲”为“解手”等，广泛调动各种修辞功能，增强表达的含蓄效果和生动性。

3. 模糊

故意选用外延边界不清或在内涵上极其笼统概括的语言来表达自己的思想，达到含蓄效果。“交战”为“会猎”，“有病”为“气色不好”，“不幸遭遇”为“出事”，“经济萧条期”为“经济调整期”等。

需要指出的是，在使用委婉语时也要注意，委婉含蓄并不等于晦涩难懂。它的表现技巧首先建立在让人听懂的基础上，同时要注意使用范围。如果说话艰深晦涩令人丈二和尚摸不着头脑，便没有了委婉含蓄可言；如果使用委婉含蓄的话不分场合，也可能会引起不良后果。

（四）委婉心练习

1. 如何拒绝

领导工作中经常需要表达拒绝的意思，如何使拒绝不拒人千里，使人被拒后仍然觉得被尊重，下面介绍几种拒绝的委婉表达。

（1）先谢谢，后拒绝

“谢谢您的邀请，真不巧，明天我已与其他朋友约好了……”

（2）给拒绝的答复包上缓冲的外衣

“让我回去看一下已做的安排有没有冲突，我争取吧。”

（3）提一个替代建议

“我看不妨这样更好……”

“我很愿意帮你的忙，但实在不凑巧。我能帮你干点别的吗？”

“今天不行，下周怎样？”

（4）用温和的语音直言相告

“……（理由），我就不……了，好吗？”

“不好意思啊，我实在是有要紧的事情不得不做。”

（5）推脱其辞

“这件事，我和 ×× 商量一下再说。”

“这个问题正在进行中，过几天你就知道了。”

（6）以为对方考虑的角度来拒绝

“如果我帮你，可能会越帮越乱。”

“这件事我从来没做过，肯定会给你做砸的。”

2. 如何提反对意见

领导工作经常需要表达不同的观点和意见，在反对对方的意见并希望对方能接受自己的观点时，需要传递给对方一个友好的信息，营造一种愉快的氛围。委婉心就是一种适当的包装和缓冲。

（1）迂回战术，先 Yes，后 But

“你的主意很棒，不过你是否想到用另外一种方式来考虑呢？”

（2）给对方台阶下

“你那时对这件事还没有全盘了解，也难怪你会那样认为。”

“我原先也是像你这样认为的，但是后来知道了那些情况后，就改变了原来的想法了。”

（3）换位表达不同意见

“对这件事（在这种时候），如果我是你，我将……”

（4）在表达不同之前，表现出明显的为难或不好意思的态度

“有些话也不知当讲不当讲……”

“我有些看法不一定对，说出来请你不要见怪（或不要生气）。”

3. 分述

面对比较复杂难以启齿的事情，可以用三个层次的表达，将难说的内容委婉地一一呈现出来。

第一层：这事情我该答应你的，可实在是……

第二层：这事情我该答应你的，你是我最重要的……我要是不答应你确实说不过去，不过有这样一个情况……

第三层：您看我该怎么办吧？

（1）要加班，不能陪孩子看电影，如何说？

宝贝，我确实答应陪你去看电影的，可实在没想到，领导要我加班赶个材料，明天就要。我是答应你看电影的，你是我最重要的人，所以我努力工作就是为了能给你创造一个更好的条件。我有两个方案：如果你特别想今天看电影，就让妈妈陪，如何？如果非要爸爸陪，那将看电影的时间推迟一天。你看怎么办？

（2）下属提要求，确实没法满足，如何说？

你第一次开口和我提要求，按理说应该答应的。但是现在上级有了明文规定，这种情况不好办了，我感到实在抱歉。如果顶风操作，一旦被查出来，不要说我负什么责任的问题，就是你作为当事人，恐怕会惹出很大麻烦。慎重考虑，我们是否观察一段时间，看看有没有别的选择？你说呢？

（3）领导提要求，确实没法做，如何说？

领导您的这个设想真的很有创意，如果做到了，我们单位一定可以好好宣传宣传了。但是目前要实现这个创意需要的几个条件都不具备，最重要的是我们一点知识储备都没有，开弓没有回头箭，一旦上马后控制不了局面收不了官，对单位影响更大。如果我接受了这个任务，怕好心办了坏事，砸了自己的牌子是小，影响了单位和领导的声誉是大。您觉得呢？

（4）税务局稽查某企业发现其存在税收问题，企业请一位退休的领导干部（曾对你有恩）帮助打招呼。你如何说？

领导您嘱咐我的话我向来放第一位的，这么多年一直是在您的谆谆教诲下成长的。现在执法责任制追究很严格，多亏您当初再三警示我要将执法规范放首位，我一直铭记在心，不至于出错。您说的企业的情况我也了解了，几乎没有操作空间，非要操作就得违法。这不但干系我的前途，还干系您的一世清名，我觉得实在不能冒这个风险。但是在罚金入库时间上，还可以商量。您看如何？

三、喜悦心

（一）认识喜悦

喜悦是一种正向的情感体验，发自内心的一种欢愉感。人类体验的正向情绪中，喜悦是极其美好的一个。

1. 喜悦是内在满足

喜悦不是源自外在的所待、所得，外在满足带来的是快乐，快乐是即时性的，被满足快乐即产生，被剥夺快乐即消失。快乐可以是物质层面的，可以是肉体层面的，也可以是精神层面的。喜悦的满足感一定源自精神层面的，而且是精神层面里深层次的东西。当人的价值观、人生观、世界观建立了，一个人对为什么活着、如何活着有意义等终极问题拥有了属于自己的答案，心方可安放，灵魂才能安宁，这种内在的丰赡和安定带来的满足，是积极的，喜悦的。

积极心理学在寻求对人的积极干预手段的研究中，发现对快乐、参与和意义的追求在生活满意度中分别起不同的作用，对快乐的追求在提升满意度方面几乎不起什么作用，对参与的追求作用比较大，而对意义的追求作用最大。当一个人对某事有参与感，并获得了意义，快乐就是锦上添花的事了。喜悦应该是生命里最深层次的意义层面需要的满足，所以具有无比的魅力。

2. 喜悦是每个人都有的体验

喜悦并非奢侈品，需要花大价钱去“购买”。生命将喜悦的种子深植在每个人的心田，只要你愿意，喜悦就会破土而出，绽放笑颜。积极心理学作为心理学领域的一场革命，就是把心理学的研究方向调了个个，由过去关注疾病、痛苦转向关注幸福、快乐、满足、希望等积极体验，使心理学的发展更加平衡。积极心理学认为，当人们关注积极情绪时，积极情绪体验就会变得更多。所以，喜悦就是人固有的潜在的建设性的力量，也是创造美好生活的必需品。

3. 喜悦是一种交往能力

积极心理学的研究已经证实，和一般人相比，“那些具有积极观念的人具有更良好的社会道德和更佳的社会适应能力”。如果孩子在一个得到家长、老师和小伙伴的支持、赞美、鼓励的环境下成长，这个孩子就容易健康成长并体验自我实现。这就是积极情绪引发的社会效应。喜悦的情绪在人际交往中能够产生积极的体验再认和再现，能促进积极团体和社会机构的诞生，并对整个社会形成积极交往的文化，在良性的人际互动中，使快乐倍增，使痛苦减半。

（二）感谢喜悦

1. 喜悦可以产生快乐激素

喜悦可以产生快乐激素，使人充满热情，从而产生了解世界、探寻世界的好奇心和勇气。

科学研究揭示有一种化学物质叫“多巴胺”（dopamine），它是下丘脑和脑垂体腺中的一种关键神经递质，能影响每一个人对事物的欢愉感受，多巴胺的作用是把亢奋和欢愉的信息在神经细胞间进行传递，使人感到兴奋、愉快，激发对异性的情感。因为多巴胺参与人的种种美好体验，所以，如何激发人脑中多巴胺使其增加，成为科学家、心理学家们热衷的话题。当然，科学家也发现，多巴胺持续强烈分泌，也会给大脑带来疲倦感，导致减少或停止分泌多巴胺。也就是说，人脑中多巴胺的浓度恰到好处时，人是最愉悦的。

喜悦应该就是这种恰到好处的能量，它有三重功效：第一，作为一种积极情绪，它能对特定事物进行快速反应，使人产生积极的行为。第二，这种美好的体验又反过来刺激多巴胺的再生成，产生更多更强烈的积极情感。第三，喜悦不只表现为情绪，也表现为一种心境，心境比之情绪变化相对缓慢，强度相对中等，所以，它给人脑的刺激比较适中，不会大起大落，是一种平和冲淡的喜感，具有较持久性。

2. 喜悦可以产生正能量

喜悦可以产生正能量，让人能够面对世上种种不如意，获得战胜困难和挫折的勇气。

喜悦催生的多巴胺，不仅能娱悦身心，还有一个作用是产生力量和勇气。科学家在研究运动和人脑的关系时发现，运动可以促使肾上腺素和多巴胺的分泌，人在运动状态下，交感神经兴奋，人处于应激状态，肾上腺素神经释放递质，分泌肾上腺素及多巴胺。为什么很多人对长跑那么单调而辛苦的运动项目上瘾？原来是当人战胜体能极限后获得那种满足感，使我们的精神更加振作，这种振作的体验和吸烟、喝酒一样，使人产生反复体验的依赖。我们从喜悦中获取的能量，不仅运用在运动方面获得成绩的突破，用在其他方面，也能产生战胜挫折的勇气、克服困难的信心。喜悦使我们精力充沛，充满干劲。

3. 喜悦可以提高免疫能力

喜悦可以提高免疫能力，保持身心健康。

情绪不仅是思维的基础，参与人一切的推理、判断、决策活动，而且是人心理活动的重要组成部分，对人的各项心理功能发挥影响。心理和生理关系紧密，人的心理活动会产生喜、怒、忧、思、悲、恐、惊 7 种情绪反应，这些反应与内脏的生理肌能有着密切的关系。心态失调、心理失衡会造成人的精神情绪发生异常的波动，致使肌体免疫系统失调、内分泌系统紊乱、消化系统功能减弱、循环系统不畅、精神系统失常等气质性的疾病出现。世界卫生组织对健康的定义也是从三个层面进行阐释的：健康是一种身体上、精神上和社会适应上的完好状态，而不是没有疾病及虚弱现象。因此，作为身心一体的人，心理健康能更大地提升生理健康的指数。

喜悦作为一种良性情绪和心境，反映在生理上就是脉搏、呼吸、消化液的分泌、生理的新陈代谢处于平稳和谐的状态。这种一身舒适的状态，一方面使自身的免疫能力获得提高，更好地保持了生理的健康，另一方面健康的身体又是产生良好情绪的物质基础，平衡的身体状况使人的心境更加和谐愉快，身心互动，良性循环。

（三）表达喜悦

我们的情绪反应还受到我们所处文化体系的影响。“关于情绪的词汇，比如喜悦，英文中有大量的词表达这种感受，中文里则少很多。相反，中文里关于克己、忍耐的词汇却很多。”心理学家宋国萍把她的发现同记者分享。这个有意思的观点表明，我们认识情绪的层次不够分明，在我们的文化中占主导地位的价值观仍然是压抑自我。她认为：情绪应该被管理，而不是被压抑。

人们有个误区，认为我们只是不擅长或不愿意表达负面情绪，其实喜悦这种良性情绪，我们同样不会表达。表达喜悦的前提是增强对喜悦的觉察力，以心见性、以小见大、见微知著，将注意力关注在令人高兴的信息上，静静地体验这种高兴带来的满足，然后恰当地将喜悦表达出来。表达出来的喜悦，既能满足自己，也能感染别人，是一种美好的暗示和能量的分享，所以，表达喜悦是利己利人的好习惯。

1. 笑容表达

人们常说眼睛是心灵的窗户，美国心理学家发现，眼睛只能泄露人的感情，但笑容却可以预测人生。

加利福尼亚州大学心理学院的克尔特纳博士研究了 111 名 21 岁女生大学时代的合影照片，仔细分析她们微笑时嘴角上扬的弧度、脸颊因肌肉收缩而隆起的程度、眼角皱纹，眼袋等，将她们笑容中流露的积极正面情感分级，并在她们 27 岁、43 岁和 52 岁时，对她们进行跟踪测试。结果发现当年在合影中笑得较富有积极情感的，大都婚姻成功、生活优裕。克尔特纳举例说，单看前第一夫人希拉里的脸，便知她婚姻生活艰苦，而好莱坞影星梅丽史翠普在婚礼上笑容可掬，双眼闪光，可知她婚姻一定幸福。[①]

---

① http://baike.baidu.com/link?url=ma2qQ5hb_I-mr8IBzUc4LJMd-I1Gv05R5ISAb9vc60bOO-myY6jaUyH4_NMF8lvwpO3GjcOdw80CFv4UQ-pdhK.

世界上再没有比笑容更能传递喜悦之情的途径了，笑容对自己有良性的心理暗示作用，能使愉悦感延长和递增，是悦己的开始。笑容挂在脸上具有最直接的目视效果，能感染他人，成为受欢迎的人是悦人的延续，因此，笑容是人际交往中最好的名片。

那么，人为什么都喜欢看笑容？

第一，源自本能需要。科学家研究笑容是否是人类特有的专长，美国俄亥俄州鲍林格林州立大学精神动物学教授扎克潘克赛普表示：我们人类会笑绝非偶然，笑是人类长期进化的结果，人类的笑其实根源于动物，在人类之前，很多动物不仅学会了玩，还学会了笑。[①] 许多科学家相信，笑和游戏源自本能，所以，人类可以用意识控制语言，但控制不了笑容。笑容是自然馈赠给生命的礼品，是生命力自然的流露。

第二，源自社交需要。在语言产生之前，原始人用面部表情交流情感，用笑容表达友善，从而结成联盟。笑容是人类人际沟通中用来传递信息的很古老的介质，它使人类获取了安全感、归属感，人也因结盟变得更强大，所以，在人类深层的记忆里，笑容是重要的社交资源，其社会价值弥足珍贵。

幸福快乐了会笑，笑也会生出幸福快乐感。所以，领导者需养成习惯，常提醒自己，进办公室门、进会议室门、进家门，嘴角上扬，保持微笑。

2. 肢体表达

人生了喜悦心，除了表情会变，肢体动作也会发生变化。肢体语言具有真实性，它不会说谎，真实地表达人的内心情感。肢体语言还具有感染性，人以身体为媒介通过一举手一投足来表情达意，比其他媒介传达信息更有魅力。肢体语言还具有隐喻性，是某种精神范畴的再现，被赋予了更深的社会文化内涵。舞蹈就是一种直观的艺术，用肢体语言表达内在的精神世界。

“在身体的社会学和文化研究中，将身体视为充满象征意义的符号系统是十分重要的传统。身体的状态和动作在人类的文化和日常生活的交流中承

---

① http://zhidao.baidu.com/question/458168807762622805.html.

担信息的传递与重要的语言交流职能。在语言学的研究中，身体语言被视为语言学中的非言语系统。这种特殊的‘言语’状态，同样具有信息的发送、接受等交流过程。它是动态的，不可逆转的，是‘不说话的交流’。”[①]

当心生喜悦时，身体通过自然的律动来释放内在的能量，手之舞之，足之蹈之，让身体和心灵寻求到一种平衡状态。肢体的表达是将抽象的喜悦之情客观化、可视化的呈现方式，既出乎自然需要，也增加了人际交往中的理解和分享，是内心细腻的表现和心灵直接的袒露。一个身心和谐的人，其肢体语言也放松、自然。一个内在喜悦的人，其肢体语言必然协调、优美。一个善于用肢体语言表达喜悦心的人，是距离生命本质很接近的人。

3. 语言表达

有一首歌叫“爱要大声说出来”，成为广场舞的热播曲目。还有一部同名的电影，收视率很高。类似真情告白的电视节目一时霸占荧屏，人气飙升。人们开始意识到，美好的感情也需要配合语言的表达，否则，如沧海遗珠，未免遗憾。

喜悦心的表达要注意以下几点：

首先，敢于表达。表达才能实现沟通的目的。作为沟通中信息发起方，为了实现让信息接收方明白、了解和达成共鸣的初衷，应该是主动进行编码的人，将自己的情感及时地传递出去，表达才能被对方理解。喜悦不表达出来，其感染力就失去了作用的对象，无法为沟通营造氛围，无法加深彼此的理解。表达喜悦是正能量的传递，是人际互动中极其受欢迎的美好的东西。

其次，善于表达。表达喜悦也要注意分寸、场合、对象，不能因为自己急于表达内在的喜悦，忽略了别人的感受，在人际交往中，在别人悲伤、受挫、倒霉时，我们首先需要运用的是同理心表达，而不是喜悦心表达。喜悦心植根于对世界、对生活、对人的热爱，这种热爱又是会表现为善良、关切和体贴。

---

① 刘建 . 舞蹈身体语言的发展与种类 .http：//mooc.chaoxing.com/course/118504.html.

再次，形质合一。喜悦心以心为根本，喜悦的表达为形式。表达应该是内在喜悦自然的流露，既不做作矫饰，也不夸诞虚浮。喜悦的表达应该是质朴纯真的，这才符合喜悦心的本相。

（四）喜悦心训练

喜悦心是一种美好的人格状态，这种状态是修炼出来的。领导工作责任大、担子重、困难多，常常是不如意事七八九，能与人说一二三。面对挫折、缺憾、困难常伴的领导现实，如何保持喜悦心，将一二三变成七八九，这是领导沟通“正心诚意”的开场功课，也是提高沟通能力必练的内功。

1. 保持随喜心，建立正思维

世界上有光就有影，有阳就有阴，万物处在辩证之中，不存在绝对的好和坏。随喜心就是随时欢喜的心，对待一切都看它的好处。随喜心有三重境界：

第一重是接纳自己身上发生的一切，一切皆有合理性，即便是逆境、困厄，当成一种历练，也是收获。

第二重是分享自己的喜悦，独乐乐不如众乐乐，分享能同气共鸣，寻找到志同道合的朋友，使喜悦倍增。

第三重是分享别人的快乐。当别人比自己强、比自己好时，不嫉妒、不怨恨，别人好了自己也跟着喜悦，接纳别人的快乐。

2. 改善不良的表达方式，建立正语

正语是佛教名词，指“远离两舌，远离恶口，远离妄语，远离绮语”的表达方式，佛教为出家人修行指出的具体的练习方法，对于领导沟通同样有效。

首先，不搬弄是非，不无中生有，对于道听途说的事不要不加分析就以讹传讹，对于稀奇荒诞之事要谨慎对待。

其次，领导活动中需要说一些表示否定的话，传达一些不愉快的信息，比如批评、督促等，如果能用正面的语言表达负面的意思，或者在负面信息表达完了再加上正面信息，以正面信息收场，能让对方感受你的善意从而接受你的建议，会增加领导沟通的有效性。

再次，领导沟通需要尽量让表达优雅，弃粗鄙，弃凶恶，弃流弊。台湾媒体新近提出一个“治疗语言癌”的倡议，倡导全社会要形成说“雅语”的“雅风”，清除病态中文不规范、累赘和过度西化等“语言的癌细胞”。

优雅表达是沟通中传达喜悦心最贴切的方式，雅风雅韵也是喜悦心十分妥帖的外衣。传达喜悦，一要精准，二要生动，三要雅致。

3. 改善不良的信念，建立正念

正思维和正语都是建立在“正念”基础上的，正念也是佛教词汇，也叫“内观禅”，表示明了当下的心、身状态及其变化，后被西方的心理学借用，渐渐改良为一种十分重要的心理治疗的概念和技术，即有意识地觉察自我，活在当下，放下好恶，与自己和谐相处。

建立正念的技术同样可以用于对喜悦心的觉察，让注意力集中起来，感知一切美好的事物，不让心任意攀缘，杜绝那些反映恼怒、贪爱、忧愁、报复、自怜等负性心态的心念，因为放任这样的心念，我们将强化相应的情感，并给自己带来痛苦。当我们有目的地将意识脱离负性心念而前往良性心念停泊时，我们将增强喜悦对我们的影响力，并为培育平静和愉悦的心境创造了条件。

在以前的研究中，普遍的共识是将沟通定位为一种方法和技术，方法和技术是属于方法性、技能性知识，这种知识有别于事实性知识和命题性知识，其意义在于掌握和运用，所以，沟通研究的重点都放在了实践性上，即如何操作。随着后现代理论的发展，对沟通的研究有了新的转向，后现代理论认为，能胜任的行为表现既不是理性的，也不是非理性的，而是无理性。即“技能性知识的获得是一个从有意识的判断与决定到无意识的判断与决定的动态过程。在这个过程中，我们很难把人的认知明确地划分成以理性为一方，以非理性为另一方”[①]。这种观念提出技能性知识运用是在一种身心一致的状态

① 成素梅．技能性知识与体知合一的认识论［J］．哲学研究，2015，4.

下进行的，使身心融合起来是获取技能性知识的前提条件。

沿着后现代的思路，我们将领导沟通的视野从外在的实践层面拉回到内在的主观层面，以“三心”模式作为开启领导沟通的引擎，知人先知己，达人先达己，知己先修心，达己先悦心。心变了，世界才会变。正如心学大师陆象山所言：宇宙便是吾心，吾心即是宇宙。

C H A P T E R 0 2

第二章

听：从威权走向平等

案例

很久很久以前，有一个蒙古的部落使者到都城来，进贡了三个一模一样的金人，金碧辉煌，把皇帝高兴坏了。可是这部落大使不厚道，同时出了一道题目给皇帝：这三个金人哪个最有价值？皇帝想了许多的办法，请来全国最好的珠宝匠检查三个金色小人，称重量，看做工，所有测量办法的结果都是一模一样的。怎么办？使者还等着回去汇报呢。泱泱大国，不会连这个小事都不懂吧？最后，有一位退位的大臣说他有办法。

皇帝将使者请到大殿，老臣胸有成竹地拿着三根稻草分别插入三个金人的耳朵眼……插入第一个金人的耳朵里，这稻草从另一边耳朵出来了。第二个金人的稻草从嘴巴里直接掉出来，而第三个金人，稻草进去后掉进了肚子，什么响动也没有。老臣说，第三个金人最有价值！使者默默无语，答案正确。

这个故事告诉我们，最有价值的人，不一定是最能说的人。老天给我们两只耳朵一个嘴巴，本来就是让我们多听少说的。善于倾听，才是成熟的人最基本的素质。

一、倾听不仅仅是听

人们常说，倾听是沟通的第一步，要提高沟通水平先从倾听开始。倾听为什么这么重要？如何提高倾听能力？我们先了解一下听的五个层次。

（一）听的五个层次

1. 听而不闻

老子的《道德经》第十四章中提到："听之不闻名曰希"（希：稀疏，引申为无声），意思是说"听见了如同没听见一样"。主要用来形容对听的内容漠不关心，不重视，不在意。如同耳边风，有听没有到，左耳朵进右耳朵出，完全没听进去。听而不闻中，听是一种生理反应，即声音引起了耳膜的振动；而闻则是一种心理反应，即对声音的理解。听而不闻实则是有"听"无"闻"。

在实际的领导沟通中，此类情况也是普遍存在的。例如，当你与下属沟通时，他说的内容没有引起你听的兴趣，而你又忙于手头上的工作，所以他说什么你也无暇顾及。因此，"听而不闻"是听的最低层次，往往不会取得很好的沟通效果，甚至会导致人际关系的破裂，是一种极其危险的倾听方式。

2. 敷衍了事

敷衍了事是听的第二个层次。主要表现为倾听者竖起了耳朵，却没有敞开心扉，只是被动地、消极地听。虽然倾听者略有反应，其实是心不在焉，通常会通过"嗯——哦——好好——哎——"等简单语言进行回应，或者点头示意表示正在倾听。但听到多少、理解多少常常是个未知数。

在领导沟通过程中，敷衍了事的听也时有发生。总的来说，领导者都具备了一定的综合素养。当领导者对沟通内容不感兴趣，或者沟通对象的意图难以清晰地表述时，很多时候不会直接打断对方的语言，一般会出于礼貌，进行简单的回应，顾左右而言他。这个层次上的倾听所带来的危害比"听而不闻"更严重。常常会导致一些误解，失去真正交流的机会。

3. 选择地听

有人说，人是三分理性七分感性的动物。沟通过程也常常表现如此。对于自己感兴趣或者适合自己意思、口味的内容，倾听者会仔细认真地听，而与自己意思相左的内容一概自动过滤掉。这就是听的第三层次——有选择性地听。

据相关资料显示，在领导沟通过程中，越是层次高的人，倾听水平越容易局限于此。在组织中，层次越高，权力越大，领导威信也就越大。在传统观念的影响下，领导的权威性是不可挑战的。因此，在某些时候，很多领导为了保持其决策的“权威性”，在听取下级汇报工作时，会有先入为主的观念，当下级意见与其相左时，就会直接过滤掉。因此，这个层次的倾听很容易导致主观臆断、偏听偏信的后果，危险很大。

4. 专注地听

《礼记·曲礼上》：“立不正方，不倾听。”孔颖达疏：“不得倾头属听左右也。”这两句话都在一定程度上反映了倾听的第四个层次：倾听者恭恭敬敬、认真专注地听对方说话，专心致志地注意对方，细心地聆听对方的话语内容。

这个层次的倾听是“主动式”和“回应式”的聆听，以复述对方的话表示确实听到。但是，受到众多因素的影响，每个人都会形成自己的经验以及因此而产生的定式思维，因此就有了“千人千模样，万人万思想”的说法。因此，在信息的理解上，每个人都会从自己的定式思维去思考，这就是心理学提出的“参考架构”。

在实际的领导沟通过程中，处于不同层次的领导者，对于同一信息的理解也是存在差异的，并且同一信息在不同的语境和情绪下，也会呈现不同的内容。因此，在这个层次的倾听中，即使每句话或许都进入了大脑，但是否都能听出说者的本意、真意，却很难说。

5. 同理心地倾听

同理心沟通是听到说者想说，说到听者想听，与《论语·卫灵公》中“己所不欲，勿施于人”的含义相同，即沟通要做到“推己及人”。

一般人聆听的目的是做出最贴切的反应，根本不是想了解对方。所以同理心倾听的出发点是为了“了解”而非为了“反应”，也就是透过交流去了解别人的观念、感受。[①] 在领导沟通过程中，同理心倾听不仅是听，更要站在对方的角度上去听、去理解他，多从对方的角度着想：他为什么要这么说？他这么说是为了表达什么样的信息、思想和情感？因此，同理心的倾听是倾听的最高层次，也是领导成为一位优秀倾听者的典型特征。这种倾听方式有助于形成良好的人际关系，对领导效能的发挥起到重要的推动作用。

领导者都希望能够做努力避免低层次的倾听，成为一位优秀的倾听者，但事实上倾听受到众多主、客观因素的影响，并不是所有的倾听都能达到理想效果。据相关资料显示，在现实沟通过程中，大约 25% 的人只能做到第一层次的沟通，40% 的人能够做到第二层次的倾听，25% 的人能够做到第三层次的倾听，达到第四层次、第五层次的倾听者最多只有 10%。[②]

（二）学会倾听的意义

1. 倾听是领导的一种工作技能

斯蒂尔博士的研究表明：人们每天花在与人沟通的时间中，9% 用于写东西，16% 用于阅读，30% 用于说话，45% 用于倾听。可见，倾听对于我们的工作生活都具有非常重要的意义。对领导干部而言，也是如此。

领导的重要职责之一就是决策，在社会环境快速变化的时代，领导决策的正确与否对组织的可持续发展影响越来越大。信息是决策的基础，而沟通则是信息的主要来源。信息量大且更新速度快是当今信息化发展的特点，因此，如何掌握全面的信息进而做出有效决策是领导干部面临的新问题。

伴随着信息爆炸和组织管理的不断发展，个人经验决策已逐步被团队决策和科学决策所替代。头脑风暴、名义群体、电子会议等团队决策途径，利用了成员之间的互动交流过程来增进思考方式的多元化，以及增进决策方案的选择性和有效性。团队决策的一大优点就是，收集的信息更完全，信息量

---

① 刘晓琴，陈晓鹏．职场沟通中常见的倾听障碍及其应对策略［J］．科技创业月刊，2010，23（6）：123.

② 易书波．好中层会沟通［M］．北京：北京大学出版社，2010：36.

也很大。而倾听则是获取有效信息的重要手段。因为如果没有认真地倾听，就极易错失更有价值的信息，进而影响决策的合理性。虽然团队决策会产生更多合理的备选方案，但是最终只能选择一种方案来执行。在我国的组织体系里面，最终方案的选择往往是由领导来完成的。这就要求领导者能够认真倾听各种意见，做出正确的判断，形成最终的决策。

由此可见，倾听是领导获取信息从而做出正确决策的重要方式，也是领导的一种工作技能。

2. 倾听是领导的一种关键能力

和谐的人际关系是领导职能得以有效发挥的重要保障。在现代组织中，领导不仅是拥有权威的管理者的角色，还是组织的一员，也需要营造各种人际关系。反过来讲，和谐的人际关系也会在很大程度上帮助领导形成独特的“魅力”。如果单单依靠行政命令的方式，虽然可能会树立领导权威，取得一定的工作成果，但久而久之会削弱领导的“魅力”，最终可能会导致“虽令不行”的局面。

从个人角度来看，每个人都希望在组织中获取融洽、真诚的同事关系和上下级关系。从组织角度来看，面对外部环境的快速变化，领导者更希望自己能够锻造出一支上下齐心、精诚团结的团队。而倾听在领导的人际关系的营造中，发挥着重要的作用。

北宋教育学家程颐曾说过：“以诚感人者，人亦诚而应。”我们可以清楚地想象出，当和领导进行沟通交流时，不管是工作汇报，还是其他方面的沟通。如果领导端着架子，板着脸，你会如何？相信大部分人都会敬而远之。因此，善于倾听的领导，会让下属感受到尊重，进而也会获得下属的尊重，自然也能得到下属的拥护。而不善于倾听的领导，会排除异己，专断独行，不仅会导致人际关系的破裂，甚至会被孤立。根据领导的定义来看，领导是影响他人获取追随的过程，如果没有了下属的追随，领导的职能将荡然无存。领导的硬权力是组织职位所赋予的，而领导软权力的发挥是自己“营造”的。

由此可见，倾听是领导营造和谐人际关系从而有效发挥领导职能的重要途径，是领导的一种关键能力。

3. 倾听是领导的一种必备素养

纵观古今中外，善于倾听是成功领导的必备素养。

领导职能是实现管理效率和效果的灵魂，是管理过程的核心环节。虽然从不同的角度对于管理的理解是不同的，但是根据现代管理理论，管理的职能主要包括计划、组织、指挥、协调和控制，这五个职能中的“指挥”相当于我们定义的“领导”，这一职能统御着其他四个职能。将“领导”职能再细化，主要为决策、协调、激励，倾听则贯穿决策、协调、激励的始终。

在华阅编著的《领导学》（2010）中，将领导的内容做出了精辟的概括：管人：对被领导者负责、管事：对事业负责、管物：对经济财产负责、“上管天”：对上级负责、“下管地”：对领导环境负责、“中间管空气”：对发展方向负责。① 在实际的领导过程中，无论是何种职能的发挥都需要信息的支持。而倾听则是获取信息最重要的途径，对于领导效能的发挥起到重要的作用。

张闻天同志曾经说过：“领导就是服务。领导人民，就是为人民服务。”“领导就是服务”也是邓小平同志一直强调的领导观。“领导就是服务”充分体现了我们党一贯坚持的“为人民服务”的根本宗旨。作为领导干部，为更好地“服务人民”，就需要深入地调查研究，认真聆听来自各层级的声音。领导者不仅要善于倾听顺耳之言，更要善于倾听逆耳忠言，从而做出正确的判断，最终形成合理有效的措施，做到真正的“为人民服务”。

由此可见，倾听是领导职能得以发挥的重要保障，是领导的一种必备素养。

（三）被倾听的快乐

1. 被倾听收获尊重

曾经看到这样一则故事：

国际巨星卡罗尔有一次巡演，空运的吉他被摔坏，卡罗尔找航空公司投

---

① 华阅．领导学［M］．北京：中国商业出版社，2010：14~28.

诉，居然没人愿意倾听他的投诉，认为卡罗尔小题大做。但作为一个艺人，吉他就是他的生命。卡罗尔十分伤心，多次投诉无果的卡罗尔一怒之下，创作出一首《美联航弄坏了我挚爱的吉他》的视频歌曲，通过歌唱的形式，将吉他受损及整个投诉过程中的遭遇展现出来。想不到接下来短短两周内，这首歌的网络点击量竟超过 500 万。

更让人没想到的是，受这首视频歌曲的负面影响，美联航的股票几天内直跌 10%，造成高达 1.8 亿美元的巨大损失，足以买下 51000 多把吉他赔给卡罗尔。

“其实，我只想美联航能有一个人站出来倾听我的不满，承认他们做错了，对我说一声‘对不起’，仅此而已。可是他们没有这样做。”卡罗尔陈述自己坚持投诉美联航的原因，卡罗尔想要的无非是一个尊重地倾听而已。

有一种素养叫等人把话说完。认真聆听对方的谈话，是沟通过程中最起码的一种礼貌行为，更是表达尊重之意的一种举动。在任何组织中，不论你身处何职，扮演何种角色，专心倾听别人讲话，是我们给予别人的赞美和尊敬。当你与别人交流时，若倾听者不理不睬，毫无诚意，你通常会感觉自己没有被重视或被尊重，心里会感到失落，沟通也会很难进行下去。

因此，在领导沟通过程中，倾听别人收获礼貌，被别人倾听收获尊重。

2. 被倾听收获自信

有一首诗这样写道：“有一种倾听叫胸有成竹，沉着冷静，那是一种气势和气场，不语也能威严，无声也能温暖，才是魅力。有一种聆听需要忘我，听落雪的声音，听风过屋檐，听早晨的鸟鸣，听一段美妙的旋律，是一种境界和修为。”

在领导沟通中，如果别人在认真倾听你的谈话，你自然会注入更多的热情，心里充满“阳光”，自信满满地阐述自己的见解；如果别人不合时宜地打断你的讲话，或者表现出厌恶的表情，你就会觉得热情被浇灭，心中充满“乌云”，挫败感油然而生。

在一个提倡创新的组织环境中，善于倾听是领导者的重要特质。因为热情是创新的前提，自信是创新的保证。有时候，下属的很多想法虽然会不成熟，但也是经过其深思熟虑而形成的。当下属热情地表达自己的观点时，却被你无情地“抛弃”，自信心也会因此而受到打击。而善于倾听的领导，哪怕听到了下属“幼稚”的想法，也能够从中听到下属的热情，得到鼓励和赞赏的下属会收获更多的自信，进而会投入更多的热情。倾听，会使领导拥有独特的魅力，吸引下属投入更多的热情，打造更加自信的团队。

因此，在领导沟通过程中，倾听别人收获热情，被别人倾听收获自信。

3. 被倾听收获幸福

有这样一则小故事：

年轻的母亲为了验证自己教子有方的成果，把两个苹果喜盈盈地给了年幼的儿子，接下来，她等待儿子把一个苹果送给自己。可是儿子接住苹果后，看都没看她一眼就把每个苹果都咬了一口。年轻的母亲当然非常伤心，正要发火训斥儿子的自私贪婪。谁知道就在这时，童稚的儿子奶声奶气地说：“妈妈，你吃这个苹果，我尝过了，不酸！”妈妈的眼泪瞬间就流了下来。

有时候，我们之所以愤怒是因为没有耐心和时间等一个回答。倾听的后面是另一番的暖意，被倾听的后面同样也是另一番幸福。

如果上述小故事中，妈妈没有听完儿子的话就进行训斥，那么结果则会是另一种情形：儿子不停地哭泣，因为心中充满委屈；妈妈也非常不悦，因为心里充满愤怒。在实际的工作沟通过程中，“愤怒”的情绪也时常发生。被打断的愤怒、被误解的愤怒、被冷漠的愤怒、被偏见的愤怒、被命令的愤怒等，都会影响真诚的沟通。

有一首诗这样描写道：“当别人与你讲话时，请善听，因为你是幸运的，他心中有你。当别人听你讲话时，请善待，因为你是幸福的，他心中有你。”的确如此，每个人都有沟通的权利，并且每个人也都有选择沟通对象的权利。在沟通过程中，不管你身处何职、身兼何务，当别人以诚待之，至少说明你们之间的距离没有想象的那么不可触及。但如果你以无理应之，那么彼此就会渐行渐远，为自己树立了一面墙壁，久而久之，你将处于孤岛之中。

因此，在领导沟通过程中，倾听别人收获幸运，被别人倾听收获幸福。

二、了解倾听的障碍

倾听既然如此重要，但为什么我们总是不能很好地倾听？是什么妨碍了我们倾听呢？以下是倾听的几大障碍。

（一）来自外部的障碍

1. 环境干扰的障碍

首先，外部环境会在客观上干扰倾听的过程。常言道，一心不能二用。在一个比较嘈杂的环境中进行沟通时，如果其他的声音对于倾听者更具吸引力，那么注意力就会发生转移。一方面，信息的完整性和准确性难以保证，倾听效果也会大打折扣，甚至会出现信息被歪曲的情况。另一方面，也有可能会让说话者认为自己没有被尊重而产生不必要的误解，进而会影响到彼此之间的关系。

其次，外部环境也会在主观上干扰倾听的过程。即使是同一内容的交谈，但在不同的倾听环境中，也会影响倾听者的情绪。例如，领导向下属征询建议，如果在会议室进行较为正式的讨论，下属一般都会认真地思考、发言；但如果是在餐厅就餐时，下属也许会随心所欲地畅谈自己的想法，极易出现"跑题"的现象。反过来也是如此，如果领导在办公区域以外的地方偶遇下属，然后探讨下属的衣服款式，双方也许会就此话题进行轻松的聊天；但如果是领导特意走到下属的办公桌前问同样的问题，下属多半会有些惊恐，因为他在担心：领导这样问，是不是这套衣服不合乎单位的相关规定？

可见，外部环境是影响倾听最常见的因素之一，不仅会干扰信息的传递过程，也会使倾听者产生不同的心理反应。因此，在进行正式的领导沟通时，应该选择较为安静的环境，降低外界干扰，使倾听者更为专注，注意力更加集中。在进行非正式的领导沟通时，应选择轻松的环境，使沟通双方能够身心放松，激发灵感和激情，有助于提高沟通的有效性。

2. 沟通渠道的障碍

在现代组织管理中，领导沟通的渠道主要有面对面沟通、会议沟通、书面沟通、电话沟通和网络沟通等。每一种沟通的方式都有其独特的功能，但同时也都有各自的弊端，也都会给倾听产生不同的障碍。

第一，面对面让沟通显得更真诚，信息的传递更为直观，更有利于问题的解决，产生更加积极的激励作用和长久的影响力。但是倾听过程很容易受到外部环境干扰，以及说话者措辞、语速、语调、肢体等因素影响，产生一定的倾听障碍，进而影响沟通的效果。

第二，会议沟通是现代组织广泛应用的一种重要的沟通方式，能够广泛征询到组织各层级的“声音”，为政策的制定和实施提供保障。作为领导者，必然会参加并组织一些会议，以达到相互沟通的目的。但是会议沟通也会产生一些倾听的障碍，例如会议议题不明确、会场布置不合理、讨论环节不能有效控制等，都会在一定程度上使倾听者产生不良情绪，影响其倾听过程。

第三，书面沟通是现代组织活动中不可替代的沟通方式，因为书面沟通表达更为准确，信息易保存，不失真，更有效力，更让人信服。虽然在领导沟通中，书面沟通都有相应的固定格式和措辞，但这种沟通方式略显生硬、死板，具有一定的时效性。“倾听者”可能会做出不同的理解，却很难“听”出弦外之音。

第四，电话沟通与面对面沟通有着相似之处，但是电话沟通的简便性更适合现代社会快节奏的生活需要。电话沟通可以节约时间，提高效率交流信息，疏通社交中的阻滞。但在领导沟通过程中，电话沟通的弊端也是显而易见的。例如上级领导正在开会，接听电话的时机就不太合适。并且电话沟通也受到一定的时间限制，倾听者长时间地保持一个姿势接听电话，极易产生不耐烦的情绪或注意力不集中的情况，影响沟通的效果。

第五，网络沟通是现代信息社会中组织沟通的一种重要渠道。既不受地域限制，方式更加灵活，又呈现形式多样化。例如 QQ、MSN 等可以将文字、图片、声音、图形等信息源及时传递，使倾听者对于信息的理解更加丰富。但是有调查发现，在缺少抑扬顿挫的声调、丰富的面部表情与肢体语言的电子邮件中，幽默或特定情绪的符号容易被误解或扭曲。并且众多的网络时髦语言，如“酱紫（这样）”“童鞋（同学）”等，就不能用于正式的领导沟通过程中。

要想做到全方位的领导沟通，首先要拓宽全方位的沟通渠道。但是不同的沟通渠道在信息、思想和情感的传递上有不同的特性，对于倾听者也会产生不同的倾听障碍。因此，在领导沟通过程中，应选择正确、合适的沟通渠道，既有利于倾听者的理解，也有利于信息的传播、思想的交流和情感的融入，最终促进沟通更加地深入。

（二）来自信息发送者的障碍

1. 表达能力的障碍

众所周知，语言是最重要的沟通工具。但同样语言也是逻辑复杂、内容多变的工具，正确掌握和运用语言是一件比较困难的事情。语言表达能力的形成受到众多因素的影响，例如教育背景、生活环境、风俗习惯等。而对于同一事物的描述，每个人的表达方式也存在一定的差异。

首先，表达能力的障碍表现在语音、语调上，如果一个人的方言口音太重或语速太快，自然会给倾听的一方造成不小的困扰，影响倾听的质效。

其次，表达能力的障碍表现在术语的使用上，人们在表达一些很专业的内容时，会自觉不自觉地使用一些术语、行话，但过于生僻的术语和过于频繁地使用术语，会给听众造成倾听困境。

再次，表达能力的障碍表现在表达的心理恐惧上。人们在讲话中，总有着一种恐惧心理，担心在讲话中出丑或讲话失败，这种恐惧心理极大地影响着人的表达能力。实际上，表达中的恐惧心理不是某一个人的专利，而是普遍存在的现象。尤其是在领导沟通过程中，下级向上级汇报工作或者请求帮助时，下级时常会担心工作绩效没有达到领导的预期，会受到领导的批评，或者请求得不到满足，都会带来挫败感。这样的担心在沟通之前产生，无形中会带来心理上的压力，进而会影响其沟通过程中语言的表达。如果下属表达不清晰且滔滔不绝，领导自然也会产生厌倦的情绪，不会仔细聆听，也难以达到良好的沟通效果。

因此，在领导沟通过程中，要克服因表达能力欠佳带来的倾听障碍，信息发送者应该注意语音、语调的控制，尽量避免使用难以理解的术语，并应提前做好适当的准备，克服恐惧心理，使表达紧扣主题，条理清晰，突出重点。倾听者也应该给予足够的理解和暗示，缓解其压力。

2. 信息过滤的障碍

信息过滤是指信息发送者有意操纵信息，以使信息显得对接收者更为有利，却使真正的信息无法传递给倾听者。例如，在领导沟通中，报喜不报忧就是一种典型的信息过滤。向领导汇报时，总是传达好消息，过滤坏消息。

在现实中，受许多因素的影响，领导沟通中的报喜不报忧的现象非常普遍，潜在的危害也是巨大的。《南京日报》（2014 年 2 月 12 日）的“评论·资讯”版面刊发的“勇于正视问题勿报喜不报忧”一文中指出，报喜不报忧也是个老毛病了，表现形式多种多样：向上级机关和领导同志汇报工作时，讲成绩浓墨重彩，极力渲染，对问题和缺点则轻描淡写，讳莫如深；对问题层层截留，大事化小，小事化了；对问题视而不见，或出了问题马上想办法“捂”和“盖”。凡此种种，不仅妨碍上级了解真实情况，容易造成决策失误，而且贻误了解决问题的最佳时机，会使小矛盾变成大矛盾，小错酿成大祸，影响改革、发展、稳定大局，也助长了虚假之风，败坏党风和社会风气。

因此，领导沟通中的信息过滤，不仅会破坏信息全面性和完整性的传递，而且也会影响倾听者的判断，对于决策和事物发展都会产生一定的障碍。克服领导沟通中的信息过滤，首先要深入调研，其次要“闻过则喜”，鼓励讲真话，树正气。

（三）来自倾听者的障碍

1. 选择倾向的障碍

选择地听，是倾听的第三个层次。在倾听过程中，倾听者会根据自己的需要、动机、经验、背景以及其自身特点有选择地去倾听，还会把自己的兴趣带进信息之中，形成自己的判断。

在领导沟通过程中，当倾听者对谈论主题过分关心或漠不关心时，都会产生比较严重的倾听障碍。例如，在下级向上级汇报工作时，如果上级领导对下级取得的成绩特别感兴趣，往往会急切地提出问题或询问数据，并发表评论。而对于下级付出的努力或需要解决的困难不闻不问。这样既会打断汇报者的思路，更会影响其工作积极性。选择性地听，会使得接受的信息不完整，准确性也会降低。

因此，克服选择倾向的障碍，信息发送者应抓住关键，突出重点，倾听者也应该虚心、耐心地等待信息传递的完毕，并且进行适时、恰当的回应，最后再做出较为客观公正的判断。

2. 情绪变化的障碍

在沟通过程中，最容易受到情绪上的干扰。当情绪发生变化时，会在很大程度上影响人的认知、语言和行为。

不同的情绪感受会对同一信息产生不同的理解。例如，"你真棒"。如果你刚刚取得了成功或者得到了某种满足，心情大好时，有人对你说"你真棒"，那么你会感觉别人是在赞赏你，会使心情变得更加美好，产生继续倾听褒奖的欲望。但如果当你刚经历失败，心情低落时，有人对你说"你真棒"，也许别人是在安慰你，本意是想说"你做得的确很出色，只是结果不理想"，你却会认为别人在取笑或挖苦你，甚至会对他怒目相视，不愿意再听下文。

再者，每个人的耐心也是有限度的。有时候你对沟通的话题失去兴趣，而别人还在滔滔不绝，你往往会产生厌倦的情绪，不会细听别人的谈话，只希望与他的谈话能尽快结束，更有甚者会直接打断别人的讲话。这种不耐烦的情绪会直接伤害说话者的自尊心，对人际关系的发展会产生不良的影响。

因此，在领导沟通过程中，尤其是听取下属的谈话时，要抱有一颗宽容的心，仔细聆听对方的讲话，也许会听到很多有用的信息，同时也能够维护彼此之间良好的人际关系。

3. 源于偏见的障碍

偏见是产生倾听障碍的重要因素。在很多时候，每个人都习惯了运用自己的经验做判断。但在沟通过程中，过度地运用经验判断，会带来很多的偏见，以至于影响到倾听过程，也自然难以达成共识。倾听中的偏见障碍主要表现为晕轮效应、首因效应和相似性效应所带来的阻隔。

晕轮效应产生的倾听障碍主要体现在“爱屋及乌”和“一棒子打死”。在沟通中，当倾听者对沟通对象的某种特征形成好或坏的印象后，他还倾向于据此推论该对象其他方面的特征。通俗来讲，人们更乐意倾听自己喜欢或自认为优秀的人讲话，对自己不喜欢或自认为不优秀的人，则有“话不投机半句多”的感觉。

首因效应产生的倾听障碍主要体现在“第一印象”。心理学的研究表明，在人与人的交往中，交往的初期，即在延续期还生疏阶段，首因效应的影响重要。在沟通过程中，“第一印象”也很关键，会影响到倾听者对你做出不全面的判断和认知。

相似性效应类似于“物以类聚、人以群分”“推己及人”。在沟通过程中，产生的倾听障碍体现在将自己所具有的某种特质作为参考因素。与你相似者，交谈甚欢；与你不相似者，无言以对。正所谓“酒逢知己千杯少，话不投机半句多”。

可见，源于偏见的障碍都会带来相对极端的倾听效果。所接收到的信息经过选择过滤，容易听到片面之词，对于人际关系也会产生很大的影响。因此，在领导沟通过程中，克服偏见带来的倾听障碍，领导应该一视同仁，坦诚布公、公正客观地倾听，避免偏听偏信。

（四）来自双方差异的障碍

1. 文化因素的差异

在沟通过程中，文化因素差异产生的障碍主要有语意障碍、态度障碍和文化程度的障碍。文化因素的差异对于倾听也会产生严重的障碍。曾有这样一则秀才买柴的故事：

有一个秀才去买柴，他对卖柴的人说："荷薪者过来！"卖木柴的人听不懂"荷薪者"（担柴的人）三个字，但是听得懂"过来"两个字，于是把柴担到秀才前面。秀才问他："其价如何？"卖柴的人听不太懂这句话，但是听得懂"价"这个字，于是就告诉秀才价钱。秀才接着说："外实而内虚，烟多而焰少，请损之（你的木柴外表是干的，里头却是湿的，燃烧起来，会浓烟多而火焰小，请减些价钱吧）。"卖柴的人因为听不懂秀才的话，于是担着柴走了。

这则故事就充分体现了沟通过程中，双方语言措辞不统一造成的语意障碍，以及双方受教育程度和文化底蕴差距过大，"卖柴者"对于信息的内在含义不理解或不接受，从而造成的倾听障碍。

因此，在沟通过程中，领导干部应该根据倾听对象的特点，把握时机，最好用简单的语言、易懂的言辞来传递信息，便于倾听者理解。有时候，过分的修饰，反而会损坏倾听效果，难以实现沟通的意图。

2. 社会因素的差异

在领导沟通过程中，社会因素的差异主要包括组织地位、组织角色和身份以及年龄、性别等。这些因素也会产生倾听的障碍。

有一个典故叫"沐猴而冠"，说的是项羽据关中后，韩生献计于项羽："咸阳处在关中要地，土地肥沃，物产富饶，而且地势险要，您不如就在这里建都，这样有利于您奠定霸业。"项羽本也有些心动，可是一看眼前的咸阳已被自己弄得残破不堪，哪里还像个都城的样子，就更加怀念故乡。所以一心只想回到故里去。他对韩生说："人要是富贵了，就应该回到故乡去，让父老乡亲知道你现在是什么样子。要是富贵了还不回故乡，就好像是穿着漂亮的锦绣衣服在黑夜里行走，你的衣服再好也没有人看得见，有什么用呢？所以我还是要回到江东去。”

韩生听了这话，觉得项羽实在算不上顶天立地的大英雄，就私下对别人说：“人家都说楚国人徒有其表，就好像是猴子戴上帽子假充人一样，我以前还不相信，这次和楚王谈话之后，我才知道果真如此啊！”不料，这句话传到了项羽的耳朵里，他非常生气，立即把韩生抓来，投入鼎镬里活活烹死了。

“沐猴而冠”的典故，充分说明了组织地位、组织角色和身份等社会因素在倾听中产生的障碍。在《毛泽东评述中国历代帝王》中指出项羽战败的三个错误：鸿门宴不听范增的话，放走刘邦；机械遵守鸿沟协定；建都徐州。

不同的组织地位和身份，其看待问题的角度也不同。项羽年少时，不喜欢读书，不喜欢学剑，喜欢学习兵法，却不肯深加研究，但他在组织中处于领导角色，具有最终决策权。而韩生作为项羽的谋臣，饱读诗书，但在组织层级中属于下属。正是因为经历和组织角色的差异，项羽没有听取韩生“建都关中”的建议，而是“衣锦还乡”，结果最终导致“四面楚歌”。并且为了维护其权威，面对韩生的辱骂，采用了“烹死”的极端方式。

因此，在领导沟通中，领导应保持虚怀若谷的态度，虚心倾听各种意见。即使是辱骂和诽谤，也应冷静对待，宽容处理。因为很多时候忠言是逆耳的，包含更多有价值的信息。

3. 心理因素的差异

在领导沟通过程中的心理差异所带来的倾听障碍主要源自“权威效应”。每个人在沟通过程中都希望能够被理解。但是“等级”在我国的组织管理体制中依然存在。领导者的权威会使得下属在沟通时产生一定的恐惧心理，总会担心自己的意见与领导相左而带来严重的后果。因此在组织中，一些独到的见解难以有机会表达。

美国心理学家们曾经做过一个实验：在给某大学心理学系的学生们讲课

时，向学生介绍一位从外校请来的德语教师，说这位德语教师是著名的化学家。

实验中这位“化学家”煞有介事地拿出了一个装有蒸馏水的瓶子，说这是他新发现的一种化学物质，有些气味，请在座的学生闻到气味时就举手，结果多数学生都举起了手。对于本来没有气味的蒸馏水，为什么多数学生都认为有气味而举手呢？

这则故事反映了一种普遍存在的社会心理现象——“权威效应”。所谓“权威效应”，就是指说话的人如果地位高，有威信，受人敬重，则所说的话容易引起别人重视，并相信其正确性，即“人微言轻、人贵言重”。

“权威效应”的普遍存在，首先是由于人们有“安全心理”，即人们总认为领导是权威人物是正确的楷模，服从他们会使自己具备安全感，增加不会出错的“保险系数”；其次是由于人们有“赞许心理”，即人们总认为领导人物的要求往往和社会规范相一致，按照领导的要求去做，会得到各方面的赞许和奖励。

在领导沟通过程中，“威信”不是靠排除异己、发号施令来维护的。因此，领导要想倾听到真实的信息，应该放下“身段”，营造平等的沟通氛围，细心聆听各种意见。

三、做倾听型领导

苏格拉底曾经提醒世人：“自然赋予人类一张嘴、两只耳朵，就是让我们多听少说。”丘吉尔也曾说过：“站起来发言需要勇气，而坐下来倾听，需要的也是勇气。”倾听看起来是一件很简单的事情，其实不然。

“听”的繁体字为“聽”，是由“耳”“王”“十”“目”“一”“心”六个字组成。可引申为“十目一心一耳，为王”，也就是说在沟通过程中，要多听多看用心记。因此，要想成为一位倾听型的领导，就应做到用心、用耳、用目，进而善听者王。

（一）用心

有这样一则故事：

美国著名主持人林克莱特一天访问一名小朋友，问他：“你长大了想当什么呀？”小朋友天真地回答：“我要当飞机驾驶员！”

林克莱特接着问：“如果有一天，你的飞机飞到太平洋上空，所有引擎都熄火了，你会怎么办？”

小朋友想了想说：“我先告诉飞机上的人绑好安全带，然后我挂上我的降落伞，先跳下去。”

当现场的观众笑得东倒西歪时，林克莱特继续注视着这孩子，没想到，接着孩子的两行热泪夺眶而出，这才使林克莱特发觉这孩子的内心之情远非听众所理解的。

于是林克莱特问他：“为什么要这么做？”小孩子的回答透露出一个孩子的真挚想法：“我要去拿燃料，我还要回来！我还要回来！”

这则故事是一个善于倾听的经典案例。主持人林克莱特与众不同之处在于他能够用心地听孩子讲话，细心地看着孩子的变化，并及时地进行回应和引导。即使是在现场的观众笑得东倒西歪时，林克莱特仍保持着倾听者应该具有的一份亲切、一份平和、一份耐心，让我们听到了这名小朋友最善良、最纯真、最清澈的心语。

1. 专心

上述故事充分说明了专心对于倾听的重要性。如果主持人林克莱特没有专心地倾听小朋友的讲话，而是在思考其他事情，那么当他看到现场观众笑得东倒西歪时，估计他也会有着相同的反应，小孩子善良的心语就不会呈现。

专心倾听，说起来简单，但做起来颇有难度。据相关资料统计，人们每分钟可以说出 125 个词，但是可以理解 400~600 个词。换句话说，大脑的思考速度比说话的速度要快得多，思考的速度是说话速度的 3~5 倍。

因此，在沟通过程中每个人在听一个人讲话时，其实还有很多空余的

“大脑时间”。这样会极易导致在倾听过程中，大脑走神，不专注。一旦“大脑时间”被另一个事物所吸引，倾听效果就会急速下降。尤其是在面对不感兴趣的话题而又不得不听时，很多人就会去寻找或思考一些其他事情，来占据空闲的“大脑时间”，这样就产生了听而不见的不良倾听现象。

因此，要想成为一名倾听型的领导，专心致志地聆听别人的讲话是必要的礼貌，更是领导应具备的综合素养。在与下级沟通时，你“顾左右而言他”，不仅难以达到良好的沟通效果，而且也会影响下属的情绪，甚至会给彼此之间的关系带来恶劣的影响。如果你对沟通的话题不感兴趣，你可以选择合适的时机，运用婉转的语言打断对方的谈话，切不可直接表现出厌倦的情绪，或者离开、打断、喝声制止等不礼貌的行为。如果你正忙于工作，无暇顾及对方的谈话，可以在恰当的节点，打断其讲话，并说明原因，再约定沟通的时间。

2. 虚心

在领导沟通过程中，虚心地倾听对于领导干部尤为重要。毛泽东同志曾在《党委会的工作方法》中强调“不懂得和不了解的东西要问下级，不要轻易表示赞成或反对”，他生动地指出“先做学生，然后再做先生；先向下面干部请教，然后再下命令”，并对善于倾听下面干部的意见做了深刻的分析和阐述。

美国前参议员哈亚克瓦（Hayakwa）曾说“我们都倾向于把他人的讲话视为打乱我们思维的烦人的东西”。在这种思维下的领导者，很难做到虚心地倾听，因为他们会将发言视为主动的行为，而倾听则视为被动的行为。并且受到传统文化的影响，在我国很多组织体系中，等级意识依然存在，就会给很多人产生“领导是做决策的，不需要倾听，下级是执行的，才需要倾听”的误解。尤其是“领导”意识浓厚的管理者，很难放下“身段”虚心地倾听下属的“声音”。

因此，要想成为一名倾听型的领导，虚心倾听来自各层级的意见也是必备的条件。在沟通过程中，切不可排除异议，偏心于倾听和自己观点相同的意见。"兼听则明、偏信则暗","顺耳之言"要听,"逆耳之言"更要听。否则会极易产生许多不良的后果。

3. 耐心

柏拉图曾说过,耐心是一切聪明才智的基础。在心理学上,耐心属于意志品质的一个方面,即耐力。它与意志品质的其他方面,如主动性、自制力、心理承受力等有一定的关系。

主持人林克莱特在采访小朋友的过程中,就表现出了足够的耐心。当小朋友表达了看似"幼稚"的想法时,现场观众就迫不及待地打断对方,没有把小朋友的意思听全,就急于做出了"哄堂大笑"的反应。我们也可以设想:如果林克莱特也没有耐心倾听小朋友后面的话,会是怎样的结果呢?答案显而易见。正是因为林克莱特的耐心,我们才听到了小朋友的纯真和善良。否则受打击的不仅是小朋友的自尊心,还有可能会抹杀小朋友本有的天真。

因此,在领导沟通过程中,耐心地倾听也是领导者应具备的优良品质。与语言表达能力欠佳、思维逻辑混乱的下属沟通,领导者应该表现出足够的耐心。如果实在是有些不耐烦了,你可以适时地"总结"下属的话语,并进行积极的引导。这样既能"节省时间",也能够准确理解他的意思,切不可表现出"看手表"等不耐烦的信号,否则会使下属变得更紧张,沟通难以进行。

4. 细心

白居易在《琵琶行》中曾写道:"弦弦掩抑声声思,似诉平生不得志。"意为弦弦凄楚悲切声音隐含着沉思,似乎在诉说着她平生的不得志。如果没有用心和细心地倾听,琴弦之音就只能是乐器发出的声音。可见,细心地倾听不仅能够有效地记住对方言语的内容,而且能听出对方的弦外之音。

当现场观众哄堂大笑的时候,小朋友"两行热泪夺眶而出"。这是肢体上的一个小细节,是他充满委屈的表达。正是因为林克莱特在倾听过程中,细心地发觉了小朋友"远非笔墨所能形容的悲悯之情",才会有了后面的引导和提问，最终才让我们听到了小朋友纯洁而善良的心灵。可见，细心的倾听不仅要听对方的语言，还要“听”他的肢体语言。

可见，细心是倾听中捕捉弦外之音的重要条件。在领导沟通过程中，听到对方的讲话需要专心，而理解别人的讲话则需要细心。尤其是与下属沟通时，作为领导应细心地聆听其讲话内容，细心观察其肢体动作。如果发现下属过分紧张，可以合理地幽默一下，缓解紧张的气氛，也缓解一下对方紧张的情绪。

5. 将心比心

将心比心是基本的道德教谕。古往今来，从东方的“己所不欲，勿施于人”到西方的“你们愿意别人怎样待你，你们也要怎样待别人”，不同地域、不同种族、不同信仰、不同文化的人们，说着基本相同的含义。而在倾听过程中，亦是如此。

在沟通过程中，将心比心的实质就是设身处地为他人着想，即想人所想。在沟通中，每个人都会遇到被“冒犯”“误解”的时候，如果对此耿耿于怀，心中就会有解不开的“疙瘩”。将心比心地倾听，会让我们能深入体察对方的内心世界，不仅能够降低不必要的误解，而且能够收获更多真实的信息。

而在权威意识较为浓厚的组织体系中，领导者要做到将心比心的倾听可谓是难上加难。因此，要想成为一名倾听型的领导，在与下属沟通过程中就应该多设身处地地站在对方的角度去理解对方话语的含义。哪怕有时是刺耳的言辞，只要不涉及原则性问题，都是可以谅解和接纳的。将心比心的倾听，不仅展现了领导超群的沟通技巧，更体现了领导博大的胸襟。

综上所述，要想成为一位倾听型的领导就应该专心、虚心、耐心、细心、将心比心地倾听源于各方的各种声音。

（二）用耳

晋·皇甫谧《高士传·许由》中记载了这样一则故事：

相传，上古时代的尧帝听说有个叫许由的世外高人品行高尚，就想把自己的帝位让给他。而许由是个以不问政治为“清高”的人，不但拒绝了尧的请求，而且连夜逃进箕山，隐居不出。

当时尧还以为许由谦虚，更加敬重，便又派人去请他，说：“如果坚决不接受帝位，则希望能出来当个“九州长”。不料许由听了这个消息，更加厌恶，立刻跑到山下的颍水边去，掬水洗耳。因为许由认为自己可为良民，而不可任高官，所以用洗耳朵来表示自己不愿听。

非常碰巧，与许由同隐一处的巢父正牵着他的小牛到溪边饮水。巢父看到许由洗耳朵的样子，感到非常奇怪，就问许由到底怎么回事。许由把使者对他说的事一五一十地告诉了巢父，说完后又补充了一句：“听了这样不干净的话，我生怕这些名禄之言把自己的耳朵污染了，只好跑到这里来洗洗耳朵。”

巢父听后，感到非常生气，就冷冷地说道：“洗什么耳朵！算了吧，别再把水污染了，从而污染了我的小牛的嘴。”巢父意在批评一代圣贤许由“浮游于世，贪求圣名”。说完，巢父牵着他的小牛，往溪水的上游走去。许由自惭不已，立即用池中清水洗耳、拭双目，表示愿听从巢父忠告。

后人为颂扬许由知错就改的美德，遂将该方池取名为“洗耳池”（据《巢县志》记载，位于古巢城东城门）。

1. 耳不旁听

耳不旁听是指专心致志地听别人讲话，是倾听的一种精神状态，是有效沟通中最基本且重要的前提条件。如果在沟通过程中，倾听者三心二意，交头接耳，不仅会影响到讲话者的思维逻辑，更会影响到他的情绪，最终使得沟通难以继续进行。

在组织发展中，每个人都希望通过沟通获得他人的尊重和认可，下级更渴望能够通过沟通得到赞赏和褒奖。在沟通过程中，倘若领导者不能做到耳不旁听，甚至像许由一般“掬水洗耳”表现出极度厌恶之情，会给下属的自信心和积极性带来很大的伤害，极有可能会严重影响到人际关系的发展。因此，心无旁骛、耳不旁听是倾听型领导必备的沟通技巧。

2. 洗耳恭听

洗耳恭听表示恭敬地倾听。而在实际沟通过程中，认真地听可以做到，但恭敬地听则有难度。因为，每个人对于信息的倾听都具有一定的选择性，或经验选择，或兴趣选择，或角色选择，这样也容易产生偏见，进而影响到沟通的效果。许由“淡泊名利”固然可贵，但他在与使者沟通过程中抱有“可为良民，不可高官”的“自我偏见”，致使其听到让他“高官”的消息后，感到厌恶，以至于做出了“洗耳”这样夸张的举动。

许由的“洗耳”是一种自视清高的表白，而领导沟通的洗耳恭听，则是一种不抱成见的大度和宽容。人非圣贤，但每个人都有闪光点。在领导沟通过程中，要获得良好的效果，领导者应该放下身份和职位，摒弃所有的偏见与傲慢，不要随便打断别人的讲话，更不可对下属颐指气使，恭恭敬敬地倾听来自各方的意见和建议。因此，虚怀若谷、洗耳恭听是倾听型领导必备的沟通态度。

3. 耳听心受

耳听心受可理解为用耳朵听，用心感受。这也是倾听的最高层次——同理心倾听，即换位思考，将心比心。这也是实际沟通中希望达到却很难做到的倾听层次。在组织体系中，“不在其位不谋其政”，不同的组织等级、不同的组织角色和不同的工作职位，造就了对于同一信息的理解差异。在领导沟通过程中，如果不能做到耳听心受，上级也无法理解下级的疾苦，下级就无法理解上级的困难。

耳听心受还需要有一种空杯的心态。许由对“高官”的建议用“无礼”的方式进行回应，是因为心存偏见。而对巢父的“谩骂”却“自惭不已”，是因为站在巢父的角度，感同身受，深刻理解了其洗耳的“污水”弄脏了小牛的嘴巴。因此，设身处地、耳听心受是倾听型领导所必备的沟通素养。

综上所述，要想成为一位倾听型的领导，就应该专心致志地听（耳不旁听），恭恭敬敬地听（洗耳恭听），感同身受地听（耳听心受）。

（三）用目

家长经常教育孩子："听别人说话，你要望着对方。"这句话看似平常，却是道出了与别人交往的要点。听别人说话是一种交流，交流最需要的是真诚，眼睛是心灵的窗子，真诚的目光胜似千言万语。

1. 目注心凝

沟通过程中，目注心凝是指倾听者全神贯注地聆听对方的话语。根据"麦格克效应"，话语不光是靠声音传达的，嘴唇运动也能开展重要的信息交流。2001 年，心理学家杰玛·卡尔弗特（Gemma Calvert）研究发现：说话时，如果视觉和听觉上同时感知到刺激，视听系统的活动就会增加。换言之，嘴唇运动的图像从一开始就影响着声音符号的加工处理。

在领导沟通过程中，目注心凝尤为重要。"听别人说话，你要望着对方"，因为你的"目注"会让对方感受到一份尊重，你的"心凝"会让你更好地倾听对方的心声。我们可以很清晰地设想出，你跟他人谈话时，如果别人目光游离，心不在焉，那么我们会是怎样的一种感受？还愿不愿意继续交谈下去？即使勉强交谈下去，沟通的结果又会如何？

因此，目注心凝不仅是倾听型的领导善于倾听的必要前提，更是传递尊重的重要表现。

2. 游心寓目

沟通过程中，游心寓目是指倾听者留心观看对方的"话语"。当然，"话语"不仅包括对方所说的语言，也包括对方的肢体语言等。美国加州大学心理学教授劳伦斯·罗森布鲁姆表示，在沟通中人的各种感官是相互交叉使用的，在实际交流过程中（特别是面对面交流）始终关注对方嘴唇的活动，并同时关注其牙齿和舌头活动所传递的信息，更能够理解对方的意图。

沟通中的一些细小动作通常都会传递一定的心理状态。例如，说话时双手交叉紧握，往往是过度紧张的表现。游心寓目可以帮助倾听者更细致地观察到对方肢体动作的变化，进而感受对方心理和情绪的变化，最终结合语言内容，更加深入地理解对方沟通的意图。

因此，游心寓目不仅是倾听型的领导倾听的必备技巧，更是其沟通素养的综合体现。

3. 目交心通

沟通过程中，目交心通是指倾听者用眼睛传递真诚，已达到同对方心与心的交流。“麦格克效应”还显示：在语音感知过程中，听觉和视觉之间相互作用。有时人类的听觉会过多地受到视觉的影响，从而产生误听的现象。因为沟通是一个感性的认知过程。虽然会产生“误听”的现象，但在沟通中视觉对听觉还是起到重要的作用。

交流最需要的是真诚，在领导沟通过程中，如果别人用真诚的目光与你交流，而你则流露出不屑或厌倦的目光，相信很难达到理想的沟通效果。但如果你也报以真诚的目光，相信会拉近彼此之间的“距离”，使交流会更加顺畅，沟通效果会更加明显。

因此，目交心通不仅是倾听型领导获取真实信息的有效途径，更是其营造和谐关系的重要方式。

综上所述，要想成为一位倾听型的领导就应该用目光注视（目注心凝），用目光聆听（游心寓目），用目光交流（目交心通）。

（四）善听者王

1. 营造氛围，敞开彼此心扉

唐朝原定 18 岁的男子才能参加征兵服役。一次，为了多征兵巩固边境，唐太宗要求 16 岁以上男子全部应征，魏徵坚决不同意。他说：“涸泽而渔，焚林而猎，是杀鸡取卵的做法。兵不在多而在精，何必为了充数把不够年龄的人也弄来呢？况且这也是失信于民。”唐太宗虽然觉得魏徵言辞尖刻，难听刺耳，但心中仍很高兴，认为他忠于朝廷，是以精诚之心辅佐自己以信义治国。于是便下令停止执行征召中男入伍。同时奖赏魏徵金瓮一口，以资鼓励。

唐太宗是善听领导的典范。面对臣子尖刻的言辞，唐太宗不仅没有根据自己的“喜好”排除异己，或打击报复，反而“心中仍很高兴”，并“奖赏金瓮一口”。这种奖赏和鼓励，其实是在营造一种良好的沟通氛围，消除了“王”与“臣”的隔阂，敞开了彼此的心扉，使得各方意见、各种意见都能够顺利表达。试想一下：在一个组织中，如果领导不善于倾听，没有良好的沟通氛围做保障，就会出现下属人人自危，关闭心扉，力求自保，组织将如何发展？

因此，善听的领导应该善于营造“氛围”，善于敞开“心扉”。

2. 坦诚相待，彰显虚怀若谷

1978 年 9 月，广东惠阳地区一位干部给时任省委第二书记的习仲勋写了一封措辞尖刻的批评信。习仲勋很快回了信，表示诚恳接受他的意见，并委托省委一位书记到惠阳出差时同来信者面谈。习仲勋还表示“这封信写得好，还可以写得重一点。下面干部敢讲话，这是一种好风气。不要怕听刺耳的话，要鼓励支持下面干部说话”。

在上面的故事中，习仲勋对批评信不但进行了回复，而且委托一位书记同来信者面谈，体现了对下面干部意见的重视，同时也表现出来了足够的坦诚。“不怕刺耳的话”“鼓励下面干部说话”，彰显了领导在沟通过程中虚怀若谷的胸襟。

因此，善听的领导应该具备“喜迎八方进言，笑纳刺耳之声”的胸襟与坦诚。

3. 用心理解，听出弦外之音

相传伯牙善弹琴，钟子期善听琴。伯牙弹到志在高山的曲调时，钟子期就说“峨峨兮若泰山”；弹到志在流水的曲调时，钟子期又说“洋洋兮若江河”。钟子期死后，伯牙不再弹琴，因为没有人能像钟子期那样懂得自己的音志。

“子期遇伯牙，千古传知音”的故事广为流传，但细细考究，伯牙是当时著名的琴师，而相传钟子期是一个戴斗笠、披蓑衣、背扁担、拿板斧的樵夫。两者的社会身份和文化背景的差异巨大，但钟子期却能从伯牙的琴声中听出他寄托的心意。这也许就是钟子期用心在倾听，听出来伯牙的弦外之音。可见，倾听不仅拉近心灵的距离，而且是遇见知己的开始。

在领导沟通中，倾听的核心是思考。倾听时，总是伴随着观察、辨别、判断、选择。要想听出说话者的言外之意和弦外之音，就需要有较强的辨别能力。由于声音与体态信息稍纵即逝，听者要听懂说话者的话语内容，就必须迅速准确地捕捉要点，理出头绪，做出判断。

因此，善听的领导应该善于用耳听，听话语之内容；用目听，听肢体之内容；用心听，听言外之内容。

4. 积极回应，把握表态时机

有一位表演大师上场前，他的弟子告诉他鞋带松了。大师点头致谢，蹲下来仔细系好。等到弟子转身后，又蹲下来将鞋带解松。

有个旁观者看到了这一切，不解地问："大师，您为什么又要将鞋带解松呢？"大师回答道："因为我饰演的是一位劳累的旅者，长途跋涉让他的鞋带松开，可以通过这个细节表现他的劳累憔悴。"

"那你为什么不直接告诉你的弟子呢？"

"他能细心地发现我的鞋带松了，并且热心地告诉我，我一定要保护他这种热情的积极性，及时地给他鼓励。至于为什么要将鞋带解开，将来会有更多的机会告诉他，教他表演。"

这则故事中的大师非常睿智，表现出了极强的同理心沟通。首先，倾听中能够从徒弟的角度思考。面对徒弟"鞋带松了"的热情提醒，虽然是角色需要，但为保护徒弟的积极性，立刻做出了恰当且积极"点头致谢""系好"的回应。其次，能够从角色的角度思考。理解到"鞋带松开"是"劳累憔悴"的细节体现。再次，能够找到适当的表达时机。明明知道徒弟的建议是"不正确"的，还是虚心接受，没有立刻"反驳"，而是相信"将来会有更多的机会告诉他""教他表演"。

在领导沟通中，进行积极的回应，会拉近双方的距离，但掌握表态时机非常关键。过多回应有可能会打断讲话者的思路，影响沟通的进程。不恰当的表态时机，有可能会错过许多重要的信息，最终影响到判断或者造成失当决策。

因此，善听的领导应该擅长于同理心倾听，既能设身处地、将心比心地思考，又能积极回应，做出恰当的决断。

CHAPTER 03

第三章

说：从命令走向说服

案例

在非洲的一个部落，老酋长在传位的时候，总是要找一个富于智慧的年轻人来继承他的衣钵。一个部落的酋长对他所看重的年轻人说："你给我做两顿饭，一定要让我吃得非常舒服，合乎我的胃口，我才能把衣钵传给你。第一顿饭，你去给我做天底下最好吃的东西来。"年轻人想了很久，出去转了一圈，把做好的饭端了上来。老酋长揭开盖子一看，是用动物的舌头做的饭，他就问年轻人："为什么你要用动物的舌头做材料呢？"年轻人说："因为天底下最好的事情都是说出来的，再也没有比舌头更美的东西了。"老酋长说："说得对。"就把饭吃了。第二天，他又对年轻人说："第二顿饭，你去找天底下最难吃的东西来，再给我做一顿饭。"年轻人想了想，很快就做好端了上来。老酋长一看，还是舌头，就问："怎么又是舌头啊？"年轻人说："这个世界上真正的灾难都是因为舌头造成的，再也没有其他的东西比舌头更容易惹祸了，天底下最坏的东西就是它了。"这时候老酋长才说："好，你已经洞悉了天下的明理，这个酋长的位置可以传给你了。"

——领导干部必修课：语言表达艺术[①]

说，是领导沟通中重要的表现形式，是每一位领导者必须掌握的基本技能。会说不难，说好了很难，在会说和说好之间，就是很多领导者沟通能力

① http://www.360doc.com/content/12/1227/10/6458057_256520354.shtml.

需要提升的空间。

一、领导和表达

“说”在《说文解字》中解为：“释也。从言兑。”意思是用话来表达意思，达到开解、释怀的目的，所以使人喜悦。在这个基本意义上，“说”（shuō）字也演绎为多音字，“说”（shuì），用话劝说别人，使他听从自己的意见。还演绎为“说”（yuè），意思同“悦”。古人在造字时，已经把握了说话的精粹，表达只是形式，它一定要服从于表达的目的，即要达到喜悦的效果，这样的说，才是有效的表达。

说话是常人都具备的生而有之的天赋，是完成各项社会生活的通用能力，而对于在社会生活中扮演组织和指挥角色的领导者，有效的表达不但是其发挥领导效能的重要工具支撑，也是其领导能力强弱的直接衡量，更是其领导境界高下的明显反映。领导沟通中的“说”，有其工具性的价值，更有超越工具价值的深层意义。

（一）语言的魔力

领导者的表达能力，分为书面表达和口头表达，本章的“说”显然是围绕后者进行的。

语言是人们表达思想、传递信息、交流感情的重要工具，分为口头形式和书面形式。口头表达能力是指用口头语言来表达自己的思想、情感，以达到与人交流的目的的一种能力。叶圣陶先生曾说：“所谓语文，语是指口头语言，文是指书面语言。可见，语文是口头表达能力与书面表达能力的综合体现。”在日常生活交往中，人们更多的是使用口头语言，所以，口头语言比书面语言起着更直接的、更广泛的交际作用。如果说书面语言是人类语言的第二种基本形态，那么口语便是第一种基本形态，口头表达作为一门语言艺术，有其自身的规律，它具有表现力丰富、可信度高、感染力强的优势，能够更直接更感性地表情达意。因此，口头表达能力是一个国家、一个民族、一个时代很重要的文化象征。

中国历史中口头表达达到鼎盛时期是春秋战国时期，刘勰在《文心雕龙》一书中论及辩士的作用："一人之辩，重于九鼎之宝，三寸之舌，强于百万之师"，春秋战国涌现了一大批凭借卓越思想和超群口才建功立业的人，老子、孔子、庄子、孟子、韩非子、苏秦、张仪、晏子……后来，随着汉代的独尊儒术、隋唐时期开科取士，口头表达开始让位于书面表达。到了清朝大兴文字狱，更是对表达能力极大的扼杀。五四运动以后，随着现代文明的开启，人们又开始重视口头表达，演讲、辩论成为社会政治活动中很重要的形式。不幸的是，后来的"反右倾""文革"等政治运动，"祸从口出""三缄其口"又一度成为社会文化的主流，严重地禁锢了人的思想发展和限制了人的表达自由。拨乱反正和改革开放后，中国回到现代社会发展的轨迹上，随着社会文明程度可开放程度的提高，对领导现代化建设的领导者的口头表达能力提出了越来越高的要求。所以，重新认识和掌握口头语言的特征，是提升领导者表达能力的基础性环节。

口头语言具有三个明显特点：

1. 地域性

不同地域的人长期不同的习惯致使形成不同的语言逻辑，使不同地方的人所用语言具有明显的地域特征，所以，语言成为民族识别的重要标志之一，是地域文化重要的组成部分。

2. 时代性

语言随着人类社会的发展而发展，语言演变的过程无不打上时代变迁的烙印，任何一个时代的主流语言和主导精神，都处在一个不断遗弃、继承、创新的变化过程之中，使语言呈现明显的时代性。这种时代性，不仅指一个时代新有的精神产品和语言体征，更多的是指一个时代所认同的精神源流和语言系统。

3. 角色性

由于不同的社会地位、身份以及由此形成的相一致的一整套权利、义务的规范和行为模式，人们在社会上扮演不同的社会角色。角色的差异，带来人们对行为期盼的差异，其中语言的角色性，就是要求按照你具备的角色规范去扮演、去表达，如果把握不准，会导致角色冲突、角色中断，甚至角色失败。

（二）表达力就是领导力

2008 年 11 月 7 日，《报刊文摘》刊登外交学院前院长吴建民的讲话，主题是“官员要补‘交流’课”。在吴建民看来，因为缺乏交流学的素养，不少官员在领导能力上大打折扣。如果把交流当作一种生产力或者对生产力的解放，那么交流力的缺失是中国社会的一大浪费。

2016 年 4 月 5 日，《人民日报》发表一篇题为“莫怕偶尔‘说错话’”的文章，针对不少领导干部面对“镜头”“麦克风”时，不大敢说话，怕说错的普遍现象。文章强调，现代政治是责任政治，责任政治就是回应政治，无回应，谈何责任？

领导工作作为一种社会性极强的实践，需要建立在良性沟通之上，因此，口头表达能力发挥着极其重要的功能，直接影响着领导工作绩效，决定领导工作的成败。将提升领导者的口头表达艺术上升到“解放生产力”的高度考量，并不为过，它既是提升领导力的需要，也是领导工作与时俱进的时代发展的需要。

1. 领导者的特殊地位和崇高使命决定了要重视口头表达艺术

领导者，是领导活动的组织者，是各项工作的指挥者和管理者，是领导活动中各种复杂关系的协调者，这种特殊的地位和使命，使每一位领导者必须“震天下者必先震之于声，导人心者必先导之于言”，只有掌握了高超的口头表达艺术，才能将立言立行的过程和立权立威的过程有机地结合起来，才能更好地完成“将正确的事做正确”的使命。

2. 领导工作的开放性决定了要重视口头表达艺术

领导工作战线长，涉及面广，需要和社会各行各业方方面面打交道，接触人员面广数众，结构复杂，各种问题和矛盾经常需要领导者出面协调。因此，要搞好协调工作，领导者除了要具备较高的政策水平和领导艺术，还必须具有较高的讲话技巧，去做艰苦细致的说服、解释工作，才能理顺各方面的关系，达到统一思想、同心协力干好工作的目的。

3. 领导工作的权威性决定了要重视口头表达艺术

领导工作直接和组织战略打交道，影响着组织发展前景，领导者手中又拥有一定的权力，这使得领导者具有较高的权威性，这种权威性必须和原则性、政策性结合起来使用才能生效，否则，容易导致随意性和盲目性，造成工作的直接损失。观点的正确、态度的鲜明、表述的生动，无一不影响着对领导工作的支持率。越是重要的部门，越是重要的岗位，越需要取得这张确保成功的通行证——出众的口才。以言传道，以言育人，以言兴业，应该既是每位领导者必备的基本功，也是每位领导者孜孜以求的目标。

（三）领导表达的原则

1. 言之有时

领导讲话要有时间概念，不能因为拥有话语权就忽视了对时间的严格控制，冗长的讲话既浪费听众的时间，又失去了言简意赅的效果，还容易陷入言多必失的陷阱，有百害而无一益。

2. 言之有序

语言是思维的外壳，要想有好口才，就要加强思维的训练。讲话之前先整理一下思绪，准备讲几个问题，从几方面去讲。言之有序的讲话条理分明、重点突出、层次清晰，领导者既能充分地表达了思想，听众又能准确地领会领导的意图。

3. 言之有理

言之有理一是要体现准确性。准确性是领导讲话的首要原则，失去了准确性，不但没有任何水平可言，而且还会失去与之相关联的对个人和组织的信任。全美演讲学首席导师 S. 卢卡斯认为：“准确使用语言对于演讲人的重要性，不亚于准确运用数字对于会计的重要性。”言之有理二是要体现高度，领导者统观全局，把握战略，说话要从政治层面、大局层面去考量，体现角色和身份的特殊性。

4. 言之有情

成功的讲话，嘴的活动和发音术只占了一定成分，其作用就像计算机的键盘和鼠标，而说话时真正的生理主体是脑和心。所以，领导讲话要“尽力”和“用心”，要投放感情，要调动情绪力量，才会感染人、打动人。言之有情一是讲话要具备生动性，多运用各种修辞手法，忌讳那种干涩难懂、空洞乏味的语言。二是要体现激励性，使听众调动起来，达到最佳的状态。

5. 言之有味

领导讲话要有个人风格，或严谨，或幽默，或通俗，或简练……准确地把握好讲话的风格，一是要符合自己的个性特质、知识修养，二是要符合场合和听众的要求。不讲套话、空话，而让讲话打上个性的烙印，需要领导者千锤百炼，才能其味自现。

6. 言之有度

度是分寸感、是成熟的标志和智慧的象征，言之有度体现领导者的内在修养和人情练达。批评和表扬，施恩和加威，同意和拒绝，命令和纳谏，说服和咨询，领导工作中有许多环节，都需要恰到好处地表达，不瘟不火，不疾不徐，不卑不亢，言之有度，才能挥洒自在，进退自如，把握主动，控制局面。

（四）把表达变成一场对话

领导表达的根本目的不是要过足自己的说话瘾，不是要当话剧演员秀自己的台词功夫，而是要说服对方接受自己的主张、观点、建议，所以，领导表达一定不是独角戏，而是一场思想的交锋，情感的交流，是一场深刻的对话。

1. 对话是平等主体之间的沟通

对话只能发生在平等的主体之间，一方的居高临下、盛气凌人，都是对另一方主体地位的蔑视和侵犯，都会导致对话失败。这种平等的主体地位既需要法律强制赋予，也需要对话者内心真正地体认。在强调威权意识的领导文化中，许多领导者习惯通过发号施令体现威权，这常常成为闭塞言路、独断专行的开始。领导者内心如何看待下属的主体地位，是当成只有听命服从的被领导者，还是当成平等交换的追随者，不同的前提导致不同的沟通行为。内在充满优越感的领导者，无论怎样装成亲民的模样，都不可能打开对方的心扉，获取真正的追随。

2. 对话是不断探询的互动

对话不是把沟通对象当成灌输的容器，也不是领导者事先预设好结论销售给对方，而是通过提问和质疑，在沟通过程中营造出一个相互征询意见的氛围，在自由交流中，建立起学习型组织。这个不断探询的过程，就是发现问题、思考问题、分享信息、解决问题的过程。由于解决方案不是硬塞给组织成员的，是上下一起作为对话主体全过程参与、探询出来的，这种互动的形式会唤起组织成员承担责任的勇气和愿望，提升组织竞争力。因此，对话非常有助于提升领导行为的有效性，是一个实用而未被充分利用的领导工具。

3. 对话是领导表达文化的升华

领导表达由领导者独占麦克风的"说"变成双方的互动对话，有问有答，这是领导表达文化的升华，其进步意义表现在：首先，这是领导活动中追随者主体地位的被承认。尊重下级不是一句空话，体现在具体的行为中，领导沟通中一改领导者主宰一切的局面，追随者获取并能行使参与决策的权利，这是对流行了几千年的"少数人统治"文化的改变，是民主精神在领导沟通中的落实和发扬。其次，在知识经济社会，专业分工越来越细，领导者再不是全能全会的"先知"了，领导者必须学会谦逊，必须放下身段向他人学习，倾听他人的意见和观点。如果说不同时代的领导表达具有不同的风格，那么对话就是当代特有的一种时代气质。再次，对话是合作原则的发扬。领导带领团队、凝聚团队，在错综复杂的环境和利益交缠中寻求一致减少分歧，需要以合作原则指导行为。对话是合作，双方主体在一个平等、尊重、信任的环境中，共同创造出无限丰富的领导表达。

二、领导场景语言艺术

领导场景语言艺术是从领导沟通的空间元素入手，将领导沟通的内容按特定场合进行区分，从而探求不同场合下讲话的规律和技巧，以期达到更好地传播信息，交流思想和感情的目的。

领导沟通的场景有很多，按工作性质分为交际场合下的交际语言，会议场合下的会议语言；按听众人数分为单独沟通时的谈心语言，当众讲话的演讲语言；按特殊场合分为履职时的就职讲话，离职时的离职感言；按上下行关系分为汇报工作的表达，布置工作的表达；按是否持稿可分为持稿讲话和脱稿讲话；按是否准备可分为有备而讲和即席而讲……各种领导场景是一颗颗散落的珍珠，场景语言是一根红线，将这些珍珠穿成一串，形成熠熠生辉的珠环。在众多场景中，我们选取四个出现频率高又和领导工作关系很紧密的沟通场景，进一步了解如何建构这些场景下表达的内容。

（一）主持会议

会议是一种有组织有领导、以集众议事的形式来商议或解决预定事项的行为过程。人们常说领导工作就是“办文办会办事”，主持会议也是开展工作、实施领导的一种重要手段。在遵守会议程序和规则的基础上，会议主持人巧妙得当的表达往往能起画龙点睛的作用。

1. 先声夺人的开场白

主持人的开场白是会议开始的标志，也是会议基调的定调。好的开场白在内容方面要照顾到以下几点：首先要交代清楚会议的主题、性质、参加人员，如“今天由教育中心和培训中心的同志们参加，一起就‘互联网 + 教育’这一主题开一个研讨会，探讨互联网时代教育的变革模式”；其次简要说明会议的程序、时间要求、开法，如“会议举行一天，上午集中一小时听报告，然后分组讨论，下午继续分组讨论，下午四点集中，各小组代表发言。讨论议题已在资料中印发”。再次要提出会议的要求，如“希望大家一是遵守会场纪律，二是讨论时畅所欲言，形成有价值的建议。”

开场白在语言形式上要注意几点：首先是用语精练，开门见山，直入主题，开场白不宜占用太多时间，所以不宜过多渲染、铺垫，造成拖泥带水的效果。其次是感情色彩要符合会议主题。在欢庆会上，语言应热烈喜庆；在庄严的会议上，语言则应注意严肃性、规范性；在工作部署会上，语言就应该清晰、准确、明快；在动员、誓师会上，语言就必须富有鼓动性，以提高人们的决心与信心、干劲和勇气。

2. 井然有序的进程把控

进入会议的主体环节，主持人的作用既要有，又要无。

有就是要起控制作用。首先控制话题，以免东拉西扯离题万里，一旦离题，主持人要及时提醒回归主题。其次控制节奏，以免节奏过快，讨论不够深入，这时需要主持人通过提问等方式引导大家多角度、多层次地展开思考。也要以免节奏过慢，难以在有限时间内完成多议题讨论，主持人在发现对已讨论的话题重复表述，没有新意时，应果断打断，引导进入新议题。再次控制气氛。会议出现冷场，主持人可用幽默风趣的话语打开与会者的话题，也可点名让富有经验、性格直率的同志先开口发言，进而带动大家发言的积极性。会议中出现有人发难，造成场面难堪，主持人要果断出手，针对发难者的动机是善意还是恶意，进行区别性应对，善意的发难则赤诚相见，好言相劝，因势利导，引入正题。如果是恶意的，则应针锋相对，或顺贬——接过对方的话，顺理成章地加以贬斥；或回敬——即“以其人之道，还治其人之身”；或釜底抽薪——抓住对方的弱点，揭露其想要达到的目的。总之，要有理有节，争取多数，使制造难堪者因难而退。

无就是隐身，让参会者忘记主持人的存在，把自己当成会议的主角，达到这种境界，参会者方能敞开心扉，畅快表达。这就需要会议主持人具有宽广的胸怀和高超的驾驭能力。当大家兴致勃勃展开讨论时，主持人就认真倾听，倾听每一个细节，每一个观点，这样才能充分发扬民主，集思广益。倾听的目的是最后的提炼与总结，在大家意见基础上提炼出合理成分，形成更高形式的观点。主持会议的领导者一般不轻易表露自己的观点，以免听不到不同意见。领导“插话”是在充分发言的基础上，一般当多数人发言意见符合自己的意图之后，或在少数人发言而意见与自己的意图相悖时，才以平静商讨的语气表明自己的态度或阐述自己的观点。插话一定要选好“插缝”，把握时机。有的领导在插话时不大注意选择时机，只是觉得自己有话想说憋不住，不管该不该说就往外倒。这样不但起不到补充作用，反而会冲击正常的发言，听众也会产生逆反心理。

3. 干净利落的结束语

会议的最后环节，是会议总结。会议总结一般要涉及三方面内容，一是对会议的评价，如“这是一次成功的会议”“团结的大会、胜利的大会”。二是概述会议的主要观点，如“本次会议形成以下几点共识……”三是部署下一步工作，如“为更好落实本次会议精神，下面安排几项工作……”

会议的结束语不宜拖沓，用精练的语言对会议进行归纳概括，用鼓动人心的话语对会议精神进行强化，加深印象，留下回味。

（二）汇报工作

汇报工作是领导者上行沟通最常见的方式，也是领导工作的基本功。工作做得好是“做功”，恰当的汇报是“唱功”，唱做结合，才能更加相得益彰。

汇报工作有不同的出发点，不同的出发点决定了不同的内容结构。向上级汇报的实际工作虽然千差万别，但大致可分为三种属性。

1. 宣传成绩

向上级宣传成绩的前提是做好本职工作，当工作确实取得了值得夸耀的业绩，就需要通过恰当的宣传使成绩进入上级视野里，以便于上级了解最新情况，更加地支持这项工作，同时也是对工作中付出努力的同志们的认可和肯定。上级是代表组织的，组织对我们工作的青睐，可利于推广此项工作经验，发挥更大的社会效应，也能吸引更多的资源倾斜，更好地激发工作人员的积极性。

宣传成绩要注意几点：第一，要实事求是，不能夸大其词，弄虚作假，有什么说什么，做多少说多少。第二，要突出介绍此项工作的创新之处，与众不同之处，也就是强化上级对此项工作成绩的价值认同。第三，要用数据、事例来说明，如比去年同期增加多少百分点，比原先减少排队时间多少等，增强说服力。第四，借用别人之口赞美自己，自夸虽不是缺点，但很难把握表达的分寸，而转述第三方赞美我们的话语，则容易得多。俗话说，“别人夸自己是个宝，自己夸自己是根草”。第三方中立的身份，能增强客观性。当然，这个第三方选取标准要符合相关性和权威性。

2. 请求支援

下级为了更好地工作，有时需要从上级那儿争取资源，或是人力支持，或是政策支持，或是经费支持，或是政治上的声援，或是技术上的援助……总之，没有上级的帮助，工作很难顺利进行下去。这时，向上级汇报就有鲜明的目的性，要打动上级，愿意伸出援助之手。

这种沟通第一要讲正在开展或即将开展的此项工作的重要性、意义，强调是一件必须做、不能放弃的工作。第二讲遇到的困难，困难一定要具体化，或用数据说明，或用故事描绘，或和别人（别单位、别国家）进行对比，或以权威理论进行佐证……让上级清晰地看到差距，看到缩短差距的路径和方法。第三讲愿景，讲得到支援后可能会出现的状况的改善、目标的达成等。

在请求支援的汇报中，语气要诚恳，情感要真挚，在晓之以理的基础上，一定要充分调动情感力量，以情动人，以情感人。

3. 调研中反映情况

调查研究是领导科学决策、民主决策的前提，是转变领导干部作风的抓手，是群众路线得以实现的保证，所以，调研能力是领导干部历来很重视的能力，也是常用工作方法之一。上级到基层调研，除了自己看之外，少不得要听取下级的汇报。这种汇报，下级主要是反映真实情况，为上级的决策提供事实依据。

反映情况的汇报，内容上除了坚持贯穿始终的实事求是原则外，还要把握好正确处理报喜和报忧的关系。除了一些极端情况，正常的领导工作都是忧喜参半的，用德鲁克教授的话说，管理中只有恒久的问题，没有唯一的答案。理解了这点，就知道向上级反映情况时，只报喜不报忧会掩盖问题，只报忧不报喜会影响团队士气，所以，辩证地处理报喜和报忧关系的方法是照顾两头、突出重点。"照顾两头"就是喜和忧都要反映，成绩和问题都要讲到。"突出重点"就是将关键问题要反映到位。问题可能会很多，但并不是每个问题的性质都均等，与其伤其十指，不如断其一指，我们要善于将其中最重要、最显著的问题揭示出来，引起上级的关注，一些旁枝末节的问题可以暂时放置一旁，集中优势力量解决关键问题。

反映情况的汇报，在形式上可以运用抽屉法则。所谓抽屉法则，就是由具体到抽象。办公桌有三个抽屉，拉开每个抽屉里面都装有很多东西，但关上抽屉，外面看是清清爽爽三个层次。运用抽屉法则就是将我们讲话的内容分类整理出几部分，每部分有个主题，一个主题代表一个抽屉，在这个主题下你可以洋洋洒洒去发挥，相当于往抽屉里塞各种各样的东西，讲完一个主题再进入下一个主题，相当于关上一个抽屉再拉开另一个抽屉。最后别忘了将三个抽屉一起锁上，即最后将汇报的几个主题一起小结一下，层次清晰，印象深刻。

（三）公众演讲

公众演讲就是当众讲话，当着众多的听众发表言论。每个人一生中都有一些场合需要面对数人进行讲话，所以，如何演讲是每个人必须面对的问题，而领导者因为工作需要，当众演讲的机会比一般人更多。但是，领导者要区分好公众演讲和做报告，这是正确理解领导演讲的重要环节。做报告和公众演讲都是在众人前说话，但报告一般比较正规，是书面形式的口头再表达，而演讲则多了"演"的成分，要求具有感染力。除此区别外，两者最重要的区别是，做报告是基于职权，坐在领导职位上就掌控了麦克风，就具有话语权，下级必须得听。而演讲则基于说服，听众有权走开，有权嘘你，有权不买账，所以，演讲在内容上和形式上更强调平等交流，是被吸引后的认同和追随。这也是竞选政治背景下的政治家们都谙熟演讲之道的重要原因。

公众演讲细分为很多场景，发表政治主张的发布性演说，开展某项工作的动员性演说，应对突发事件的控制性演说，就职演说，离职演说等，场景不一样，表达内容自然也不一样，但一个严谨的公众演说，一般要具备精彩的开场白、几个观点、归纳总结、耐人寻味的结束语，加上知识性和趣味性的包装，形成一个“飞机型”总体结构。如图 3.1：

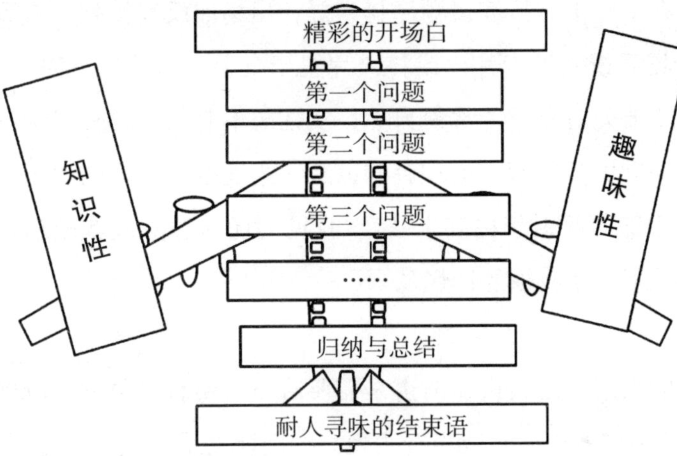

图 3.1

前面几个领导场景表达的一些原则和方法在演讲中都适用，如前后照应、抽屉法则等，但公众演讲比之前面几个场景更加规模大、受众多、传播广，所以，演讲仍然有些需要特别注意的地方。

1. 克服紧张

当众演讲会感到紧张，这是人之常情，几乎没有不紧张的演讲者，即使他是身经百战的演说家，临上场前也会有所忐忑。所以，不必因自己感到紧张而自卑，适度的紧张能够提高应激状态，更容易出成绩，但过度的紧张确实抑制水平正常发挥，甚至导致演讲失败。好在克服紧张情绪并非难事，人们还是可以摸索出一些经验和方法，通过反复训练来稳定情绪。

第一种是快速熟悉场地。有时演讲的地点是陌生的地方，这会增加演讲者的不安全感和无力感。提前到达场地，适应现场环境，让陌生变熟悉起来。第二种是深呼吸，即采用腹式呼吸法，把注意力集中到自己的气息上，呼气时腹部瘪下去，吸气时腹部鼓起来，呼吸频率为吸气 1–2–3–4–5–6，闭气 1–2–3–4–5–6–7–8，呼气 1–2–3–4–5–6–7–8–9–10–11–12。腹式呼吸的练习能使人的交感神经和副交感神经处于平衡状态，从而感到自然放松。第三种是出场前身体做一些幅度较大的动作，比如扭扭脖子转转腰肢弯腰踢腿等，让注意力转移到身体的律动和呼吸上，放松心理。第四种是将内容大纲整理成提示语写在卡片上，按演讲顺序排列好，出场前反复排列，直到大纲浮现在脑海。上场后或手持卡片，或将卡片置于桌上，需要提示时目光扫一扫，看一看，但不要死盯着看，尽量自然，实在想不起来需要查找卡片，可以自嘲一下，在幽默中赢得观众的理解和谅解。第五种是前面的法子都失灵时使用的绝招，干脆向听众坦白和求援，“我见到优秀的听众就健忘，能否给我点掌声鼓励一下，帮我恢复记忆”。

2. 声音

有文才的人不一定会讲，演讲是需要恰当运用有声语言，以增强言辞的感染力，因此善讲者都是驾驭声音表现力的朗诵高手。声音首先要发音正确，吐字清晰，让人听清字面的意思。其次要抑扬顿挫，轻重得当，区分好感情重音、逻辑重音、语法重音，让人听懂字里行间的深意。再次要快慢结合，驰缓搭配，普通人一分钟讲 200 字左右，适当地加快或放慢速度都能起到一种表情达意的效果。一般人演讲中常犯错误是上场后语速太快，放鞭炮一样“噼里啪啦”炸完，或者一个语速过于平坦没有变化，语速起伏的节奏要根据内容的变化和情感的变化而驰缓有致。

3. 身体语言

演讲的“演”，指演讲中要辅以面部表情、手势动作、身体姿态等一切可以理解的身体语言，使语言可视化、艺术化，从而达到生动的效果。

演讲的身体语言第一是站姿，站姿三字诀“正、挺、稳”，“正”是要端正，避免斜肩、耸肩、歪头，“挺”是挺拔，昂首挺胸，不弓腰驼背，“稳”是脚跟稳定，不摇晃抖动。演讲的身体语言第二是表情，丰富的表情是由敏感的面部肌肉和眉毛、眼神、唇形组成，表情和内容配合起来使用，往往能更加准确有效地传递情感，如表示崇敬或傲慢时仰视，表示关心或伤时俯视，表示专注或深情时凝视，眉毛上扬表示高兴、赞扬，眉毛紧锁表示疑问、忧伤等。演讲的表情运用太少缺少感染力，太多则会有夸张和滑稽的嫌疑。

演讲的身体语言第三是手势。手势遇到的第一个问题就是手放哪儿？初次登台的人总是手足无措，手不知道该放在哪里，有人会背在身后，有人会插在兜里，有人会抱着双臂，还有人会捏衣服，或者紧张地攥着手中的演讲稿，好像抓着一根救命稻草。正确的手势是双手交叠，平放小腹处，或双臂自然下垂。双手插兜、双手抱臂都是错误动作。手势的第二个问题是手势的高低位置怎么分？一般肩部以上为上位，用以表示热烈的、喜庆的、鼓舞的意思。腰以下为下位，表示消极的、负面的意思。肩和腰之间为中位，大部分手势都是在这个范围内使用，除了有意义的手势之外，还可以做一些无意义的辅助性手势，比如经典的“切西瓜公式”：一个西瓜（双手画圆），切成两半（单手中分），一半给你（双手左侧），一半给他（双手右侧），西瓜分完（双臂张开双手摊开）。这样的无意义手势基本上可以应用于任何内容，避免没有手势可做时的呆板。手势的第三个问题是区分手势内容，指示手势、模拟手势，抒情手势和习惯手势，选择正确的姿势。

4. 如何便于公众记住和理解

演讲吸引人，一定有巧妙的方法，能使公众对演讲的内容或氛围萦绕于心，久不忘怀。第一，观点要性感，即概括得越短越好，再用各种修辞手法给它穿上个性化的外衣，就有与众不同、过目不忘的效果了。第二，请一次给一个信息。人们处理少量信息时比较愉悦和得心应手，所以演讲时一次不要给太多信息，如果你强迫听众记住很多信息，听众就会因为忘记信息感到沮丧而失去听讲的兴趣。第三，记住具体的单词如桌子、椅子比记住抽象的单词容易，所以尽量用生活中的故事来讲道理、打比方。第四，因为有“首因效应”和“近因效应”，所以，比起中间部分，人们更容易记住开头和结尾，一定要准备个漂亮的开头和结尾。第五，人分为视觉型、听觉型和感觉型学习类型，演讲中尽量据此提供三类学习素材，满足各种类型的需要。第六，人们学习的最优长度为20分钟，所以，不要准备做冗长的演讲。

5. 激励听众

领导者的公众演讲常常要发挥组织号召、社会动员的作用，因此，激励人心是领导者公众演讲的重要目标，也是由命令走向说服成功与否的检验标志之一。如何在演讲中激励人心？

首先是演讲者自己要迸发激情，感觉和情感是可以传染的，只有先点燃自己，才能点燃听众。其次要描绘愿景，将对听众听到对他们有利的一面用画面呈现出来，使听众有代入感。再次，最好的激励是激发听众内在的潜能，心理学研究揭示，比起外在奖励（金钱、职位等），人们更容易被内在奖励（荣誉、成就、支配感等）所激励，所以找到撬动听众的内在奖励那根杠杆、鼓励听众突破自己的局限、挖掘自己的潜能、唤醒内生动力机制，是最好的激励。

1863年11月19日，葛底斯堡战役胜利后四个月，林肯来到葛底斯堡，为这场伟大战役的阵亡将士墓举行落成仪式，并发表了纪念演讲。

87年前，我们的先辈们在这个大陆上创立了一个新国家，它孕育于自由之中，奉行一切人生来平等的原则。现在我们正从事一场伟大的内战，以考验这个国家，或者任何一个孕育于自由和奉行上述原则的国家是否能够长久存在下去。我们在这场战争中的一个伟大战场上集会。烈士们为使这个国家能够生存下去而献出了自己的生命，我们来到这里，是要把这个战场的一部分奉献给他们作为最后安息之所。我们这样做是完全应该而且是非常恰当的。

但是，从更广泛的意义上来说，这块土地我们不能够奉献，不能够圣化，不能够神化。那些曾在这里战斗过的勇士们，活着的和去世的，已经把这块土地圣化了，这远不是我们微薄的力量所能增减的。我们今天在这里所说的话，全世界不大会注意，也不会长久地记住，但勇士们在这里所做过的事，全世界却永远不会忘记。毋宁说，倒是我们这些还活着的人，应该在这里把自己奉献于勇士们已经如此崇高地向前推进但尚未完成的事业。倒是我们应该在这里把自己奉献于仍然留在我们面前的伟大任务……我们要从这些光荣的死者身上汲取更多的献身精神，来完成他们已经完全彻底为之献身的事业；我们要在这里下定最大的决心，不让这些死者白白牺牲；我们要使国家在上帝福佑下得到自由的新生，要使这个民有、民治、民享的政府永世长存。

这篇演讲用时不到 2 分钟，被认为是英文演讲的最高典范，虽然这是一篇庆祝军事胜利的演说，但它没有好战之气。相反，这是一篇感人肺腑的颂词，赞美那些做出最后牺牲的人，以及他们为之献身的那些理想。尤其重要的是，林肯在演讲中表达了一个政府存在的目的——民有、民治、民享。其演讲手稿被藏于美国国会图书馆，其演说词被铸成金文，长存于牛津大学。至今，人们也常在许多重要场合提起或朗诵它。

（四）即席讲话

即席讲话相对于其他领导场景语言，在于临时性、突发性，即在没有准备的情况下站起来发表讲话。领导者经常会出席一些活动，应别人提议或自认为有必要时，进行边讲边想、边想边讲的即席发言。即席讲话既考验领导者的应变能力，也考验领导者的表达功底。功底扎实的领导者，即使没有准备，也能驾轻就熟，应对自如。所以，心中有底即掌握即席讲话的套路，就能快速组织，顺理成章。

即席讲话有个常用套路叫“三分法”，由“眼前直接”“密切联系”“远端相关”三个段落组成，“眼前直接”就是眼前发生什么直接讲什么，如“今天很高兴参加……”“来的路上我还在想，这件事多么令人欢欣鼓舞啊！”，“眼前直接”是打开话匣子，由事件、活动过渡到要表达的观点上。“密切联系”就是围绕事件和活动，建立起几个相关的观点，一一展开阐述。观点第一要为话题服务，不能离题万里，令听众丈二和尚摸不着头脑。第二要鲜明深刻，表明自己的见解、主张、立场、情感，给听众留下清晰的印象。第三要有丰富的话料支撑观点，有了话料，观点才有寄托。从听众的方面来看，丰富的话料容易诱发联想，唤起共鸣，使即席讲话的效果更为理想。所以领导者平时要做个有心人，养成注重积累数据、典故、名人名言等话料的好习惯。光有话料还不行，对话料要进行剖析、鉴别、比较、筛选、取舍、安排等处理，使话料发生由“量”到“质”的转变，这样才能厚积薄发，信手拈来。“远端相关”就是在讲话的结尾时，远眺未来，或祝愿，或预测，或期望，或鼓励，不冗长拖沓，不画蛇添足，要在言不必尽时戛然而止，给听众以深刻的印象，留有回味的余地。

“三分法”是即席讲话的一个初步轮廓，当领导者心中无底时，起一个“救生圈”的作用，套上“救生圈”就不致淹死，但真正的高手一定是甩掉套路程式，善于灵活机动，临场发挥。即席讲话一般宜简短明快，短小精悍。即席讲话多为小型场合，除少数庄重的会议外，如能做到亦庄亦谐，妙语连珠，更能起烘托气氛、增强沟通的效果。

三、说什么重要，怎么说更重要

我们在“导论”中介绍过沟通过程的经典描述特别强调信息的双向交流，“双向”的意义就提醒沟通中的主体一定要明白，沟通的效果不取决于你说了多少，而取决于对方接受了多少。说什么重要，怎么说在某种程度上更重要。

（一）避免歧义

语言作为符号，是想建立起字词表达的概念和它所指的事物之间的关系，但这种关系建立的过程依赖一个思维路径：具体（我看到的）——抽象（我理解的，编码）——抽象（你理解的，解码）——具体（你看到的）。因为人与人的理解受社会、文化、自然、性别等多种因素的影响而存在很大的主观差异性，所以，即使全世界所有人都使用同一种语言符号，编码和解码之间的信息漏斗仍然会经常使第一个具体和第二个具体之间发生误差，何况现在世界上有数以千万计的语言符号。语言使我们便于交流，语言同样也使我们陷入误解。有一位资深副职对新提拔的副职说："当副职一点不干不够意思，干多了没啥意思，干一点意思意思。"这里面的"一点"和"意思"，看起来是简单，但每个人理解起来，实在是有云泥之别。当我们使用语言和人沟通时，发现经常会高估了自己对语言的理解能力从而低估了对方的误解能力，有一句俗语说，语言就像下水道，只有在出问题时我们才会注意它。

1. 理解词：语义规则

每个词都被使用者赋予了一个约定俗成的符号意义，"自行车"是用来"骑"的，"汽车"是用来"开"的，"书"是用来"读"的，这种意义是共享的，这就是语义规则，这是大家能够使用这种符号交流的基础。所以，理解词，正确使用语义规则，是有效沟通的第一步。

当我们向别人描述下图时，会怎么选择词汇？

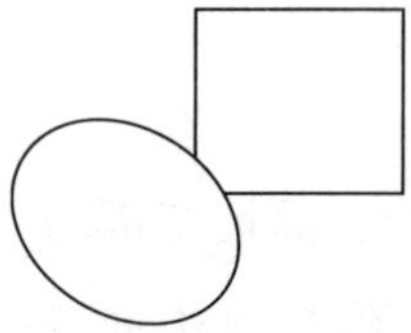

这里有两个基本词汇，一个是"正方形"，一个是"椭圆形"，这是大家共享的语义规则，容易理解。但要描述这两个形状之间的关系，就会有很多种方案了。有人说"相交"，有人说"连着"，有人说"挨着"，有人说"切"……不同的表述给听者不同的意义。其实在沟通中，信息发送者很难意识到每一个模棱两可的陈述并澄清它，他总认为已经很清晰很准确了，所以，正确诠释话语的责任很大程度上是在信息的接收者，接收者通过向发送者反馈，逐步来澄清歧义，趋向一致。

2. 理解结构：句法规则

句法用结构管理着词，使同样的语义规则在不同的结构中发生新的意义，这使沟通中误解更容易加深了，因为解码的任务越来越复杂，这就不是单纯的字面可以解决的，要辅以停顿、语调的声音信息加以完成。例如："女人没了，男人就完了。""女人没了男人，就完了。"这两句话语义规则没有变化，只是标点位置不一样，停顿地方不一样，句法规则结构出来的意义完全两回事。这就需要信息发送者和接受者在共同的语法结构下编码和解码，否则就出现风马牛不相及的笑话。

3. 理解情境：语用规则

语义和语法造成的误解比起语境来，又显得简单得多。语境构成语用背景，形成特有的语用规则，这是沟通中任何一本字典里查不到的语言运作方式，却决定如何在一个特定情境中诠释信息。语用规则如此重要，却可意会不可言传，不同的民族、不同的文化、不同的人际圈都有自己共享的语用规则。所以，领会不同的语用规则，需要沟通者具备一定的社会文化背景的知识，在沟通中双方彼此像跳探戈一样，通过协调，找到进退的默契，共同完成一次交流游戏。

（二）避免暴力

"人的一生中，几乎所有的负面情绪都与我们和他人的沟通有关。"[①] 我们理解这种有关，一类是别人的暴力沟通导致我们负面情绪生成，另一类是由于自己存在负面情绪，所以选择了暴力沟通。无论是哪一种关联，都导致指责、嘲讽、否定、说教、批判、任意打断、任性说气话、冷战拒不回应、谩骂攻讦等暴力沟通。日常生活和工作之中，施暴者往往根据自己的情绪需要选择最能宣泄自己情绪的表达方式，丝毫不觉察自己语言暴力的杀伤性可能给对方造成的后果。暴力语言必然会收到暴力回应，或是语言的，或是身体的，造成暴力升级，形成人际冲突。暴力沟通有个体层面的原因，也有社会层面的原因，暴力升级的结果也分个体性的和社会性的，

---

① 徐丽丽 . 四大沟通模式［M］. 武汉：长江出版传媒，2014.

当语言暴力不能解决时诉诸武力是人类通常的选择，武力沟通的最高级别是发动战争。

如何避免暴力而采用和平的方式进行沟通，是人类自亚里士多德起就孜孜以求的境界。亚里士多德提倡并献身于“遵守法律是一项道德义务”的信念，首创“非暴力思想”，后有印度政治家甘地的“非暴力不合作运动”，美国民权运动领袖马丁·路德·金的“非暴力直接行动”，加之近年来和平心理学的兴起，越来越多的人在思考和探索如何用一种能够影响他人实现目的、同时排除对反对者造成伤害的方法。在社会层面就是要提高制度化的政策水平，在个体层面就是构建非暴力沟通策略。

非暴力沟通是马歇尔·卢森堡博士倡导的一种沟通方式，依照它来谈话和聆听，能使人们情意相通，和谐相处。非暴力沟通模式有四个步骤，首先要求区分观察和评论，学会描述事实而不是主观评价；其次能够识别和表达内在的身体感觉和情感状态，而不包含评判、指责等；再次体会与正发生的事情和感觉相关的需要——所有人共通的需要（如食物、信任、理解等）——是否得到满足；最后提出具体、明确的请求（要什么，而不是不要什么），而且确实是请求而非要求（希望对方的行为是出于由衷的关心，而不是出于恐惧、内疚、惭愧、责任等）。[①] 非暴力沟通的理论背景是冷战时期兴起的和平心理学，一批心理学家以关注世界和人类自身的和平与和谐，试图用非暴力的角度分析个体的行为机制以及个体与人际互动对于促成和平所能够发挥的作用。“非暴力作为获得和平的重要手段已然成为和平心理学的重要研究主题之一。”[②] 同样，非暴力作为增强人际的合作性、友好度的重要手段，也是领导沟通的研究内容之一。非暴力沟通是个很大的话题，具体到领导沟通中“说”，我们在非暴力沟通理论指导下，关注几种容易引发冲突的话题，尝试在领导活动中频繁出现的微观场景中，学会

---

① ［美］马歇尔·卢森堡．非暴力沟通．［M］．阮胤华译．北京：华夏出版社，2015.

② 陈巍，潘威，黄家裕．非暴力的心理学研究：历史、模型及展望［J］．西南大学学报，2014，1.

使用非暴力沟通。

1. 批评下属

批评下属是领导者的工作方法之一，当下属没有完成规定的任务或者做了错事，领导者用适当的批评提醒下属注意，并希望对方改正。不批评下级的领导者是和事佬，不负责任，但滥用批评，以批评代替指导的领导者，也是另一种不负责任。负责任的批评要注意几点：

第一，批评人尽量私底下进行，所谓扬善于公堂，抑恶于私庭，考虑到对方的心理接收程度，一般不在众人面前指名道姓批评人。

第二，批评人就事论事，就具体做错的事讲错在哪里的事实，不要扩大化，或指向人格评价，或翻旧账，或株连他人。批评的目的不在于"揭短"而在于"接短"，只有让对方接受的批评才有效，这种对事不对人的态度，是重要的出发点。同样是对方填错表格了，容易引起冲突的表达是"你填错了"，这是一种指向对方的评判，对方会因不愉快而决绝接受。正确的表达是"这张表格中的这一栏应该这样填写"，直接指向具体的错误事实，不针对人，对方会愉快接受。

第三，先 yes，后 but，再 yes。译成中文意思就是正面负面正面法。一上来就是一堆批评的话，对方仿佛看到一根根赤裸裸的刺直奔向自己扎过来，正常的反应一定是躲开，一定会把心门一关，处于自我防御状态，这时无论你说什么都不起作用，对方根本听不进去。相反，先表达肯定对方的意思，唤起对方想听下文的兴趣，再指出错误事实，最后再回到正面意图，鼓励对方，期待未来。

2. 委婉命令

下命令是领导工作中的职责之一，但如何下命令却是领导艺术之一。委婉的命令，让下属有一种愉快接受的体验，这种体验能唤起下属完成任务的自主意识，更有利于工作开展。委婉命令可在语气上改变，由祈使句改为疑问句，"你看……如何？"可在语义上改变，将"你必须……"改为"你可能需要……"可增加敬辞以示友好，"请你……"

当然，委婉命令指的是一般工作场景，如发生突发事件，处于紧急状态，果断地下达指令也许是沟通中最有效率的做法。

3. 用“我”代替“你”

我们在工作场景的沟通中，常用“你……”这样的句式进行表达，如果表达的是正面的内容，这种方式容易收到很好的效果。如何表达的是负面的内容，对方很容易当成是一种对人的否定，所以，这种情况下，建议用“我”代替“你”。比如“你弄错了”，对方会因为意会到你认为其傻笨而不快，如果换成“我可能没有讲明白”，对方则愉快很多。“你没听懂”，如果换成“我再讲一遍”，对方自然不会拒绝。

用“我”代替“你”置换了表达的主语，其实是不将对方置于敏感的评价状态，让他更容易在放松中接受。

4. 负起责任

工作场景经常出现“我不清楚”“这不关我的事”之类的表达，一种情况是推诿，还有一种情况确实不相关的说明，但即使是第二种情况，也令人听在耳里恼在心里，一副拒人千里不负责任的姿态。明明不在自己职责范围内，对方找上门来了，如何巧妙地负起责任呢？不妨可以这样说：“我不太清楚，但是小张应该能帮助你，我们去找他吧。”“这个事情归 ×× 处管，×× 处就在我们办公室斜对门，我可以带您去。”

负起责任不是负起真正的业务责任、岗位责任，而是通过艺术地表达传达给对方一个友善的信号，愿意和他一起面对问题，助他一臂之力。这是非暴力沟通中“褪去精神暴力，爱将自然流露”这一真谛的具体运用。

（三）学会提问

英国哲学家奥斯丁（J. L. Austin）认为说话即行事，言语即行为，说话是表达说话者意图的一种行为。俄罗斯哲学家巴赫金提出对话理论，所有的言语活动都是在社会关系中进行的，对话是人类的生存方式。“两个声音才是生命的最低条件”对话理论为领导沟通提供了一个新的思考角度，要改变领导沟通的现状，实现领导沟通的使命，使平等对话在领导活动中真正流动起来，学会提问就是开启对话发生的一把钥匙。

1. 提问的作用

首先，提出问题就是发现问题。人们对于知道答案的迫切往往超过了对于问题的寻找，其实寻找到真正的问题是解决问题的第一步，爱因斯坦有句名言：发现问题比解决问题重要，就是强调问题的意义。

一家欧洲国际机场的咖啡馆总是宾客满堂，其症结所在是人们在候机时长时间坐在座位上细细品味咖啡而一动不动。咖啡店想找到一种方法，怎样才能让客人尽快腾出座位呢？最初的创意不外乎：使用不舒适的椅子，收取座位费，及时清理桌子等。然而，他们最终采用的办法是：关掉咖啡店里的航班监视器。人们担心误了航班，因而四处寻找没有故障的监视器——于是座位腾出来了。当咖啡店里有了足够的空座位时，航班监视器又“突然”开始工作了，于是吸引了又一批新客人。本案例中，咖啡馆顾客不愿尽快腾出座位是表面现象，而关心航班信息才是最真正的问题，找准了问题，自然就能找到合理解决问题的答案。

提问就是发现问题，连续提问就是通过不同的视角发现问题，最后寻找出通往答案的密道。学习型组织理论有一个“连问 5 个为什么”的反思方法，像一个漏斗一样，最后能找出问题的核心所在。日本丰田公司的质量管理的法宝也是“连问 5 个为什么”，通过反复追问，不为表象所蒙蔽，找到问题发生的真正根源，从而真正找到有针对性的解决方案，进行持续的改善。

比如，一台机器不转动了，你就要问：

“为什么机器停啦？”

“因为超负荷，保险丝断了。”

“为什么超负荷了呢？”

“因为轴承部分的润滑不够。”

“为什么润滑不够？”

“因为润滑泵吸不上油来。”

“为什么吸不上油来呢？”

“因为油泵轴磨损，松动了。”

“为什么磨损了呢？”

“因为没有安装过滤器，混进了铁屑。”

反复追问上述5个“为什么”就会发现需要安装过滤器。而如果“为什么”没有问到底，换上保险丝或者换上油泵轴就了事，那么，几个月以后就会再次发生同样的故障。

其次，提问是启迪思考。当问题抛出后，对方一定要调动资源，开动脑筋，寻求答案，这个思考的过程，是回答者积极主动探寻真理的过程，答案不是直接给出来的，而是一步一步在提问的引导下思索出来的，这种自主脑力劳动得出的结论会使回答者印象深刻，久不遗忘。更重要的是，每个人潜意识里都认为自己思考的结果是正确和有价值的，行为上就容易践行。

再次，提问体现平等。传统的一方“广播式”地灌输另一方被动地消费信息，说的一方表现出一种先知先觉的优势，听的一方因能动性被扼杀而易陷入“走神”、懒惰状态，影响沟通质量。对话就是要平等，一问一答，有问有答，有来有往，结论是双方在思想碰撞中生成的，是合作的结果。而且，一个问题可能会面临很多答案，极大地拓展了思考的空间，使多元、多维、多向度成为可能。孔子、苏格拉底都是擅长利用提问进行哲学思考和教学实践的高人，为领导沟通做出了良好示范。

2. 提问的类型

提问一般分为封闭式提问和开放式提问两种。封闭式提问的答案有唯一性，对方只要回答“是”或“否”，回答内容被限制。开放式提问对方的答案提出比较概括、广泛、范围较大的问题，对回答的内容限制不严格，给对方以充分自由发挥的余地。这样的提问比较宽松，不唐突。

提问方式不同，效果也不一样，将两者做个比较：

表 3.1 封闭式提问和开放式提问对比

封闭式提问	开放式提问
能不能；对吗；是不是；行不行……	什么；哪里；告诉；怎么样；为什么；谈谈……
缩小范围	表达对对方意见的尊重
得到阶段性结论	收集信息
提问者较累，回答者较轻松	提问者较轻松，回答者较累
能让提问者获取更多的事实	能帮助你获取不同人的观念和感觉
能让提问者持续掌握谈话的控制权（话语权）	会让谈话控制权交到回答者手中
可以迅速得到答案	需要较长时间得出答案

3. 提问的策略

第一，提问要暖场。人面对需要动脑筋的开放式提问会本能拒绝，所以，一般以对方不容易拒绝的封闭式提问开场，如“占用您两分钟可以吗？”当得到对方的“是”的回答后，再用开放式提问跟进。

第二，开放式提问和封闭式提问要均衡使用。通常来说在开始谈话的时候，封闭式提问和开放式提问的比例大致应为 3∶1，封闭式提问用于启动和总结谈话，开放式提问用于铺垫。

第三，一次提一个问题。提问是聚焦，一次提一个问题，回答者的注意力集中在你最想知道答案的信息上，这样才能起到引导对方思路的作用。如果一次抛出问题过多，回答者不知道思考哪个，容易注意力涣散。而且在多个问题下，对方感到压力会拒绝合作。

第四，提问要具体。好的提问一定要具体，具体的内容对方首先容易回答，不需要经历复杂的抽象思维的过程，其次具体的内容能挖掘事件的细节，能有效地帮助你发现一个人的需求、想法以及面临的问题等。

第五，提让对方连续说“是”的问题。聪明的提问高手会设计一连串让对方一直说“是”的问题，当他回答道三个“是”以上，你最后抛出的那个希望他接受的结论他一般也是回答“是”，顺势接受了。第一个说“是”的问题仿佛把脚插进门缝里，不让门关掉，后面的“是”一点点将门推开，最后的“是”是将身体进门。

第六，提问要有所禁忌。提问虽然是沟通中最有力的表达方式，但也要遵守礼仪和规范，不得问一些隐私性的问题，年龄、收入、婚姻状况等，也不宜问一些敏感性的问题，比如政治立场、宗教信仰，也不能提让对方置于尴尬境地的问题，除非你是媒体采访的记者。

（四）教练式表达

“教练”是一个运用十分广泛的词汇，有体育运动的教练，有学习驾驶的教练，也有领导学、心理学学科创建的术语“教练式领导”“教练艺术”。显然，后者的教练是借喻，是挖掘前者教练身上具有的普遍意义，用来进行领导工作或心理辅导。领导沟通中的教练式表达，自然也是一种借喻。那么，教练究竟具有什么普遍意义呢？世界著名的焦点教练彼得·邵博（Peter Szabo）和丹尼尔·迈耶（Daniel Meier）在教练手册中揭示了教练的意义：“作为教练，我们为客户创造一个（思维的）框架，客户的目标、解决方案以及第一步行动都可以在其中闪耀显露。教练创建的这个框架包含了目标导向的提问、强化反馈、倾听和有用的提炼。客户有时间和空间去整理出他的想法，设定具体的目标，意识到资源的存在，并且计划下一步行动。帮助每一个客户都得到合适的框架，这是教练的任务。但是正如画框制作者一样，教练绝不主动创造画。”①

焦点教练是后现代心理学的运用流派之一，将后现代哲学思想的质疑、反思、好奇、探寻、开启更多可能性等思路创造性地运用于心理咨询中，给当事人提供帮助，强化当事人自身具备的资源和创造力。心理学的焦点教练为领导沟通中的教练式表达提供了现成的技术路径，特别是做一些复杂的思

---

① ［瑞］彼得·邵博，丹尼尔·迈耶．高效教练［M］．陈子涵译．宁波：宁波出版社，2014.

想工作，近乎接近于心理咨询，领导者依照这种表达模式，按步骤一步一步地创造一个参考的框架，让沟通对象在流动中不断接近期望状态的可能性，自我觉察，自我发现，走上解决问题之路。

教练式表达的模式主要有四步骤：

1. 设问

教练式设问是围绕如何创造关于解决问题的方案的意识进行的，就是说不在乎问题本身是什么，而是探寻问题的原因和解决方案之间的关联。典型的教练式设问是："如果你的问题解决了，会有什么不同？""问题发生之前，是什么样子？"这种设问把当事人拉出问题框架，拉进未来解决状态的框架，为当事人开启全新的选项。爱因斯坦曾经说过："在意识水平产生的问题不能在同样的意识水平得到解决。"教练式设问就是致力于创造一个全新的意识水平，引导当时人从探查问题的水平转换到探索解决方案的水平。

2. 正向焦点

心理学的焦点技术有一整套的提问，但其核心思想是"正向思维"，就是引导当事人聚焦在正向的或者是已经有过的成功解决的情境中，让当事人朝着一个正向的预期发展。所以，焦点技术所强调解决的模式是目标导向的而不是问题导向。复杂的领导沟通经常会陷入问题的丛林而令人焦躁，正向焦点是一种积极的思考方式，回避对问题的阻抗，发现事情没有那么糟糕，从而开始积极的思考，聚焦由个别成功经验唤醒愉快体验，产生信心去处理其他的问题，进而带起整个系统的改变。谈论问题会创造问题，谈论方案会创造方案。

3. 刻度化评分

刻度化评分是一种十分有效的提问工具，"在 1 分至 10 分的刻度表上，10 分意味着你已经达到了你的目标，1 分相反。你给现在的状态评几分？"当事人给出评价后，追问："为什么是 3 分，而不是 1 分呢？这个之间有什么区别？""现在达到 4 分了，你如何知道你提高了 1 分？"在正向焦点的原则下，仍然坚持引导对方向探寻方案的方向迈出坚实的脚步。

刻度化评价将复杂的问题简单化、抽象的问题形象化，过滤掉很多干扰信息、无用信息，而且容易操作，是一种快速、高效的谈话工具。

4. 欣赏式强化

教练式表达在前期正向引导的基础上，在大量当事人反馈的信息中，要及时提炼出当事人身上的优势和资源，赞赏其已经尝试的努力，强化其取得的成绩，常常以“我对……印象深刻”这样的句子表达对对方的欣赏，在此基础上，自然过渡到对未来的期许，“假如过一段时间，你有了足够的资源/你的上级改变了……那时候你会做些什么/你与现在有什么不同？”

教练式表达是一种说话技巧，但要真正运用娴熟，是建立在对后现代思想的体认上的，只有将每一次沟通都当成一场现场直播的演出，每一个沟通对象都是最令人崇拜的明星，你们之间将联袂创造一次独一无二的艺术盛宴，言语这个道具在你的手中，将成为一个施了魔法的魔瓶，源源不断地呼唤出新鲜的神奇的事物。

C H A P T E R 0 4

第四章

看：从阅人走向悦人

案例

曾国藩具有超乎寻常的阅人术，尤擅于通过人的身体语言来判断对方的品质、性格、情绪、经历，并对其前途做出准确的预言。

某日，学生李鸿章带了三个人请曾国藩任命差遣，当时曾国藩刚吃完饭正在散步。他有饭后缓行三千步的习惯，所以李鸿章示意三人在厅外恭候。

曾国藩散步归来后，李鸿章禀明来意，请他考察那三人，曾国藩却说："不必了，面向厅门、站在左边的那位是忠厚之人，办事小心谨慎，可做后勤供应类工作；中间那位是阳奉阴违、两面三刀之人，不值得信任，只宜分派些无足轻重的工作，难当大任；右边那位是个将才，可独当一面，大有作为，应予重用。"李鸿章很惊讶，问："还没用他们，您如何看出来的？"

曾国藩说道："在散步时，那三个人我都看过了。我走到他们身边时，左边那位态度温顺，目光低垂，拘谨有余，小心翼翼，可见是一个忠厚之人，因此适合做踏实肯干、无须多少开创精神的后勤供应等工作；中间那位喜欢作假，表面上恭恭敬敬，等我一转身，便左顾右盼，必定是阳奉阴违、机巧狡诈之辈，断断不可重用；右边那位挺拔而立，气宇轩昂，目光凛然，不卑不亢，将来成就不在你我之下，可委以重任。"

后来三人的发展，果然不出曾国藩所料，而"右边那位"便是日后立下赫赫战功、官至台湾巡抚的淮军勇将刘铭传。

一、谁出卖了你？

（一）读心术是骗术、魔术还是科学？

1. 读心术不是骗术

在生活中，我们常常听到有人抱怨：“骗子太多，脑子不够用。”这也从侧面说明了，在当今社会中骗术无处不在。从字面上来理解，骗术顾名思义是指骗人的技术，是通过非常手段使人迷惑从而上当的伎俩。特别是在信息化发展快速的今天，网络诈骗手段“日新月异”，防不胜防。

相关资料显示，骗术多是利用了人们的同情心、好奇心、粗心、贪图占便宜的心理、恐惧心理等。可见，骗子也是读心术的“高手”。

因此，可能就会有人问：“读心术和骗术一样都能够读懂人们的一些心理活动，那么读心术不也是骗术吗？”

答案显而易见：读心术不是骗术。

两者有着本质的区别。骗术的最终目的是获得金钱或利益，而采取的不正当手段虽然设计巧妙，终究还是会被人识破。而读心术却截然不同。在心理学中，读心术主要用于心理干预和心理疏导，是为了帮助别人；在犯罪学中，读心术是为了更好地让罪犯交代罪行，维护正义；在社会学中，读心术是为了能够更清晰地理解他人的内心，进而进行同理心沟通。

看到此，也许还会有人问：“算命占卜是读心术，还是骗术？”这个问题很难得出正确的答案。我们不妨先来了解一下占卜。

算命占卜，由来已久，并在世界范围内也广泛存在。吉普赛人的占卜术闻名遐迩。算命占卜是吉普赛人，尤其是吉普赛妇女的一项传统行业。如今，那种传统的、拿着神秘的水晶球算命的吉普赛人已非常少见了，大多数算命者是用特殊的吉普赛算命扑克牌来给人占卜。塔罗牌就是其中一种。吉普赛人不但有占卜塔罗牌的能力，还会一种古老的“读心术”，如下：

任意选择一个两位数（或者说，从 10~99 之间任意选择一个数），把这个数的十位与个位相加，再用任意选择的数减去这个和。例如：你选的数是23，然后2+3=5，然后23–5=18。在图表中找出与最后得出的数所相应的图形，并把这个图形牢记心中，然后点击水晶球。你会发现，水晶球所显示出来的图形就是你刚刚心里记下的那个图形。

这其中充满了神奇，似乎真的可以读懂别人的心里所想。但其中的奥妙已经被无情地揭穿了：这不过是一种精密数学的计算，不管你想到哪个数字，按照公式“AB–（A+B）”算出来的都是9的倍数，而这些9的倍数所对应的图案都是相同的。

这个“读心术”被揭秘之后，是不是有种被忽悠的感觉？很多算命占卜的方式，都是运用了类似的“公式”，或者是有“资料”可循。算命占卜作为“职业”，最终目的也是金钱，有时的确是骗人，但有时也会让心情低落的人内心澎湃，重燃生活信心。所以，很难给占卜术一个准确且正确的定位。

总之，心术不正的人把读心术变成了骗术，心术正直的人把读心术变成了科学。

2. 读心术不是魔术

“见证奇迹的时刻。”相信很多人对这句话并不陌生，尤其是魔术爱好者更是耳熟能详。这句话也充分体现了魔术的魅力。当事物的发展超出人们的事先预料，或是事物的产生超出常理，无法从科学的角度进行合理解释时，就被称为“奇迹”。而魔术则是“奇迹”诞生最多的地方。因此，魔术以其独特的魅力，在世界范围内得到广泛传播，也受到众多人的追捧。

那么，为什么会有很多人认为读心术是魔术呢？

首先是因为读心术像魔术一样，充满了神奇，让人向往。在日常生活中，对他人意图、信念、情绪，甚至是思维活动进行推测的能力，常被称作“读心术”。简单地说，就是通过你的动作，就能知道你心里想什么。读心术对人们所产生惊讶的效果，与魔术如出一辙。所以，就会有很多人将读心术与广为人知的魔术联系在一起。

其次是因为在某种程度上读心术和魔术存在一定的共性。对于“门外汉”

来说，读心术和魔术产生的“效果”都是不可思议的事情，是常人难以解释、难以想象的东西。加上魔术起源较早，发展较为成熟，传播广泛，而读心术的发展还远远达不到这种“成熟”的地步。并且人们对事物的认知，会受到其潜意识中“先来后到”观念的影响。所以，很多人认为读心术是魔术，不足为怪。

再次是因为受到“读心术”式魔术的干扰。在“读心术”魔术中，魔术师能够读取观众所想的，观众也可将所想写下以作对照。正是因为这类魔术的广泛表演，很多人就误以为读心术就是魔术。

并且，在人们的观念中，“魔术”的概念很宽泛，不仅仅局限于表演艺术形式的魔术，也包括用于对那些违反客观规律难以相信，无法解释，但真实发生的事情的理解。

由此可见，读心术不是魔术。

归根结底，魔术是依据科学的原理，运用特制的道具，巧妙综合视觉传达、心理学、化学、数学、物理学、表演学等不同科学领域的高智慧的表演艺术。抓住人们好奇、求知心理的特点，制造出种种让人不可思议、变幻莫测的假象，从而达到以假乱真的艺术效果。虽然，魔术总是以不断变化让人捉摸不透并带给观众惊奇体验，但它只是用于表演的一种艺术形式。

总之，“门外汉”把读心术视为魔术，“专家”把读心术视为科学。

3. 读心术是科学

读心术，给人一种高大上的感觉，也是近些年来广受关注，不断发展、逐步成熟的一门学科。那么，什么是读心术呢?

目前，关于读心术并无权威的定义。站在不同的角度，对读心术的解释也存在差异。心理学将“读心术”定义为理解他人思想感情，并能站在他人主观立场思考的能力。《广辞林》中将读心术定义为：是握住人的手，根据其无意识的活动所引起的反应来探测其物品隐藏的地方的一种技术。以上两种定义似乎都没有对读心术的实质解释清楚。

我们姑且不论哪种定义是正确的。单从字面上看，“读心术”应泛指读取、读懂心理活动的技术。至于用什么“读”、怎么“读”，在不同的领域，应该会有既有共性又有差别的手段和途径。

那么，读心术是科学吗？

我们不妨先来看一看什么是科学。科学的定义也是见仁见智。《辞海》（1999）：科学是运用范畴、定理、定律等思维形式反映现实世界各种现象的本质的规律的知识体系；法国《百科全书》："科学首先不同于常识，科学通过分类，以寻求事物之中的条理。此外，科学通过揭示支配事物的规律，以求说明事物"；《现代科学技术概论》："可以简单地说，科学是如实反映客观事物固有规律的系统知识。"

可见，科学是对已知世界通过大众可理解的数据计算、文字解释、语言说明、形象展示的一种总结、归纳和认证。虽然科学不是认识世界的唯一渠道，可其具有公允性与一致性，是探索客观世界最可靠的实践方法。

我们再来看一看读心术。在理论方面，读心术的相关理论不断发展。犯罪心理学、教育学、身体语言学、副语言学等学科中，都有较为成熟的、关于"读心术"的理论体系。微表情、微动作、微反应等领域的不断深入研究，也在逐步充实着"读心术"的知识体系。而在实践方面，读心术更是覆盖了众多领域。美国科学家研究出一种能够"阅读"大脑的技术。纳什维尔范德比尔特大学的斯蒂芬妮·哈里森（Stephanie Harrison）博士，在利用fMRI（功能性磁共振成像）对大脑扫描的实验中，能够准确猜测出参与者脑中所想的事物，准确率高达80%左右。

由此可见，读心术是一门科学，是一门不断发展，逐步成熟的科学。

（二）麦拉宾法则

1. 麦拉宾法则的提出

麦拉宾法则是由美国心理学家阿尔伯特·麦拉宾（Albert Mehrabian）提出的。麦拉宾同时也是一位身体语言专家，他历经多年的潜心研究，在经过大量的信息传递方面的实验之后，运用数理统计的相关方法对实验数据进行了统计分析，最终得出了麦拉宾法则，即"人们沟通交流时，语言占7%、音质占 38%、表情以及身体语言占 55%”。

麦拉宾认为在沟通交流中，人的个性、能力、心态、情绪、态度、动机等蕴藏在三个方面，分别是语言、声音和表情中。语言是指用嘴巴说出的信息，声音是指音质、音频、音调、音量等副语言所表达的信息，表情以及身体语言是指体态语和客体语所传递的信息。

2. 麦拉宾法则的实质

无独有偶，人类学家雷・博威斯特研究的成果和麦拉宾法则表达了相同的内涵，雷・博威斯特认为：“在一次谈话中，语言所传递的信息量还不足 35%，而剩下的超过 65% 的信息都是通过非语言交流方式完成的”，即“非语言”要素在沟通中占据重要地位。

人际沟通不仅仅是信息的传递，更是彼此之间思想与感情的传递和反馈的过程，以求思想达成一致和感情的通畅。如果在沟通中缺少了体态语、副语言、客体语和环境语等非语言符号的辅助，则单纯而机械的话语会产生生理上的“听”，却很难达到思想上的“到”。并且也会出现信息不全、信息失真的情况。

虽然仅把焦点放在表情和声音上统计出来的数字，让麦拉宾自己也质疑数字的可信度，但毋庸置疑，麦拉宾法则揭示了非语言行为在信息传递和人际沟通过程中的重要作用。

3. 麦拉宾法则的应用

麦拉宾法则体现了“非语言”在人际沟通中的作用和功能。非语言不仅能够表达个人内心的真实感受，而且可以表达个人很多和难以用语言表达的情感、情绪及感觉等。

那么在沟通过程中，我们不仅要充分利用好语言的功能，而且更要合理地运用好体态语、副语言、客体语和环境语等非语言的“语言”，以保障信息传递的真实性和有效性。

换句话说，在沟通交流中，应该以语言为手段，以非语言为载体，即眼神、表情、动作、手势等体态语；音质、音频、音调、音量等副语言；衣着、佩饰等客体语；时间、空间等环境语，进行人与人之间的信息交流。

根据麦拉宾法则，在沟通交流中，如果你是说话者，在清晰表达信息内容的同时，合理地辅以微笑、手势等非语言，会让对方能够更为全面地理解你的话语；如果你是倾听者，在用耳朵仔细聆听对方语言的同时，要用眼睛细致地观察对方的非语言，会让你更好地理解对方的沟通意图。

（三）说和看的沟通

1. 说出精彩

说，简单的理解就是用话语向别人传递信息，来表达意图。在沟通交流中，我们都已习惯了用“说”来展示自己，渴望用“说”来得到别人的认可和赞誉。因为“说”是最直接的表达形式。语言有着独特的感染力，精彩的“说”，会感染别人的心灵，引起别人的共鸣，“美化”你在他心中的形象。

一次，意大利著名的悲剧影星罗西应邀参加了一个欢迎外宾的宴会。席间，许多客人要求他表演一段悲剧，于是他用意大利语念了一段“台词”，尽管客人听不懂他的“台词”内容，然而他那动情的声调和表情，凄凉悲怆，不由使大家流下同情的泪水。可一位意大利人却忍不住跑出会场大笑不止。原来这位悲剧明星念的根本不是什么台词，而是宴席上的菜单。

在这则故事中，罗西就是用“动情的声调和表情”，“说”出精彩，打动听众，使听众感受到了“凄凉悲怆”，进而“流下同情泪水”。而让那位意大利人“大笑不止”的是罗西说话的内容。可见，有时候“非语言”比“语言”更有魔力。

“说”是有技巧的，但“情”是无法掩饰的。常言道：相由心生。语言有真有假，非语言如语调、面容、手势等作为思想感情的表现却较为真实，因为往往是不自觉的、发自内心的、毫无掩饰的表达。

因此，在沟通交流中，说，就要说出精彩，说出你的“语言”，说出你的“非语言”。

2. 看出门道

俗话说，耳听为虚，眼见为实。很多时候，眼睛能帮助人们看清事实，理解事实，但有时也会欺骗我们，妨碍我们看清事实。关于斯坦福大学的由来，有这样一则故事：

美国一对老夫妇，女的穿着一套褪色的条纹棉布衣服，她的丈夫则穿着布制的便宜西装，也没有事先约好，就直接去拜访哈佛的校长。

校长的秘书在片刻间就断定这两个乡下“土老帽儿”根本不可能与哈佛有业务来往。先生轻声地说：“我们要见校长。”秘书很礼貌地说：“他整天都很忙！”女士回答说：“没关系，我们可以等。”过了几个钟头，秘书一直不理他们，希望他们知难而退，自己走开。他们却一直等在那里。

秘书终于决定通知校长：“也许他们跟您讲几句话就会走开。”校长不耐烦地同意了。校长很有尊严而且心不甘情不愿地面对这对夫妇。女士告诉他：“我们有一个儿子曾经在哈佛读过一年，他很喜欢哈佛，他在哈佛的生活很快乐。但是去年，他出了意外而死亡。我丈夫和我想在校园里为他留一纪念物。”

校长并没有被感动，反而觉得很可笑，粗声地说：“夫人，我们不能为每一位曾读过哈佛而后死亡的人建立雕像的。如果我们这样做，我们的校园看起来像墓园一样。”女士说：“不是，我们不是要竖立一座雕像，我们想要捐一栋大楼给哈佛。”

校长仔细地看了一下条纹棉布衣服及粗布便宜西装，然后吐一口气说：“你们知不知道建一栋大楼要花多少钱？我们学校一栋建筑物的造价超过 750 万美元。”

这时，这位女士沉默不讲话了。校长很高兴，以为总算可以把他们打发了。这位女士转向她丈夫说：“只要 750 万就可以建一栋大楼？那我们为什么不建一座大学来纪念我们的儿子？”

就这样，斯坦福夫妇离开了哈佛，到加州成立了斯坦福大学来纪念他们的儿子。这就是斯坦福大学的由来。

这则故事就是被眼睛“欺骗”的故事。哈佛校长及秘书过度相信自己的眼睛，以貌取人，最终成就了斯坦福大学的诞生。哈佛的校长肯定是“学富五车，才高八斗”，在语言表达方面肯定也是能言善辩。但却是“看”的门外汉。估计校长后来会懊悔不已，感慨“人不可貌相，海水不可斗量”。

在沟通交流中，“专家”看门道，“外行”看热闹。也就是说，“专家”能透过别人的眼睛，看清别人的心理，能从别人的“手舞足蹈”，看清别人的意图。而“外行”则会从别人的眼睛里看到“眼屎”，从别人的“手舞足蹈”中看到“张牙舞爪”。正所谓“会看的看门道，不会看的看热闹”。

因此，在沟通交流中，看，就要看出门道，看出他的“语言”，看出他的“非语言”。

3. 说也说不清，看也看不透

说，有时候是最有效的沟通方式，但有时候也是最无力的表达。因为人们对“非语言”捉摸不透。缺少“非语言”，“语言”变得很苍白。过度关注“非语言”，“语言”的信息被过滤。罗西的例子就充分说明了这点。如果罗西没有声情并茂，估计听众不会专注地听，更不会被感动，恰恰是因为听众过度关注了罗西的声情并茂，却过滤掉了他念的“菜单”内容。

毋容置疑，非语言在传递信息中发挥着非常的作用。但是对于非语言的理解，受到宗教文化、地域文化、民族文化、法律、教育、风俗等众多因素的影响。即使是同一种非语言，在不同的文化里，所传达的信息也存在差异，甚至是相悖的。

并不是每个人都能明白你的“语言”和“非语言”。因此，虽然“说”是有技巧的，但仅仅“说”是说不清的。

看，在沟通中获得最直观的感觉，但有时候表面与本质存在很大区别。伴随着读心术的出现，有人会担心：“如果每个真相都让你看清了，这世界会不会变得很无趣，我内心所有的秘密都赤裸裸地展现在你面前，会不会很恐怖？”

其实不然。虽然读心术有规律可循，但想完全“读”懂并非易事。据估计，人体各部分能做出的动作表情多达 27 万种，仅人的脸就能做出大约 25 万种不同的表情，先天具有的人体示意语言已获公认的有 125 种。并且很多动作表情十分相似，难以区分。更何况，有时候我们的眼睛会被我们的“心”蒙住，看不清事实。斯坦福夫妇就是很好的例子。校长及其秘书在“内心深处”对“条纹棉布衣服和粗布便宜西装”的判断就是没钱的穷人。所以看见斯坦福夫妇的时候，最直观的感觉就是没钱的“乡巴佬”“土老帽儿”。但事实正好相反。

并不是每个人都能看懂你的“微笑”和“心灵”。因此，虽然看也有技巧，但看是看不透的。

（四）在场是一种状态，也是一种关系

1. 哲学中的在场

在场性是德语哲学中的一个重要概念。康德将“在场性”理解为“物自体”；黑格尔认为“在场性”指“绝对理念”；在尼采思想中，指“强力意志”；在海德格尔哲学中，指“在”“存在”；笛卡儿则翻译为“对象的客观性”。可见，“在场”就是直接呈现在面前的事物，就是“面向事物本身”，就是经验的直接性、无遮蔽性和敞开性。而“澄明”是通往“在场性”的唯一可能之途，只有“澄明”才能使“在场性”本身的“在场”成为可能。而欲达“无遮蔽状态”，只有通过“去蔽”“揭示”和展现。

一般来讲，看到上述抽象的概念及其拗口的解释，会给人产生“知其然而不知其所以然”“云里雾里”的感觉。那么，我们就从不同哲学思想派别的角度梳理一下，分析“在场”与“不在场”的辩证关系。

根据哲学“任何事物都是作为矛盾统一体而存在的”观点来看，“在场”的对立面就是“不在场”。我们以一本书为例。从唯物主义角度分析，这本书从印制出来之后，就是“在场”，因为它是客观存在的；而我买了这本书，不管我把它放在哪里，这本书对于我来说也是“在场”的；如果我没买这本书，那么这本书对于我来说就是“不在场”的；从唯心主义角度分析，我心里想着这本书，不管我有没有买，也不管把它放在哪里，我有没有看到，这本书对于我来说就是“在场”的；但如果我心里没有想到这本书，即使我买了它，并且也看到了它，这本书对我来说也是“不在场”的。从二元论角度分析，我买了这本书，我也看到它了，但没想到它，那么这本书对于我来说

既是“在场”的又是“不在场”的，书对于我来说是“在场”，而对于我的意识来说是“不在场”的。

但是，绝对的“在场”和绝对的“不在场”都是不存在的。并且对于同一事物来说，“在场”和“不在场”是可以转换的。还是以书为例。书印制出来之后就是“在场”的，我没买，对于我来说书就是“不在场”的，但我接着买了，书对于我来说就由“不在场”变成了“在场”。同样的道理，我想到了这本书，书对于我的意识就是“在场”的，如果我突然想其他事情忘记了这本书，那么这本书对于我的意识来说，就由“在场”变成了“不在场”。

可见，哲学中的“在场”是一种状态，也是一种意识。

2. 沟通中的在场

用语言和文字将哲学概念解释清楚，并非易事。因为很多的哲学概念有一种“只可意会，不可言传”的感觉。上述运用哲学观点对“在场”进行了阐述，也许在某些论述上有失偏颇，但主要目的是帮助我们对“在场”产生一定的理解。下面我们再分析一下沟通中的“在场”，主要是面对面沟通的“在场”。

在面对面沟通过程中，如果沟通双方都能够注视着对方，并且心里想着彼此，细致地诉说和认真地聆听，那么对于双方来说，彼此都是“在场”的。但如果双方彼此相背，互不相见，那么对于双方而言彼此都是“不在场”的。或者沟通双方相对坐着，他认真地在讲话，但你心思却飘到九霄云外，完全视而不见，丝毫没有留意到对方的话语，那么对于你，他是“在场”的；而对于他，你就是“不在场”的。反过来也是如此，你们彼此相对，你认真地注视着他，聆听他的讲话，而他看似与你交谈，却心有他想，想着与交谈无关的内容，那么对于他，你是“在场”的；对于你，他是“不在场”的。

可见，在沟通中只有双方都“在场”，才能够保证交流的顺利进行，进而产生良好的沟通效果。只要存在“不在场”的情况，沟通效果就会受到影响。因为沟通中的“在场”并不是单单指双方的相对存在，更多的时候是指双方在精神层面的某种“知觉”。无论你是说话者还是倾听者，当你看到或意识到沟通对象“在场”时，彼此之间就会产生一种和谐的气场，使彼此之间能够进行心与心的交流，思想与思想的碰撞，最终促进双方和谐关系的形成。但当你看到沟通对象“不在场”或者表现出“不在场”的动作和情绪时，你会极易产生反感、厌倦等心理，从而也会使自己“不在场”，彼此之间的“不在场”，不仅很难达到沟通的目的，而且也会影响到彼此之间的人际关系。

因此，沟通中的“在场”是一种状态，也是一种关系。

二、读你千遍也不厌倦

既然人际沟通绝大多数的信息是由非言语来表达，那么，了解和掌握非言语沟通的内涵就很有必要。非语言沟通具体是指身体语言沟通、副语言沟通、客体语言沟通和环境语言沟通等，每一种非语言沟通都有其特殊功能和意义。

（一）体态语

古希腊哲学家苏格拉底曾指出：“高贵和尊严，自卑和好强，精明和机敏，傲慢和粗俗，都能从静止或者运动的面部表情和身体姿势上反映出来。”

1. 体态语的认知

体态语，又称“身体语言”，是用身体动作来表达情感、交流信息、说明意向的沟通手段，包括姿态、手势、面部表情和其他非语言手段，如点头、摇头、挥手、瞪眼等。体态语是由人的面部表情、身体姿势、肢体动作和体位变化而构成的一个图像符号系统，常被认为是辨别说话人内心世界的主要根据，是一种人们在长期的交际中形成的一种约定俗成的自然符号，同时又与文化背景有一定紧密关系。

体态语是非语言语中内涵最丰富的一种语言。因此，国内外学者对体态语的分类也是见仁见智。体态语最常见的有以下几种分类。[①]

① 许涛，阮丽萍，龙海平．略论体态语与体态语交际［J］．武汉科技大学学报（社会科学版），2000，2（1）：84~85.

（1）美国学者萨莫瓦尔在《跨文化交际》（*Communication Between Cultures*）中，采用身体行为（body behavior）这一术语，把体态语分为面部表情语、眼神语、手势语、接触语、姿势语、副言语、气味语。这一分类法是跨文化交际研究领域里常用的方法。

（2）美国心理学家纳普把体态语研究细分为手势语、身体动作语、四肢动作语、手部动作语、头部动作语、腿部动作语、面部表情语、眼睛动作语和姿势语。

（3）美国心理学家保罗·埃克曼和华莱士·弗里森把人体和脸部的连续动作按照各种行为的起因、用法和代码情况分为五大类：象征性动作、说明性动作、情绪表露动作、调节性动作和适应性动作。其中，适应性动作又进一步分为自我适应动作、变换式适应动作和客体适应动作。这种体态语分类法在非语言语交际学界有很广泛的影响。

（4）美国著名学者卡克·W. 贝克将体态语分为无声的动态语、静态语和有声的类语言（见图 4.1）。这种体态语分类法为大多数社会心理学家和社会语言学家所采用。

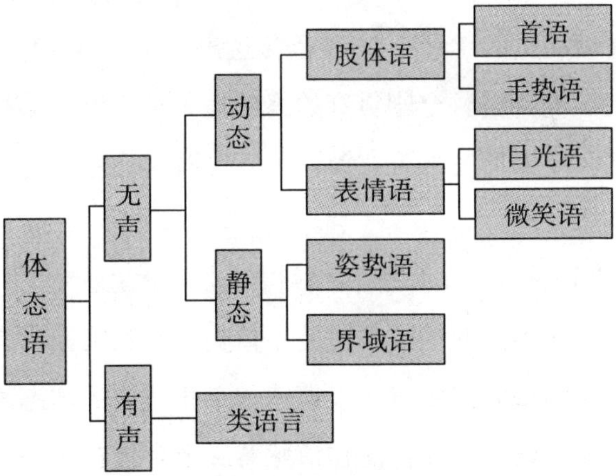

图 4.1　体态语内容

（5）我国学者黎运汉从体态语的部位和表现力着眼，把体态语分为表情语、手势语和体姿语（见图 4.2）。

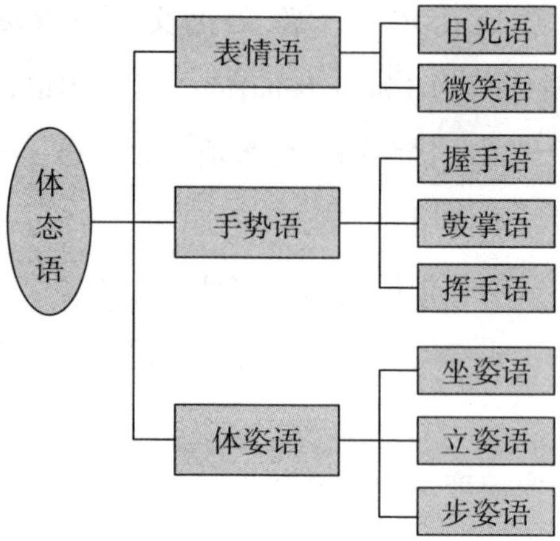

图 4.2　体态语分类

2. 体态语在沟通中的功能

2005 年春晚，来自中国残疾人艺术团的 21 个平均年龄 21 岁的聋哑演员，将舞蹈《千手观音》演绎得惟妙惟肖，营造出层出不穷、千变万化震撼的视觉冲击力，赢得了全国观众“激动、流泪”的评价。

因为舞蹈演员都是聋哑人，只能借助手语老师来为演员传递信息，用手语告诉演员舞蹈的一招一式。演出时，四个手语老师分别站在舞台四个角，她们的手成为聋哑演员的“耳朵”，手语传达出音乐节奏，聋哑演员便在“节奏”中摆弄出优美的舞姿。全剧贯穿始终的鬼斧神工般的编排巧思、出神入化的肢体语言和大爱无形的感召力量，彰显出强烈的艺术魅力和人文情怀。

（1）替代功能

正所谓是：“抒怀何必三寸之舌，叙情何必七寸之管？”

沟通过程中，在不能使用或不便使用口头语言和书面语言表情达意的情况下，以同一思维结果为出发点，以情感意义相对应的体态语言替代口头语言或书面语言。体态语言的这种能在情感意义上替代口头语言或书面语言的功能，我们称之为替代功能。

替代型体态语言在人们的沟通交流过程中，非常普遍。比如，在《千手观音》中，舞蹈老师与演员交流所使用的手语，以及舞蹈演员所呈现的肢体动作，都是一种典型的替代型体态语言。航海的旗语、交警的手势语，特警的特殊动作指令体态语等，都能够替代声音，而达到良好的沟通效果，充分体现了“无声胜有声”的作用。

（2）辅助功能

“麦拉宾法则”等研究都告诉我们，“无声语言所显示的意义要比有声语言多得多”。

《千手观音》之所以“赢得了全国观众激动、流泪的评价”，一方面因为舞蹈演员是一群特殊群体所带来的怜悯之心和敬佩之意。另一方面是因为演员们出神入化的肢体语言，带给观众视觉上的冲击，超越了声音所带来的震撼。

但是，如果没有面部表情等体态语的辅助，演员们只是机械做出动作，相信也很难获得观众的赞誉。可见体态语在沟通交流过程中，起到很重要的辅助作用。不可否认，人类的语言有着非常丰富的内涵，但在交流的过程中如果缺少了体态语的辅助，有时候语言也会显得苍白无力。例如，在组织沟通中，不论与你的上级、平级还是下级沟通交流时，如果你目光呆滞，面无表情，单纯而又机械地说，那么会有多少人愿意听呢？

（3）情感表露功能

奥地利著名心理学家、精神分析学派创始人西格蒙德·弗洛伊德曾经说过：“没人能保守秘密，因为即使他嘴上不说，从各个毛孔慢慢渗流出来的信息还是会把它泄露出来。”这也充分说明了体态语具有揭示内在素质的功能。研究结果表明，体态语对内在素质的揭示具有确定性和直观性。体态语的情感表露功能主要体现在用面部表情和各种体态动作表达内心思想情感。

舞蹈是一种表演艺术，更是通过体态语表达情感的重要艺术形式，不仅向观众展现了舞蹈的美妙与精髓，而且也向观众传达了一份情感，引起了观众情感上的共鸣。可见，体态语不仅仅能够为语言沟通“消除障碍”，而且也能够为情感上的交流“消除障碍”。因此在沟通过程中，一个甜蜜的微笑，一个善意的举动，会传达一种真诚的情感，会拉近彼此的距离，从而敞开心扉，畅所欲言，最终达到情感上的交流。

3. 体态语的文化差异

体态语在沟通中的功能是不言而喻的。但是在不同的社会文化背景下，相同的体态语却有着不同的含义，甚至是相悖的内容。有这样一则小故事：

一个日本人问一个美国旅客，机场是否提供行李车服务。美国人想告诉他，机场不但提供行李车服务，而且还是免费提供！于是他用了人人皆知的表示“OK”的圆形手势作答。

然而对那个日本人来说，这个手势表示“钱”，因此，日本人断定行李车服务收费昂贵。而这时，旁边一位突尼斯人看到了这一幕，于是认为美国人在对日本人暗示“他是一个卑鄙无耻的小偷”，让他小心点，否则杀死他。

可见，体态语存在很大的文化差异性。体态语和有声语言一样，体态语受到知识、信仰、宗教、道德、风俗、习惯等社会文化因素的影响，而呈现不同的内涵，是一定社会文化的产物，是世代相传的，都是长期历史和文化积淀而成的某一社会的共同习惯，为某一社会群体内的成员所共有，构成了该群体文化的一部分。

因此，在沟通过程中，面对不同文化背景的沟通对象时，适宜的体态语会是沟通产生事半功倍的效果，而不适宜的体态语会产生众多的误解，甚至会引发冲突。

4. 领导沟通中的体态语运用

（1）亲切、关注的目光语是获得良好沟通效果的关键

苏联作家费定说：“眼睛的表情，远比人类烦琐不足道的语言来得丰富。”眼睛素来被人喻为“心灵的窗口”，人们内心的思想感情可以通过这个“窗口”折射出来。它是一种非常复杂、深刻、微妙、富有表现力的语言。

在领导沟通中，领导者如果眼神游离，只顾滔滔不绝，不关心倾听者是否听到，这种“有眼无珠”的沟通方式无法掌握无法与倾听者进行信息沟通与交流。而如果领导者能够以一种和蔼的目光一边讲话，一边注视倾听者，用目光语来询问、了解，与其沟通，倾听者就会觉得领导是在对自己讲话，

不禁会集中注意听课，做到心领神会。当下属在讲话时，领导者用亲切的目光语注视他，会使其有一种被鼓舞、信任的感觉。

因此，亲切、关注的目光语是领导沟通中获得良好沟通效果的关键。

（2）友好、和谐的微笑语是营造良好沟通气氛的保证

微笑语是一种世界通用语，它除了表示友好、愉悦、乐意、欢迎、欣赏之外，还可以表示鼓励、谅解、理解。领导在公众的眼里是权威、严肃的代名词。受到众多观念和因素的影响，在我国的组织体系中，领导在下属的心目中早已形成了端架子、板着脸的定式，这种定式是极其不利于上下级之间的感情沟通的。

在领导沟通过程中，首先，微笑可以使下属放松情绪，减轻压抑感，他们会觉得领导是可亲可近的，从情感上就已接纳，从而能主动地、自愿地接受领导的讲话，进而在友好、和谐的气氛中完成沟通交流。其次，微笑可以起到鼓励、信任的作用。当下属在紧张中语无伦次，你投以一个微笑，下属也许会从中得到鼓舞与信任，解除心中的畏惧而调整情绪。另外，微笑还可以树立领导的良好形象，这种形象不仅在于外表，还在于内心，它可以感染他人的心灵。

因此，亲切、关注的目光语是领导沟通中营造良好沟通效果的保证。

（3）美好、正确的体姿语是规范良好沟通行为的根本

沟通是一门艺术，而艺术最讲究语言的动作性。手的姿态、人的动作是表达形体语言和思想感情的有力手段。一个鲜明有力的手势能给人以经久难忘的印象，一个寓意深刻的身姿能说明许多问题。“坐如钟、站如松、行如风”，反映了沟通交流中应有的正确体姿。

在领导沟通中，立姿和坐姿是最常见的体姿。面对下属，领导者正确的立姿或坐姿，会给人以潇洒自如中不失威严、稳重自信中不失真诚的感觉，有利于沟通交流的深入。而如果领导者“站没站相，坐没坐相”，身体东倒西歪，弯腰曲背，则会给人一种精神不振的错觉，很难引起下属的沟通兴趣。抑或是侧身相对、双手叉腰、跷着二郎腿、脚踝交叉等姿态，都会给人一种

不尊重，盛气凌人，拒人于千里之外的感觉，导致沟通难以进行。

因此，美好、正确的体姿语是领导沟通中规范良好沟通行为的根本。

（二）副语言

1. 副语言的认知

副语言也称“辅助语言”，它包括发声系统的各个要素：音质、音频、音调、音量等。并且副语言有狭义、广义之分。狭义的“副语言”指有声现象，如说话时整句话带鼻音，某个字音拉得很长，压低嗓音，说话不连贯等。广义的“副语言”指无声而有形的现象，即与话语同时或单独使用的手势、身势、面部表情、对话时的位置和距离等。

因体态语中对手势、身势等肢体语言已做解释说明，在此不做赘述，本节内容主要阐述“狭义”的副语言。

从不同的角度考量，副语言有着不同的分类[①]。

（1）特拉格“二分法”

特拉格于 1958 年最早提出了有声副语言的定义，将副语言分为音质和发音两大部分。其中，音质是指音幅、声调控制、韵律控制、音速、发音控制、共鸣、声门控制和声唇控制所体现出来的特点。发音包括声音特点的体现（如笑声、哭声、叹息声等）、声音强弱高低长短的修饰和声音的分隔（包括沉默停顿、插话和话语失误等）。

（2）李杰群“三分法”

李杰群视副语言为一种非言语交际手段，并从发声方式、功能性发声和语空三个方面对其进行分类。在其《非言语交际概论》中，他认为发声方式是指包括音质、音长、音调和音量等在内的声音要素。功能性发声又称“特征音”或“语言外符号系统”，常见的有笑声、哭声、叹息声、咳嗽声等。语空是指言语交际过程中出现的语间停顿和沉默。

---

① 郑颖芳. 副语言分类概述［J］. 教育观察（旬刊），2015，4（4）：85~86.

（3）麦凯“四分法”

麦凯从言语者是否故意、听话者是否会意的角度出发，将副语言分为四类：言者有意而听者也能会意、言者无心而听者有意、言者有心而听者无意、言者无意且听者也无意。

（4）曹合建“五分法”

曹合建从语音、语义和功能三个角度综合考虑将副语言分成个人音质符号、语音修饰符号、语音区别符号、语音分隔符号、语音替代符号五大类。并指出第一种与话语意义的关系不大，而后四种对话语意义的选择和确定有着重大的作用。

2. 副语言的功能

中华人民共和国成立初期西方一国家元首率团访问我国，周总理设宴招待，服务员最后端上一碗“万福汤”，汤中漂着一个刻成“卍”状的莲藕，这本是我国古代民间特有的装饰字，象征吉祥如意，然而对于曾在第二次世界大战中深受德国法西斯之害，对其恨之入骨的客人来说却像看见德国法西斯党徽，脸色顿变。

周总理马上明白发生了什么，只见他神态自若，先是哈哈一笑，接着拿起筷子，夹起汤中的藕片，对客人们说：“来，我们一起消灭法西斯。”总理话音刚落，笑声再起。

（1）替代功能

在上述事例中，周总理面对因民族文化背景不同而产生的误会，感到不便解释且难于解释，他使用了笑声，即巧妙的“哈哈一笑”，犹如一阵轻风，辅助有声语言缓和了僵局，消除了紧张气氛。这笑声不仅可以替代语言的效果，而且胜似语言的解释。运用副语言成分来代替言语，在特定的语用场中可以起到意想不到的表达效果。

可见，副语言在沟通交流过程中的替代作用非常明显。

（2）强调功能

俗语道：锣鼓听音，说话听声。沟通交流中，不同的音调、音频、重音，所表达的含义有所不同。换句话说，为表达沟通内容的侧重点，音调、音频等会不断变化。副语言停顿可以起到强调言语表达的效果。

上述事例中，周总理面对尴尬，首先哈哈一笑，然后夹起汤中的藕片，说:“来——，我们一起——消灭法西斯！”说话中有意停顿，引起来宾的注意，并改变音调、用重音着重强调“消灭法西斯”，不仅缓和了尴尬的气氛，消除了误会，也拉近了彼此的距离。

可见，副语言在沟通交流过程中也发挥着强调重点的作用。

（3）情态功能

心理学研究表明，副语言和有声语言都是刺激人神经系统的客观条件，不同的是，语言刺激是通过人的听觉而产生的，大部分副语言刺激则是通过刺激视觉产生的，在物理学角度称之为“视觉—动觉符号系统”，这些语言单位往往通过多通道、同时传递信息，然后产生立体的效应。[①] 沟通交流时，一个人的音质是圆润还是尖细、音色是明快还是低沉等发音特征，可以表明说话者是心态平稳还是紧张不安，是惊讶还是恐惧，是喜悦还是愤怒。

感叹是副语言的一种功能性发音，表示一种心态，也因变化而表达不同的情绪。比如，“你的工作做得不错”，表达的是一种肯定，如果加上一定的叹词“啊——，你的工作做得不错？”，就会体现怀疑的意思。

可见，副语言在沟通交流中有着极为丰富的内容，对情感的表达也发挥着非常重要的功能。

3. 领导沟通中的副语言运用

（1）巧用副语言，缓解尴尬气氛

在领导沟通过程中，口误在所难免，“冒犯”之言时常出现。如果下属不小心说出了一些“大不敬”的话语，突然意识到但又收不回去，气氛会显得非常尴尬。面对下属的“无心之谈”，领导通常也会无所适从，不知道该说什么作为回应。

---

① 谢伦浩 . 论副语言的社会交际功能［J］. 湖南社会科学，2001，6：89.

如果不做回应，下属会以为你生气了，顿感大事不妙。但有时候很难用语言解释你的“不在意”，否则会越描越黑。这样下属会产生过多的心理压力，沟通将无法进行。但如果你巧妙地运用副语言，放慢语速地说“没事的”，或者借此幽默一下，不仅能化解下属的“危机”，更能显示领导博大的胸怀，也会因此而赢得下属更多的尊敬。

因此，在领导沟通过程中巧用副语言是缓和尴尬气氛的有效手段，更是化解矛盾，赢得尊敬的重要方式。

（2）会用副语言，强调语意重点

在领导沟通过程中，副语言的辅助作用明显，但同样的强调作用也非常明显。在与同事沟通时，如果你目光呆滞，机械地“讲话”，没有良好的音质、音调、音频，也没有变化，那么没有人会愿意听。

如果在安排任务时，讲到重点内容时进行有意的停顿，并提高音量，对于相关词语着重表达，会吸引到与会者的注意力。尤其是“之前”“截止”等表示任务时间节点的词语，合理运用较缓慢的语速、重音进行强调，就会引起与会者足够的重视。同样，在工作沟通中，遇到“必须”等行政命令式用语，领导者也会用拖音、重音的方式表达，使倾听者意识到内容的重要性。

因此，在领导沟通过程中会用副语言是强调语意重点的重要方法，更是引起他人重视的重要方式。

（3）善用副语言，表达真实情感

众所周知，在不同的语境中，副语言所表达的内涵也不同，传递的情感也不同。例如：“你真是个人才！”从表面上来看，这也许是领导对你的赞誉。但如果加上一些如“啊”“哼”等表示叹息的词语，并且拖着长音拐着弯说这句话：“哼，你啊，真是个人才！”所表达的意思则会完全相反，讽刺的感情也会增强。如果在沟通中，你认同别人的观点，而又不方便打断别人的讲话，往往会用简短有力的“嗯”等词语表示，而如果表示对他人观点的持怀疑态度，则会拖音，拐弯地用“嗯——？”表达。

可见，副语言对于情感的表达有着丰富的形式。善用副语言对于领导干部非常重要。如果运用不得当，不仅不会表达你的真实情感，而且会让别人产生错觉，甚至招致人际关系破裂的误会。

因此，在领导沟通过程中副语言是把“双刃剑”，善用副语言是表达真实情感的重要方式，更是营造和谐人际关系的重要手段。

（三）客体语

1. 客体语的认知

西汉思想家司马迁在《史记·仲尼弟子列传》中说道：“吾以言取人，失之宰予；以貌取人，失之子羽。”这句话是说根据外貌来判别人的品质和才能，有失偏颇。而外貌则是客体语的重要组成部分。客体语指的是与人体有关的相貌、服装、饰品、气味、字迹等。这些客体在人际交往中也有传递信息的功能。

（1）相貌

相貌的差异性，无须多言。虽然说，人皆有爱美之心，但在不同的文化中，人们对美的理解也很大的不同。在世界各国文化中相貌美的标准既有个性也有共性。据相关研究发现，各种文化都以五官端正、四肢匀称为美。

相貌在人际沟通中，会给人以直观的印象，尤其面对面的交流。我们大部分人都是感性的“外貌协会”的成员。并且，我们都习惯了用自己的视角去审视别人的相貌，进而根据别人的相貌，读取“好”与“坏”信息。

（2）服装

人的服饰同人的行为、举止一样，有着丰富的信息传播功能。服饰打扮体现了人们的审美情趣和精神面貌，同时也表现了人们的个性特征和文化水准。看到衣服破烂不堪、蓬头垢面的人，我们通常会认为他是乞丐；看到衣着颜色非常“耀眼”、发型非常“独特”的人，我们一般会感觉他是一个个性张扬的人，如杀马特。

服饰可以显示人的职业、爱好、社会等级、性情气质、文化修养、信仰观念、生活习惯及民族地域的风俗等，也可以传递一些信息。如穿警服的人，我们知道他是警察；看到头戴面纱的妇女，我们知道她信奉伊斯兰教。

（3）装饰品

人们身上佩戴的各种装饰品，本身无意义，但一旦使用在交际中，便是一种象征，一种媒介。佩戴在人身上的装饰品，同样也具有传达信息的功能。例如戒指戴在不同的手指上，会传达不同的情感状态。

装饰品连同服装用以装饰人体，也具有表现社会地位、生活品位、显示财富等意义。一个脖子上佩戴一条很粗的金项链，手指上戴着一个很硕大的金戒指的人，我们一般会认为他是一个“土豪”。

（4）化妆品

化妆品主要通过涂抹、喷洒或者其他类似方法，散布于人体表面的任何部位，如皮肤、毛发、指甲、唇齿等，以达到清洁、保养、美容、修饰和改变外观，或者修正人体气味，保持良好状态为目的。

化妆品在特定环境中，也具有传达信息的功能。适宜的妆容会美化个体，也会利于沟通交流。而在很多时候和场合，浓妆艳抹、油头粉面在无形中拉大了彼此之间的距离。

（5）体味

对人的气味在交际中作用的研究也是非语言交际研究的一个重要组成部分。在跨文化交际中，人们对本文化的人的气味往往习而不察，而对别种文化的人的气味则很敏感。在沟通过程中，人们大都不喜欢跟体味较重的人进行近距离的交流。

影响人体气味的因素很多，包括食物、饮水、心情、生活习惯、种族、性别、卫生和情绪等。不同文化的人对人体发出的气味有不同的感受。

（6）字迹

“字如其人。”从古至今，人们历来把书法与性格联系在一起。

旧时的读书人，写字是人生的第一门功课。乡试殿试，字写得差，考官有权将试卷作废。字迹在一定程度上能够反映写字者的志向、心境、情绪等特点，具有信息传递的功能。黄瀚琳教授经过潜心研究，创立了汉字笔迹心理学。主要是通过笔迹的笔画和字形，解码个体的人格特质。笔迹心灵解码学个体测评准确率高达 90% 以上，对组织选人用人、自我认知、人际交往等都具有非常实用的价值。

2. 客体语的影响因素

（1）宗教信仰

宗教信仰是影响人际交往中服装、装饰品等客体语的重要因素。例如，阿拉伯人信仰伊斯兰教，其教义要求教徒倾其一生无条件服从真主安拉的意志和权威，阿拉伯人思想也受教义的影响，他们严格约束自己，恪守教义。因此，阿拉伯人的服饰要求包裹身体。

而在西方国家，大多都信奉倡导人人平等、强调个性的基督教。在这种思想的影响下，他们的服饰多呈现个性的追求。

（2）历史传统

受到历史传统的影响，不同地区和国家的人有不同的图腾崇拜，比如中国人有龙图腾的文化，俄罗斯则有熊图腾的崇拜。在中国古代的传统文化中，皇帝是“真龙天子”，“龙袍”代表着至高无上的权力，只有皇帝才可以穿。中国少数民族特色的服饰，以及英伦风情的格子衫等都是历史文化传承的产物。

因此，历史传统也是影响人际交往中服装、装饰品等客体语的重要因素。

（3）价值观念

价值观念是基于人的一定的思维感官之上而做出的认知、理解、判断或抉择的形式，也是人认定事物、辨定是非的一种思维或取向。在社会阶层中，不同阶层有不同的价值观念。

而价值观念具有稳定性和持久性、历史性与选择性、主观性的特点。在人际交流中，人们也通常会受到自身价值观念的影响。“第一印象效应”体现了沟通中，价值观念的先入为主。而在很多时候，“第一印象”会使得我们对沟通对象的客体语做出错误的判断，进而影响沟通的效果。斯坦福夫妇的经历就是很好的说明。

3. 领导沟通中的客体语运用

习近平携夫人彭丽媛出访时，除了关心的国事访问之外，陪同出访的彭丽媛每一套服饰造型都牵动着世人的心，成为被广泛关注的焦点。

在访美期间，彭丽媛的四套服饰受到国内外一致好评。绣花、钉珠等东方元素被运用得恰到好处，耳饰、胸花等配饰和服装搭配得相得益彰，既彰显了优雅精致，又不会显得太过夸张。习近平与彭丽媛的服装搭配上的一个细节——习近平的领带或口袋巾的颜色会与彭丽媛的服装相呼应。这个细节被称为是秀恩爱的最高境界。

在访英期间，外媒专门盘点了彭丽媛当日的三套衣服，评价其“高雅、迷人”。英国网民对彭丽媛也是好评如潮纷纷点赞。这三套服装都秉承了彭丽媛一直以来简洁大方的风格，既合体，又得体；既格外引人注目，又落落大方。当然，细节上也均有中国传统元素的体现，可以说在不经意间又完美“代言”了中国风。而且“最高境界情侣装”再次登场。

（1）合体、得体的衣着是领导沟通的关键要素

国际上公认的衣着原则是TPO原则，即Time，Place，Object三个英文单词的首字母缩写。T代表时间、时代、季节；P代表地点、场合、职位；O代表对象和目的。[①] 在我国很多的组织中，衣着的TPO原则适用程度很高。例如，警察、税务、检察等都有象征自己工作性质的特定制服。

上述事例中，彭丽媛女士的“每一套造型”都很好地体现了TPO原则。穿戴和搭配的衣着合体，展现其优雅，不同场合的衣着得体，展现其素养。“绣花、钉珠等东方元素”也展现了东方女性的美。因此才“牵动着国人的心，成为被广泛关注的焦点”。

工作期间穿戴工作服，会体现工作的性质及其严肃性。但如果穿着工作服参加休息时间举行的家庭或朋友聚会，似乎有点不合时宜。没有特定工作制服的单位，穿着也应该要得体。如果领导在上班期间，穿着背心、短裤、拖鞋，你是否还愿意与其交流？

由此可见，合体、得体的衣着，使领导显得落落大方，而又不失“威严”，

---

① 潘静．男性客体语在商务活动中的作用［J］．南昌教育学院学报，2013，28（8）：51.

是领导沟通的关键要素。

（2）适宜、适度的佩饰是领导沟通的重要要素

在领导沟通过程中，佩饰也是常见的客体语。男士领导的佩饰一般有手表、眼镜等，女士领导的佩饰一般有戒指、项链、耳钉等。但不论男士还是女士，适宜的佩饰会给对方留下美好的印象，拉近彼此的距离，利于沟通的进行。彭丽媛女士运用“耳饰、胸花等配饰”与服装搭配得相得益彰，在精致中体现优雅。而最为人称道的是与习主席“最高境界情侣装”。

虽然说“爱美之心，人皆有之”，但美也讲究“度”。手表也许会给男士领导增添几分优雅，但如果左右手各戴一块，就会显得格外不协调。佩戴一款潮流的太阳镜或墨镜，对于女士领导也许很时尚，但如果是在开会时佩戴，就会显得不合时宜。佩饰，可以美化你的外表，也可以庸俗你的形象。

由此可见，适宜、适度的佩饰，会使得领导显得更加干练和优雅，是领导沟通的重要辅助要素。

（3）合适、合理的距离是领导沟通的必要要素

从医学角度来看，每个人的体味是不同的，并且每个人对体味的敏感程度和接受程度也是不同的。

除了遗传因素外，饮食也是造成体味的重要原因。比如，大蒜、韭菜等刺激性较强的食物，容易给食用者带来很重的体味，并且也不易消除。这些食物带来的体味，是“当局者迷，旁观者清”。在交流过程中，尤其是面对面的近距离交流，相信很多人都难以忍受这种气味的“熏陶”。香水等化妆品也会产生一定的体味。但并不是所有人都喜欢香水的味道。

由此可见，保持合适、合理的距离是克服体味等客体语所带来的困扰的途径，也是尊重他人的沟通习惯的必要要素。

（四）环境语

1. 环境语的认知

环境语言作为一种客体语言，是非语言交际的重要形式。根据我国跨文

化交际学学者毕继万的观点，环境是一种潜在的文化现象，任何环境的设计都会暗含一定的文化理念和交际观念。环境语包括空间信息、时间信息、建筑设计与室内装修、声音、灯光、颜色等[①]。

（1）空间语

1963年美国人类学家霍尔在《近体行为的符号体系》一文中提出了“近体学”的概念，认为在人们沟通时互动双方的空间由近及远可以分为四个区域：亲密区域（0~46厘米），又称为亲密空间，其语义为“亲切、热烈、亲密”；个人距离（46~120厘米），又称为身体区域，其语义为“亲切、友好”；社交区域（120~360厘米），其语义为“严肃、庄重”；公共区域（360厘米以上），又称为大众界域，其语义为“自由、开放”。

并且，空间语也包括沟通中所处的客观空间。

可见，空间语是人类利用空间来表达某种思想信息的一门社会语言，属于无声语言范畴。

（2）时间语

贾玉新在《跨文化交际学》（1997）一书中指出：“在非言语交际各要素中，关于时间的使用，它代表的意义及其交际行为，是文化差异最大、最能导致交际失误的误区。”研究一种文化的时间取向一般主要从三个角度进行：非正规时间取向；时间的过去、现在和将来取向；以及单时制和多时制取向。

中国人使用时间不讲究其准确性（非正规时间取向），重视历史（过去的时间取向），而西方国家的人则相反。欧美国家认为时间是有限资源（单时制取向），而阿拉伯人、希腊人等则认为时间是无止境、无限制的资源（多时制取向）。

可见，时间语是人们利用时间概念来表达某些特定信息的一门社会语言，也属于无声语言范畴。

---

① 毕继万．跨文化非语言交际［M］．北京：外语教学与研究社，2004.

2. 领导沟通中的环境语运用

（1）合理利用沟通空间

空间的变化可以传达出各种信息，尤其和人际关系的远近与特点密切相关。“个人空间”，对于每个人来讲都是非常重要的。所以，两个人在拥挤的车上相遇，即使他们坐在或站在一起，也大都是“表情空白”，缄默不语，互不理睬。但如果两个人在野外相遇，相互致意后，几分钟里就会谈得火热，甚至交上朋友。这就说明了空间语言能够传达出某种信息，促进人际关系的变化。

我们应充分认识到：“亲密区域”是与亲人亲密的空间；“身体区域”可以相互握手；“社交区域”是比较正式、庄重、严肃，可以进行谈判、会见客人等；“公共区域”常用于大型报告会、演讲会、小型活动等。

此外，各种场合的座次安排及其灯光等空间布局也是环境语中空间语的一种重要形式。

因此，在领导沟通中，要充分认识和利用空间语言，使其与自己的有声语言和体态语言相配合，相协调。这不仅是个人交际礼仪的需要，也是领导干部取得良好的交际效应的需要。

（2）善于把握沟通时间

由于各国的文化存在差异，时间语所表达的信息也不同。不守时，对多数欧洲人、美国人和中国人来说，是不礼貌的行为。而在时间安排上，俄罗斯人比较随心所欲，阿拉伯人更是“看上帝的安排”。

在我国，守时被看作是诚信的一部分。因此，守时是领导干部在沟通交流时必备的素质之一。再者，时间对于沟通的内容也非常重要。例如，在工作时间开会，被认为是理所当然的。而如果在周末的休息时间召开会议，会引起很多人的反感。在工作时间谈家庭琐事，或在休息时间谈工作，都会影响到沟通的效果。

可见，善于把握沟通时间，对于领导干部的沟通也会起到重要的作用。

三、管理好自己的非语言信息

（一）巧用非语言符号的交际功能

1. 视觉刺激，促进你信息的传递

视觉是倾听者获取非语言符号意义的主要途径。视觉性非语言符号主要是指在沟通过程中，沟通双方都能够直观地看到的体态语和客体语。主要包括微笑、皱眉、撇嘴等面部表情，手势、坐姿等肢体动作，衣服、配饰、发型等外貌表现。视觉性非语言符号也可以分为静止型和动态型两种。

视觉性非语言符号会给沟通对象产生最直接的刺激，也促使他做出一些最直观的判断。例如，整洁的外表，会给人一种很舒服的感觉；但如果蓬头垢面，衣服皱巴巴的，就会降低别人与你沟通的欲望。如果你在沟通中保持微笑，会传递给别人一种接纳沟通的信号；但如果一脸严肃，不苟言笑，给别人传递的则是拒绝沟通的信号。你面带微笑，掌心向上，用手掌指向座位，传递的是渴望沟通的热情；但面无表情，用单手食指指向座位，传递给别人的就是冷漠。

总的来说，领导沟通中保持良好的视觉性非语言符号，主要表现在：服饰要干净自然，优雅大方，既不张扬，也不夸张；眼神要平和不要犀利，要集中不要游离，并适时地微笑，使眼角上翘；不论是说话还是倾听，控制好你的身体和双手，身体尽量保持正直，不要前仰后合，不要跷二郎腿，更不能抖动你的腿，双手尽量不要做出过多动作，尤其是不要玩弄手边的东西。

在领导沟通过程中，不论你是跟上级还是下级，抑或是平级进行沟通交流，保持外表的整洁，掌控眼睛的注视，运用肢体的巧妙，对他人的视觉产生“强烈”的刺激，进而促进信息传递的真实性和有效性。

2. 听觉刺激，丰富你信息的内容

听，是我们获取语言信息最重要的手段，尤其是在面对面的沟通中。而听对于非语言信息的获取也有着重要的作用。听觉性非语言符号主要是指音调、音速、音质等副语言。众所周知，用不同的音调和音速表达同一句话，会呈现不同的含义，甚至是相悖的意思。

“请”是常见的礼貌用语，“请坐”“请用茶”等。但是在沟通中用不同的声音来表达，就会产生不同的听觉效果。音调平稳的“请”，会表现出客气、盛情；音调上升并拖音的“请”，则含有满不在乎，无可奈何的意味；而音调下降、语速短促的“请”，则传达命令口气或怀有敌意。

总的来说，领导沟通中听觉性非语言符号的运用，主要表现在：首先，要控制好你的不良情绪。不管是讲话，还是倾听，不良情绪不仅伤人，更会伤人心。其次，要掌握好你的语调。即使是批评，也应是有“艺术”地批评。最后，要把握好你的语速。与欣赏你的口才相比，别人更希望听清楚你的意图，放缓语速，给他留下足够的思考时间。

在领导沟通中，听觉性非语言符号会极大地丰富信息内容。“毫无生机”的语言，很难吸引别人的专注。而抑扬顿挫的语言，极易引起别人倾听的兴趣，而且也会促使别人在脑海中形成生动的画面，产生立体的听觉效果，有利于理解信息的“弦外之音”。

3. 客观刺激，营造你沟通的环境

我们都知道，客观环境对于沟通交流也有着很重要的作用。客观性非语言符号主要是指时间和空间的环境语。

在我国的文化环境中，时间观念较强的人，更易得到别人的尊重。比如，事先约定了时间，结果你无故迟到半小时，即使别人嘴上不说，心里也会认定你是一个不靠谱、不值得信赖的人。并且，什么样的时间就应该做什么样的事情。把工作带到休息时间或把生活带到工作时，似乎都有不妥之处。空间对于沟通同样重要。初次见面就拥抱，在我国的文化传统中，似乎很难接受。在众多干扰的嘈杂环境谈工作，似乎不太合适。坐错位置，似乎很尴尬。可见，良好的沟通“环境”，对于信息的传递和交换也起到至关重要的作用。

总的来说，领导沟通中客观性非语言符号的合理运用，主要表现在：要有一定的时间观念，不迟到、不早退；根据时机选择合适的沟通内容，工作的事情要在工作时间解决；根据沟通对象的习俗和沟通的严肃程度，选择合适的体距，尊重“个人空间”；根据沟通的性质，选择适宜的空间，正式的领导沟通应在会议室等正式的场合进行，非正式的领导沟通也应考虑外界的干扰。

（二）强化非语言符号的语用功能

1. 得体的动作替代你的语言

在沟通过程中，体态语是非语言语中内涵最丰富、作用最明显，但使用最复杂的一种语言。众所周知，目光接触是最能传神的非语言，也能够在某些特定的沟通环境下，起到重要的替代作用。但如果运用不当，会产生较为严重的后果。例如，在与你只有点头之交的下属进行沟通时，热情的目光接触会融化相互之间因“陌生”而带来的“坚冰”，能够使双方快速地进入交流。但你如果好奇地上下打量对方，这种行为不仅失礼会引起对方的反感，而且极易给对方带去过大的心理压力，甚至会产生误会。

所以，在领导沟通过程中非语言符号的运用要得体、自然，要与自己的身份相称。例如，沟通时，别人的某个观点说到你的“心坎”里去了，如果你不合时宜地打断他讲话，并急于做出评价或赞美，对方再继续时常常会因被打断而“语塞”。而你的一个微笑，加上微微地点头，别人就会明白你的意思。但如果你哈哈大笑，使劲地点头，同样也会影响到他的表达。如果你不完全认同他所讲的观点，不自然地“强颜欢笑”，也会产生不良后果。

可见，在某些特定的沟通环境中，正确、恰当的非语言动作，能够发挥“无声胜有声”的功效。

2. 优雅的姿态修饰你的语言

《论语》中的“其身正不令而行，其身不正虽令不从”多用于强调领导干部以身作则的重要性。细细分析，这句话也可适用于领导沟通的过程。

在沟通中，“身正”可以认为是身体端正，包括衣着整洁、配饰得体、坐姿正直、目光有神等优雅姿态。与这种姿态优美的人进行沟通，自然会被吸引，进而认真地聆听。没有多少人愿意听那些东倒西歪、坐没坐相的人讲话，反而会从心底产生抵触的情绪。即使再精彩的讲话，也很难“入耳”。可见，优美的姿态等非语言符号，在沟通中的作用也是十分明显的。

作为一名领导者，在沟通中有效利用优雅的姿态等非语言符号，不仅会表达一些正能量的信息，而且会在无形中呈现出领导者特有的威信，并且对下属也会产生潜移默化的影响。

可见，在领导沟通过程中，外貌端庄、身体端正等优雅的姿态，不仅能够展现积极的精神面貌，而且也会使你的语言得到修饰，最终达到“不令而行”的效果。

3. 悦耳的声音美化你的语言

有人说：“语言是有魔力的，那是声音赋予的。”声音作为副语言的非语言符号，变幻无穷。声音的千变万化不仅可以表达出万千的语意，也能够呈现出不同的情绪。

据相关研究发现：激动时声音高且尖，语速快，音域起伏较大，并带有颤音；而悲哀时语速慢，音调低，音域起伏较小，显得沉重而呆板；爱慕的声音是音质柔软，低音，共鸣音色，慢速，音调均衡而微向上，节奏有规则，发音含糊；而表示气愤的声音则是声大、音高，音质粗哑，音调变化快，节奏不规则，发音清晰而短促。

批评的话语很刺耳，是因为领导者的情绪很激动或很气愤，音调高，音量大。而表扬的话语很悦耳，是因为领导者对你的赞赏和爱慕，音质柔，音调低，音色美。每个人在工作中都希望听到悦耳的话语，哪怕是工作出现失误时，也是如此。

作为领导，赞扬是必需的工作，批评是必要的工作。但是用“悦耳”的声音进行批评，是领导在沟通中应掌握的一项技能。用悦耳的声音美化你的语言，不仅体现出领导的沟通艺术，更能体现出领导的管理艺术。

（三）发挥非语言符号的文化功能

1. 独特的非语言展现你的领导个性

在领导沟通过程中，语言上传下达的作用非常明显，但是非语言符号却会给人带来不同的“记忆”效果。

我们应该也会有类似的体会。有的领导行为举止、音容笑貌令人难以忘怀；而有的领导则很难给别人留下什么印象。有的领导虽未曾谋面，却已从别人口中留下了记忆；而有的领导尽管长期与别人相处，却从未在我们的心目中掀起波澜。出现这种现象的原因就是领导的个性在起作用。一般来说，鲜明的、独特的个性容易给人以深刻的印象，而平淡的个性则很容易被淡忘。

除个别“经典语录”外，我们都很难记起领导曾经说过什么具体内容，但是对于领导的一些非语言的独特动作，大家会记忆犹新。往往这个标志性的动作日后会成为领导的“标签”。这充分说明了非语言符号在领导独特个性形成的过程中，扮演着至关重要的角色。

但是非语言的个性符号不是追求非主流，更不是无节制的张牙舞爪。端庄的容貌，整洁的衣着，甜蜜的笑容等非语言符号才有可能给领导者贴上正能量的“标签”。

可见，非语言的合理运用，不仅是沟通的需要，更是领导独特个性养成和展现的重要载体。

2. 巧妙的非语言体现你的领导魅力

魅力，是一个人所特有的素质和能力在社会和群体中释放出来的吸引力和凝聚力。这种吸引力和凝聚力往往是通过一个人的仪表、形象、谈吐、举止、风度等诸多非语言符号展示出来。超凡的魅力来自让人钦佩的人格和高尚的品格。

华阅编著的《领导学》（2010）中指出，领导的魅力包括形象魅力、品格魅力和情感魅力。具有上佳形象魅力的领导，可以增强其感召力、向心力和凝聚力；具有高尚品格的领导者有着巨大的号召力、动员力和说服力，使人对其生出一种敬爱感；领导者良好的情商，能够营造出良好的组织氛围和健康的组织人际关系，也就是说，领导者不仅是下级的“领导”而且更应该成为下级的朋友。

在沟通中，语言的内容是“有限”的，非语言的作用是“无限”的。领导的魅力无法用权威营造。但非语言的巧妙运用，能够消除相互之间的障碍，拉近彼此的距离。当领导者以谦和的态度和心情对待下属，下属便会感到领导者可亲可敬，自然也会“以情应之”。

可见，非语言的巧妙运用，不仅利于营造良好的氛围和人际关系，更是领导魅力体现的重要途径。

3. 优雅的非语言彰显你的领导涵养

在沟通过程中，优雅的非语言，使领导严肃而不孤僻，使领导活泼而不放浪，使领导稳重而不呆板，使领导热情而不轻狂，使领导沉着而不寡言，使领导和气而不盲从。

优雅的非语言也能够充分彰显领导的沟通涵养。

（1）不自命清高，即不能因为在组织中处于较高层级，身处领导职位，就产生自我优越感，孤芳自赏。

（2）不盲目承诺，即不能因为手握一定职权，自命不凡，承诺自己力所不能及的事情。

（3）不强加于人，即不能用命令的手段，把自己的“金科玉律”和情感强加给别人。

（4）不取笑别人，即不能只放大别人的缺点和过失。

（5）不乱发脾气，即不能听到与你相左或刺耳的意见就大动肝火，盛气凌人。

（6）不信口开河，即不能为显示自己的“博学多才”而捕风捉影，道听途说。

（7）不小看仪表，即不能因抱有“志在四方”而“不扫一屋”。

（8）不恃强凌弱，即不能只表扬优秀者或志趣相投之人，而忽视甚至打压“老实人”。

可见，非语言的合理运用，不仅是领导者必备的沟通技能，更是领导涵养的重要体现。

（四）升华非语言符号的情感功能

1. 用你端庄的形态抓住人心

常言道：爱美之心，人皆有之。在沟通过程中，亦是如此。因为人类首先是感性的动物，大部分时候都会根据自己的喜好进行选择。衣着得体、整洁朴素的人，往往更能够吸引别人的注意和关注，这也是第一夫人彭丽媛每次陪同习主席出访时的造型都成为广泛关注的焦点的重要原因。

再者说“三分长相，七分打扮”。人的气质是靠衣着来衬托的。合体、得体、符合身份的衣着和配饰，会让人的气质由内而外散发。自然、优雅的身体形态，也会提升整体形象。在领导沟通过程中，如此端庄美丽的形态必然能够吸引对方的注意，抓住对方的心，极大地促进沟通的深入进行，最终达到彼此之间情感上的交流与沟通。

2. 用你真诚的微笑打动人心

微笑，被誉为全世界最通用的沟通方式。在世界范围内，因为使用的文字不同，语言沟通存在差异。因为宗教信仰、文化背景等不同，手势等非语言也有着不同的含义。但是不管你讲何种语言，不管你身处何种文化，也不管你信奉何种宗教，有一种非语言符号是全世界通用的，那就是真诚的微笑。

跨文化研究表明，面带微笑是世界各地情感沟通的手段。可见，微笑俨然成了一种国际礼仪，因为它体现了人类最真诚的相互尊重与亲近。微笑也是最基本的礼仪，它应伴随着我们度过工作和生活中每一刻，无论你是对待朋友、同事还是对待家人，以及陌生人，都应该以微笑的态度对待。

因此，在领导沟通过程中，真诚的微笑会打动人心，也是促进双方情感沟通的重要载体。

3. 用你文雅的举止俘获人心

举止文雅的人在一抬手一投足之间，一颦一笑之中，都能彰显其良好的气质和涵养，给人一种好感，俘获人心。因为，举止是一种不说话的“语言”，能在很大程度上反映一个人的素质、受教育的程度及能够被别人信任的程度。

在沟通交流中，一个人的行为既体现他的道德修养、文化水平，又能表现出他与别人交流是否有诚意，更关系到一个人形象的塑造，甚至会影响一个组织的形象。冰冷生硬，懒散懈怠，矫揉造作的行为，无疑有损于良好的形象。相反，从容潇洒的动作，给人以清新明快的感觉；端庄含蓄的行为，给人以深沉稳健的印象；坦率的微笑，则使人赏心悦目。

可见，在领导沟通过程中，文雅的举止不仅能展现你的魅力，彰显你的涵养，而且更能够俘获人心，达到情感上的交流与沟通。

CHAPTER 05

第五章

谈判：在博弈中双赢

案例

战国时，赵太后刚刚掌权，秦国就加紧进攻赵国。赵国向齐国求救。齐国说："一定要用长安君作为人质，才出兵。"赵太后不同意。大臣们极力劝谏。太后明白地对左右侍臣说道："有再说让长安君为人质的，我老太婆一定朝他脸上吐口水！"

左帅触龙去拜见太后。太后气冲冲地等着他。触龙走入殿内就用快走的姿势慢慢地走着小步，到太后面前谢罪。

触龙："老臣的脚有毛病，竟不能快跑，不能拜见您有很长时间了。我私下原谅了自己，但是又怕太后的福体有什么毛病，所以还是想来拜见太后。"

太后："我也是脚行毛病，要靠手推车行动。"

触龙："您每天的饮食该不会减少吧？"

太后："就靠喝点粥罢了。"

触龙："老臣近来特别不想吃饭，于是强迫自己散步，每天走三四里，稍微增加了喜欢吃的食物，对身体也舒适些了。"

太后："我不能像您那样散步。"

太后的脸色稍微和缓了些。

触龙："老臣的犬子舒祺，年龄最小，不成器，可是臣已衰老，私心又疼爱他，希望您让他补充黑衣卫士的人数，来保卫王宫。我冒着死罪来求您！"

太后："答应您！年龄多大啦？"

触龙："15 岁了。虽然还小，但想趁我未死之前来托付给您。"

太后："男人也疼爱他小儿子吗？"

触龙："比女人爱得厉害些。"

太后："女人爱得特别厉害。"

触龙："老臣认为老太太爱燕后超过爱长安君。"

太后："您错了，不像爱长安君那样厉害。"

触龙："父母爱子女，就要为他们考虑得长远些。老太太送燕后（出嫁）时，她上了车还握着她的脚后跟为她哭泣，惦念、伤心她的远嫁，这也够伤心的了。送走以后，不是不想念她了；但每逢祭祀您一定为她祈祷，祈祷说：'一定别让她回来啊'这难道不是从长远考虑，希望她有子孙相继为王吗？"

太后："是这样。"

触龙："从现在算起往上推三代，一直到赵氏建立赵国的时候，赵王的子孙凡被封侯的，他们的继承人还有在侯位的吗？"

太后："没有。"

触龙："不仅是赵国没有，其他诸侯国子孙被封侯的，其继承人有在侯位的吗？"

太后："我没有听说过。"

触龙："就是这些被封侯的近的灾祸及于自身，远的灾祸及其子孙。难道是国君的子孙就一定不好吗？根本的原因是他们地位高贵却没有功，俸禄优厚却没有劳，而且拥有的贵重宝器多了。现在老太太让长安君的地位高贵，并且把肥沃的土地封给他，还给他很多贵重的宝器，却不趁现在您健在时让他有功于国，一旦您驾崩了，长安君凭什么在赵国立身呢？老臣认为老太太为长安君考虑得太短浅，所以认为您对长安君的爱不如燕后。"

太后："您说得对。任凭您怎样支使他吧！"

于是为长安君备车一百乘，到齐国去做人质。齐国才出兵。

——参见《战国策》

"触龙说赵太后"是大家熟悉的历史故事，触龙娴熟地运用谈判思维和技巧，成功地实现了说服赵太后的目标。可见，谈判不是当代领导者的专利，谈判一直是领导沟通的重头戏。谈判并不神秘，打开谈判的“工具箱”，运用直接而实用的基本原则，我们都可以成为高效的谈判者。

一、世界变成一个大的谈判桌

所有人每天都要谈判好多次，孩子要求买心仪的玩具，家长要求孩子外出玩耍前先弹一小时的钢琴，职员找上司诉说想升迁的愿望，领导者将一个重点工作布置给下级希望他能接受，商人在竞标时讨价还价，税务官员利用信息和政策进行反避税的博弈，护士劝说病人安静下来配合治疗，老师给那位沉溺于网络游戏的学生发微信，“高富帅”在争取和“白富美”的约会机会，政治家面对领土纷争在鹰派和鸽派路线间做选择，销售员告诉你这是以最优惠价格买的最好质量的产品，科学家在用实验证明这个新发明没有毒害，国际组织召开网络会议讨论应对全球气候变化如何减少二氧化碳的排放量问题，我们的邻居半夜还在高歌如何去制止……随着社会的发展，遇到问题动不动就挥动拳头的人越来越少，在沟通的前提下建立契约解决冲突和利益问题的人越来越多。

在世界上，有些沟通涉及纯粹合作或纯粹牺牲而不考虑双方的互惠，但这种沟通很少，大部分时间内发生的绝大多数沟通，涉及的都是广泛意义上的某种谈判。尽管谈判如此普遍，但人们对谈判的了解和谈判的实际地位和作用比却远远不够。美国的许多职业学院都开设了谈判课程，而且此类课程大受欢迎，因为学生们知道，将来作为商业和职业的领导，将面临各种各样的谈判挑战。的确，无论中西方文化背景，领导者了解一整套谈判的流程和掌握相关的策略，对于提高谈判水平确实大有裨益。

（一）谈判是领导者的新技能

1. 新领导能力注重人际协调

关于领导者的基本能力，罗伯特·李·卡茨（Robert L. Katz）按高层、中层、基层构建的概念能力、人际能力、技术能力的三大能力的模型为大家普遍接受，卡茨认为，这三大能力对不同层级的领导者要求是不一样的，概念技能的重要性从高层到基层逐步递减，技术技能的重要性从高层到基层逐步递增，而其中的人际技能是通用能力，对每一个领导者都很重要，属于领导者的通用能力，一个成功的领导者必须具有高超的协调能力和良好的人际关系。

卡茨贡献在于将无法列举的复杂的领导能力抽象、提炼出来，形成具有一般性、普遍性意义的三大能力，并且看出了领导能力随着职位的变化而变化。我们在理解卡茨的理论时，还要注意到，这种普遍性能力不是一成不变的，随着时间的推移和环境的变化，能力项目的具体内容在与时俱进，这就是“新领导能力”概念的提出。

彼得·德鲁克在《21 世纪的管理挑战》中指出：“正如其他社会科学一样，管理学对事实有一套自己的基本假设，而这套假设构成了管理学这门学科的范式。在 20 世纪，因为环境的变化，管理的范式（Paradigm）也逐步发生着变化。在 21 世纪，管理的范式仍然会继续变化。如果构成管理学的假设发生了变化，那么管理学的许多观念也必须跟着变化。”①

管理过程学派的代表人物哈罗德·孔茨（Harold Koontz）将法约尔的管理的五项职能计划、组织、指挥、协调和控制进行了完善，将管理职能分为计划、组织、人事、领导和控制五项，而把协调作为管理的本质，作为五项职能有效综合运用的结果。

协调从法约尔的五项职能中独立出来，演变上升为管理的本质，这是对管理概念的理解的逐步深化。孔茨的协调本质某种程度上和卡茨的人际能力是契合的，他们都看到了人际协调在管理中的贯穿始终的不可撼动的地位。这种地位，随着社会发展更加巩固。因为社会的发展使环境变得越来越复杂，在一个稳定有序的社会里，人们需要按部就班的计划、组织能力，而在一个

① ［美］彼得·德鲁克．21 世纪的管理挑战［M］．朱雁斌译．北京：机械出版社，2006.

非线型变化的一个不确定性不断增加的社会里，灵活发挥的协调能力显得尤其重要。现代社会的协调，领导力发挥作用的方向不是单一的自上而下、自左而右，而是双向的、互动的，领导力发生作用的方式不是刚性的、强制的，而是柔性的、说服的，这种影响是互动影响。沟通是协调的桥梁、工具，沟通强调的平等主体、双向反馈、心本先行等品质，和这种互动影响不谋而合，这正是领导沟通变得越来越重要的一个时代背景。

2. 法治社会强调契约精神

传统社会是身份社会，身份社会是建立在血缘、地缘、人缘、业缘这种社会关系之上的，这种人际纽带形成的交往对象都是有特定指向的"圈子"，是一种熟人社会，亲疏、尊卑等因素在社会治理中起很大作用，形成了社会的不平等现象。现代法治社会的建设有一个由熟人社会向生人社会转变的过程，法治社会人的身份是由法律地位获取的，这种地位规定了他拥有特定的权利和义务，社会和国家是人和人之间制定契约并遵守契约的结果。契约的基础是主体平等、权义对等、等价有偿。契约精神鼓励自由竞争和相互约定，提倡开放、交往和协商，这对领导沟通中思想交流、情感联系、相互协作、利益协调提供了手段、条件和保障。在契约精神指引下的领导者，自然会选择协商、说服、交换这种平等主体间常用的沟通方式，所以谈判成为法治社会里各行各业都要具备的通用能力。

3. 市场经济鼓励合作

市场经济的本质是一种分工合作不断展开的秩序，人只需要掌握特定的专业知识和本领，通过交换加入社会协作之中，在满足自身利益的同时带来他人和社会利益的满足，这就是合作的利己主义。所以，合作是市场经济的伦理基础。合作才能谋取多元化主体利益的最大化，才能和谐发展和可持续发展。

合作的思维，就是谈判的思维。

随着市场经济越来越发达，法治社会逐步建立，现代社会环境越来越复杂多变，谈判这一技能应用范围越来越广，在领导活动中所起作用越来越大，谈判策略和技巧也越来越规范，建立擅长谈判的人才队伍的需求越来越迫切，因此，谈判成为领导沟通中占有重要一席之地的新内容，谈判能力成为现代领导人才必备的重要技能之一。

（二）谈出来的利益

谈判的定义是具有利害关系的双方或多方为谋求一致而进行的协商洽谈的沟通协调活动。

这个定义隐含几层信息：一、谈判属于沟通的形式之一，是一种特殊的沟通，具有双重或多重主体。二、达成一致是谈判的目标。三、达成一致的方式是协商，而不是诉诸武力。四、谈判围绕利益展开的。

根据这个定义，推导出谈判的四个特点：一是机会性，谈判意味着带来的新的机会。二是互动性，谈判中能否有效地推动谈判对方立场的移动，对对方的策略进行有效回应，在谈判中很重要。三是利益性，没有利益便没有谈判。四是共识性，谈判一定要引导对方同意和你共同决策，形成一致。

在这四个特点中，最重要的特点是，谈判的本质是利益。

谈判总要以某种利益需求的满足为预期目标，因此，谈判的中心任务在于一方企图说服另一方接受或理解自己的观点以及维护己方的基本利益。但是对这个“利益”二字不同的理解，却形成了对谈判的不同深度的见解，从而导致了不同的谈判策略的选择。

关于利益的划分，谈判理论有几种分法。一种是从利益的性质上分，分为物质性利益和精神性利益。通常人们理解的利益就是物质性的好处，金钱，权势，地位，领土，主权……围绕物质性的好处去谈，物质总是有边界的，利益划分来划分去，总是此消彼长的关系。其实利益还有另外很大的一块空间，就是精神性的好处，荣誉、快乐、名气、尊重、爱慕等，这种精神层面的好处具有成本低、弹性大、见效快的特点，但却常被谈判者遗忘。这种理论提倡谈判者多利用各种方法满足对方精神性利益需求，从而让对方产生愉悦体验和好感，以这种精神福利换取物质性需求的最大化。

另一种是从利益的量上分，分为纯粹分割型利益和隐性相容型利益。纯粹分割型利益就是切蛋糕，你大我小，你多我少，是存量的分割。隐性相容型利益是对我方有利同时对对方也有利，在混合动机中找出可以融合的、创造出潜在价值的需要，从而形成增量的分配。这种理论提倡不要让谈判纠缠在你多我少的立场上，而应该学会寻找增量，创造潜在价值。

还有一种是从主客体关系上划分，分为实质利益和关系利益。哈佛大学的罗杰·费希尔（Roger Fisher）认为，每个谈判者都有两方面的利益，实质利益和关系利益，除了要满足实质利益外，人们也重视对对方关系的保持，关系利益不仅有利于达成一个兼顾双方利益的协议，有的时候，比如在长期客户、家庭成员、同行、政府官员、不同国家进行的谈判，维持关系的意义远远高于某个谈判的结果。所以，费希尔建议在谈判中不要把人际关系和问题纠缠在一起，解决实质问题和保持良好合作关系并非矛盾，合理分开处理更明智，用人际的方式解决人际问题，无须牺牲实质利益换取良好的人际关系[①]。

以一个实际的谈判为案例，这是发生甲午战争后期，李鸿章代表大清帝国到了日本马关，和伊藤博文进行谈判。二人的谈话，中日双方的速记员均有记录，中方史料名为“马关议和中日谈话录”。一方为战场上节节胜利要求赔偿的日方，一方为连连战败要求议和的中方，这样貌似地位对等的两个主权国家，实则实力极不对等，能谈得拢就谈，谈不拢就打，谈判的主动权完全掌握在胜利的一方，失败者几无讨价还价的余地。这种情况下，怎么谈？马关谈判之艰难，主谈者见识之广，双方智力和水平之高超出一般想象，这样高难度谈判的每一个环节、细节，都堪称是谈判学的经典教案（文中节选的马关谈判的内容，选自冯学荣的《伊藤博文和李鸿章的马关谈话》[②]）。

---

① ［美］罗杰·费希尔，威廉·尤里，布鲁斯·巴顿．谈判力［M］．王燕，罗昕译．北京：中信出版社，2009.

② http：//tieba.baidu.com/p/4751710380.

伊藤博文：中堂您这次来日本，一路上还顺利吗?

李鸿章：还顺利，就是在成山停留了一天，承蒙您二位（指伊藤博文和陆奥宗光）在岸上准备场所，感谢你们。

伊藤博文：这里位置比较偏僻，我们找不到与头等钦差（指李鸿章）您的身份相匹配的场所，实在是抱歉!

李鸿章：不敢不敢。

……

李鸿章：贵大臣（指伊藤博文）办事卓有成效，才华高超，心思缜密。

伊藤博文：（日本兴旺）是我们天皇的功劳，我没有什么功劳。

李鸿章：贵国天皇固然英明，但您的功劳也不小。

李鸿章：你们二位（指伊藤博文和陆奥宗光）的家是在一个地方吗?

伊藤博文：没有。不在一起。

李鸿章：你们都是什么时候来这里的?

伊藤博文：陆外署（陆奥宗光）三天前就来了，我是昨天才到的，平时我在广岛和东京之间跑，坐火车要三十几个小时，办理军事、财政、外交等，也是忙死了。

李鸿章：贵国天皇现在在广岛游玩多久啦?

伊藤博文：已经 7 个月了。

李鸿章：你们天皇勤政啊，令人敬仰。

伊藤博文：对啊，天皇什么都管，军事国事，每天的谕旨都是自己写。

李鸿章：这里和世界各地通电报吗?

伊藤博文：电报都通。

李鸿章：哦，那就好，我有电报要发回中国。

伊藤博文：上次贵国张荫桓大人来，我没有允许电报局给他发电报，这次您来不同，我会叫当地电报局给您照发。

李鸿章：当时还没开始谈嘛。

（李鸿章问他们二人年龄，伊藤博文答 55 岁，陆奥宗光答 52 岁）

（冯学荣评：这里有一个魔鬼细节：伊藤博文此时已经安排技术高手，破译李鸿章与北京的一切往来电报，所以稍后日方已经全部掌握中方的谈判底牌）

李鸿章：我今年73岁了，真没想到在这里和贵大臣重逢，您年富力强，精力充沛，逍遥自在啊。

从表面看，谈判双方非常礼貌和气，互相恭维，实则暗藏杀机。为了通过谈判达到自己利益最大化，双方都使尽浑身解数。

（三）双赢的思维

谈判中利益的实现，是建立在双赢思维基础上的。如果抱着“我赢你输”的“通吃”思维坐上谈判桌，结果往往是冲突的升级和谈判的破裂。什么是双赢的思维？就是不违背自己的立场给对方想要的。

1. 谈判是非零和游戏

谈判其实是人和人之间的合作，人和人之间为什么需要合作？经济学提出个“公地悲剧”理论，就是人为了满足自身的利益最大化而不顾整体环境的危机，所得归己，所损归公。避免公地悲剧就是“铁丝网效应”，明晰边界和主权，在产权明晰的前提下，以尊重对方利益来换取自己利益。因此，将谈判视为非零和性游戏，是一种理性的选择。

谈判要求在个人选择自己利益最大化时，理性地对待对方的利益，否则就造成个体之间的不信任和背叛，陷入“囚徒困境”。合作就是非一方所得即另一方所失，而是典型的“非零和博弈”，追求的是“双赢”“共赢”。在诚信的基础上，相信对方的合作意愿，以双赢为目标，那么合作才将变为可能。

2. 双赢并不是你我一样

有一个妈妈把一个橙子给了邻居的两个孩子，这两个孩子便讨论起来如何分这个橙子。两人争来争去，最终达成一致意见，由一个孩子切橙子，另一个孩子选橙子。两个孩子拿着自己的半个橙子回家了。

第一个孩子回到家，把橙子皮剥掉扔进垃圾桶，把果肉放进榨汁机里榨汁喝了。另一个孩子回到家，把果肉扔进了垃圾桶，把橙子皮磨碎了，混在面粉里烤蛋糕吃。

从案例情形看，虽然两个孩子拿到了看似公平的一半，然而，他们得到的东西却未必物尽其用。这说明，他们事先未做好充分的沟通，也就是两个孩子并没有申明各自的利益所在，导致双方盲目追求形式上和立场上的公平，双方并未在谈判中实现利益最大化。

谈判在一种彼此尊重、轻松自然的氛围中进行，强调的是双赢的结果。在这个过程中，彼此互敬互助，进行建设性的沟通，以积极的态度寻找有效的解决方法。彼此在一个和谐共赢的氛围里进行真诚的沟通、智慧的碰撞下，可能会产生新的解决方法，创造新的价值。而这个新的方法和新的价值对双方都是有利的。

有一个妈妈把一个橙子给了邻居的两个孩子，这两个孩子便讨论起来如何分这个橙子。两个孩子想到将皮和果肉分开，一个拿果肉榨汁，一个用皮做蛋糕。其中有个孩子既喜欢用橙子皮做蛋糕，又想用果肉榨橙子汁喝。

结果，想要整个橙子的孩子提出将其他问题拿出来一起谈。他说："如果将这个橙子全给我，你上次欠我的棒棒糖就不用还了。"其实，他的牙齿已蛀得一塌糊涂，父母上周就不允许他再吃糖了。

另一个孩子想了想，很快就答应了。他刚刚从父母那儿要了 5 块钱，准备买糖还债。这下他可以用这 5 块钱去买自己喜欢的橡皮了，他才不稀罕这酸溜溜的橙汁呢。

本案例中两个孩子谈判过程就是不断沟通、创造价值的过程。双方都在寻求自己利益最大化的同时，也满足对方最大的利益需求。

3. 双赢就是寻求共同利益

谈判破裂是共同损失，双方都会更糟。为了避免双败的局面，就要学会寻求共同利益。如果买方在买卖中感觉受骗，卖方实际上也失败了，因为他会失去一位顾客，他总是以单赢的思维做买卖，最终将失去市场。如果领导者总是不顾下属的利益出台政策，下属必定会选择各种反对和抵抗的方法，最终导致领导的无效和组织绩效的降低。

（1）共同利益潜藏在每项谈判中，它们不是即刻可见的，需要用心去挖掘双方关系维持的共同点。共同利益是机遇，不是天上掉下的馅饼，你必须有所作为，才能抓住机遇。

（2）共同利益可以使谈判变得愉快、顺利。人们总认为差异会造成问题，其实差异也能解决问题，协议总是建立在分歧之上的，谈判的过程就是对不同的利益进行相容的过程，寻找你代价最小、对对方好处最大的方案，反之亦然。基于互惠的稳定关系往往是经济利益和个人满足感的巨大来源。

以马关谈判为例，有这样一段对话：

伊藤博文：这次我们谈的是两国大事，影响深远，中堂大人见多识广，希望我们彼此能谈和成功、将来两国都受益匪浅。

李鸿章：在亚洲各国，中日两国最为相邻，又是同文，为何要结仇？今天的纠纷只是暂时的，长远来讲，还是以和好为上策，如果世代为仇，不但对中国没有好处，对日本也没有好处，您看欧洲各国，虽然军事力量强大，但是彼此不轻易打仗，我们都是亚洲国家，应该学习欧洲，希望我们以亚洲大局为重，永远和好，这样我们黄种人才不会被白种人欺负啊。

伊藤博文：中堂大人的话说到我心坎里了，事实上这个话，十年前我在天津就已经对中堂大人说过，谁知道（两国关系）至今还是老样子，实在令人抱歉。

李鸿章：那时候听到您说这个，很佩服，也佩服您推动日本改革，使日本成为今天这样，但我中国的事情，受旧俗牵绊，未能如愿以偿，当时您劝我说中国地大人多，改革应以渐进为宜，转眼间十年了，我国还是老样子，我很抱歉，心有余而力不足啊，贵国日本的军队，以西式练兵，兵精马壮，内政各项也日新月异，这次我去北京和很多同僚聊天，也说到我国必须变法才能自立啊。

伊藤博文：天助有德之人，如果贵国锐意奋发，老天一定会帮你们的，老天对待世人都是平等的，关键在于各国要自强。

李鸿章：您把日本治理得这么好，真的令人羡慕。

李鸿章以中日相仇恨对中方没好处、对日方也没好处为出发点，以亚洲整体利益为考量，引导对方向“议和”的思维发展。这是典型的双赢的谈判思维。

（四）谈判是说服的艺术

谈判是根据对方的处境、心情、动机、态度，审时度势，察言观色，因势利导的沟通过程，使对方接受己方的要求的过程，是说服人心的过程。

其实说服学在20世纪90年代在西方已经成为一门由传播学发展起来的崭新的边缘学科，美国大学的传播系，基本都开有这门课程。说服学的渊源西方有亚里士多德和培养职业演说家的修辞学校，东方有鬼谷子和经史子集里的说客策士。随着现代传播技术的发展，政治说服、商业说服、宗教说服、社会说服地位越来越重要，说服学因此发展成独立的学科。说服学不但研究传播的规律，还要研究人的思想和行为的规律性，研究文化模式对人的传播的影响规律。现代说服学聚焦三大研究：行为研究——行为变化与说服信息之间的联系；过程研究——变化过程和说服信息之间的联系；客方主动性研究——被说服者的主动性。尤其是第三点，已成为现代说服学的一个主线。涌现出H. 拉斯维尔、P. 拉扎斯菲尔德、K. 莱温、C. 霍夫兰等一大批学者和流派。

由于说服学关注的是说服这个行为本身，对一切政治活动、商业活动、管理活动、社会活动都有广泛适用性，它的研究成果对说服式领导理论的基础内容具有直接的可借鉴性。因此，说服学为说服式领导理论的发展提供了重要的基础支撑。

成功地说服对方，把握三个关键点：

1. 用脑：建立结果导向的思维方式

结果导向的思维方式就是牢牢记住“我要的结果是什么”这一主旨，所有的言行围绕这一主旨展开，即有利于结果产生的事做，有利于结果产生的话说，不利于结果产生的事不做，不利于结果产生的话不说。

和结果导向思维方式相反的是应激式思维方式。巴甫洛夫的著名的条件反射实验，就是对应激式反应的揭示。俄国生物学家巴甫洛夫每次给狗喂食物时狗流口水，同时巴甫洛夫按下蜂鸣器，久而久之，即使不喂食物，按下蜂鸣器，狗也流口水。这个实验说明动物有建立刺激—反应的本能。人类其实也有这种本能，遇到烫的东西迅速缩回手，听到坏消息立刻哭丧着脸，遇到攻击立刻想还击……这就是应激式思维，一被刺激，立刻做出反应。这是人的本能状态，属于非理性的判断，在社会生活中常常因注意了眼前的刺激而忘记了更大的目标，常常因过激的反应引起不必要的冲突而导致关系的破裂。

结果导向的思维方式是大局思维，全局思维，战略思维，克服冲动，不被情绪左右，不被细节蒙蔽，坚定地朝着目标迈进，选择一切有利于目标实现的策略行动。

说服首先用脑。说服是一种目的性很强的行为，说服过程中材料的选取、情感的表现、行动的节奏等都要以结果导向为标准进行取舍，这种思维方式的训练，在说服力的培养中，是居于首位的。领导活动本身就是围绕一定目标展开的，结果导向的思维，其实就是领导沟通的思维。

2. 用心：做个受人欢迎的人

在说服中，情感因素对于改善关系作用明显，所有研究情商的学者通过各种例证来强调在沟通中增强人际吸引大有裨益。我们要想说服别人，前提是要消除对方对你的心理提防，他打开心扉先接受你这个人后才能接受你的观点。所以，用心去感受对方的情绪，以对方为中心，从感觉层面、认知层面、下意识层面建立起对方对你的好感，你的吸引力将是说服他人最好的通行证。领导说服中最大的障碍往往就在这一点上。传统命令式的领导是以自己为中心，关注的是“我怎么表达痛快”，而不是“他怎么感觉舒服”。所以，领导想说服别人，首先是改变自己。

天下至柔莫过于水，而攻坚者莫之能胜，真诚友爱的方式比暴力更容易改变别人的心意，西方的谚语“一滴蜂蜜比一加仑胆汁粘的苍蝇多”，也是这个意思。说服者的魅力在于用心去征服人。

3. 用嘴：学会说服式表达

领导说服力开发的最后，才用到嘴的功能。当前面的工作全部做到位了，这时才需要说服者说。谈判桌上的劝说术有几种：

（1）用让人自我评判的方式去说服对方。这种方式是先说理，把对方引入你预先安排好的“轨道”上，让他觉得你言之有理，你话锋一转，用他承认的道理去评判自己的行为。

晋代有个新郎新婚之夜见新娘长得不漂亮，心中不乐，就一直背对新娘。新娘问：“人们说的好妻子应该是什么样子的？”新郎说：“孝顺父母，尊重丈夫，说话和气，干活利索，模样漂亮。”新娘说：“我除了最后一条其他都具备，只是模样是天生的，我也没办法。”然后新娘问新郎：“你是读书人，我问你，一个人的好品德有哪几样？”

新郎哼了一声：“我都具备。”新娘说：“好品德第一条就是重德不重貌，你以貌取人，不是重貌轻德吗？怎么都具备？”

新郎无言以对，觉得妻子说得有道理。经过一段时间的生活，新郎发现新娘确实是位有见识和才干的贤内助，便由衷地敬重她了。

（2）用经验去说服对方。说服中，经验比直截了当的大道理有效得多，因为谈判中的劝说是建立在为人处世的经验上，经验形象生动又具有事实性，更容易让人接受。

1939 年，美国总统罗斯福的私人顾问萨克斯受爱因斯坦等科学家的委托，去说服总统研制原子弹，罗斯福不为所动。萨克斯换了一种思路，“我想讲一点历史，”他微笑着看着总统，“英法战争期间，在欧洲大陆上不可一世的拿破仑在海上屡战屡败，这时，一位年轻的英国发明家富尔顿来到这位法国皇帝面前，建议将法国战舰的桅杆砍掉，撤去风帆，换上蒸汽机，把木板换成钢板。可是拿破仑却想，船没有风帆就不能行走，换上钢板船会沉没，于是他二话不说命人将富尔顿赶走。历史学家们后来评论道，如果拿破仑采取了富尔顿的建议，19 世纪的欧洲史就得重写。”罗斯福总统沉默良久，然后对萨克斯说：“你胜利了！”

（3）用信念激励的方式说服对方。用坚定的信念激励起人们为之奋斗的热情，用激发自尊心的方式激发人的毕生追求，是一种简单直接、充满力量的说法方式，而且直接触动了对方内在价值观层面的认同，往往能奏效。

在美国南北战争期间，林肯经常发表演讲，每当他抨击奴隶制度时，听众的情绪总是热烈和愤慨，因为林肯坚信正义在自己一边。在芝加哥演讲时，林肯说：“自由社会现在没有失败者，而将来也不会失败。”全场听众站起来，爆发雷鸣般的掌声，连在场的记者也被充满信息的演说而引起的轰动搅昏了头，竟然忘记动笔写报道。

林肯的说服艺术无疑是他政治道路上一把锋利的铁斧，使对方惊叹感染，从而接受他的思想观点和建议主张。

4. 用力：动用一切有利的资源

说服人要学会借力，将各种外部资源化为己用，形成综合力量影响对方。

领导者可以利用职位优势增强说服力，因为领导职位具有天然的“势能”，这种势能是通过一整套合法的程序保障的，具有客观性和权威性；领导者可以利用专业优势增强说服力，因为具备专业性本身就是接受过正规训练、拥有常识、经验丰富、方法得当最好的佐证，是自带的内行形象的“光环”；领导者可以利用多种工具增强说服力，比如不仅运用语言工具，可以借助数据、图表等方式加强对自己观点的实证效果，还可以借助 PPT、视频、实物等展示，将听觉效果和视觉效果结合起来，更有冲击力。

谈判是说服的艺术，说服不是信马由缰，不是冲动任性，不是咄咄逼人，不是居高临下，也不是言不由衷，也不是词不达意，说服的关键是帮对方产生自发的意志，是用脑、用心、用嘴、用力的综合运用的最佳呈现。

二、谈判过程

每个人的第一次谈判大多数发生在餐厅而不是董事会会议室，人们一般是在玩耍中学习谈判，而不是非得接受正规严格的谈判训练。非正式的谈判时时发生，所以说起谈判好像都有点懂，但要真正掌握谈判的流程，娴熟运用各种策略、技巧，还真是有很多要学的本领。

（一）步骤1：前期准备

弗朗西斯·培根有句名言："在所有艰难的谈判中，谈判者不应该指望能立刻取得进展或达成协议，而应当做好各项准备工作，逐步取得成果。"

谈判有四大流程：前期准备、开局、交锋与妥协、达成协议，其中导致协议达成的最重要的环节是前期准备，准备不足匆忙上马，会陷入被动而失去掌控权。如何准备？

1. 时间准备

什么时候谈好？上午？下午？晚上？有人说上午精力好，头脑清醒，最好上午谈；有人说下午对方昏昏欲睡，我们乘虚而入，最好下午谈；有人说晚上手段多，各种非正式交流的辅助手段有利于增进感情俘获对方，最好晚上谈。其实上午你精力好，对方精力也充沛。下午对方昏昏欲睡，你也头昏脑涨。晚上你手段多，对方手段也多。

那么什么时候谈好？答案是不在于是上午还是下午，不在于是白天还是晚上，关键是准备好了再谈。是否做好充分的准备是能否开启一场谈判的重要界限。犹太人是谈判专家，认为谈判是没有硝烟的战争，三言两语，可以赢得人心，可能导致杀身之灾，哪怕是一场很小的谈判，他们事先都要做大量充分的准备，犹太人因此在谈判桌上能够从容不迫，应对自如。

2. 地点准备

在什么地方谈？打主场还是打客场？球迷都知道比赛打主场的好处，首先熟悉环境，获得心理安全感。其次方便调动资源，为己所用。再次拥有我方大量的支持者，营造利我的氛围。谈判也是一样，打主场具有天时地利人和的优势，尽量争取打主场。

但是如果对方也要求打主场，怎么办？尽量不打客场，除非万不得已，打客场容易陷入对方的主场优势里，弄不好会局面被动。这个时候一般考虑选择第三方。小皮包公司和客户见面在哪里？麦当劳，一杯饮料和客户谈了两小时，因为他的公司就一张办公桌一部对话机一台电脑，实在不便客户光顾。稍大点的公司和客户在星巴克谈，一杯咖啡谈了两小时。不仅商务谈判如此，政治谈判也遵循这个规矩。美朝谈判在哪里谈？既不是美国，也不是朝鲜，选择第三方中国。

3. 人物准备

派谁出面谈？人物的选择涉及背景资历、权限和专业性几方面因素。说服学理论认为有三种人具有影响力，比较容易说服人：有专业权威的、有社会地位的、熟人。所以，选择派出去谈判的人一般要具有这几方面的条件。

在人选问题上，还需要注意三点：

一是具有最终拍板权的人一般不轻易出面，因为万一前面谈的条件不符合我方意图，他可以行使最终否决权来扭转局面。

二是如果对方质疑我方派出去的人权限不够，我们的应对思路是："组织既然派我来，我是代表组织来谈的，是得到组织授权的。如果超过权限，我自然会请示领导。请先和我谈。"

三是当对方派来个地位不高、说话不算数的人跟我们谈，我们采用闲聊策略，请教对方一些问题，然后找理由离开，下次约领导详谈。

马关谈判中，有这样一段对话：

伊藤博文：上次贵国派张荫桓、邵友濂二位来日本谈和（二人官阶太低），似乎没有诚意，这次中堂大人您来了，我们才相信贵国的诚意。

李鸿章：我国如果没有诚意，就不会派我来，我如果没有诚意，也不会来到这里。

可见，谈判者的身份地位和威望，影响着谈判的效果，是人物遴选时要充分考虑的因素。

4. 目标准备

前期准备中最复杂也是最重要的是目标准备。一般要准备三个目标：开局的条件、可能成交的条件和底线条件。有了这三个目标，就能做到心中有数，成竹在胸。而这三个目标的确立，绝不是拍拍脑袋就能出来的，一定是建立在深入调研和掌握大量数据、资料的基础上做出的决策。

马关谈判的第二场，关于是议和还是停战，双方唇枪舌剑，你来我往。

伊藤博文：昨天你们提到停战一事，我们的回复已经准备好了。

（日本书记官用英语朗读停战条款）

陆奥宗光：英语的叙述，比较清晰。

李鸿章：现在日本军队并未到大沽口、天津和山海关，为什么在停战条款里面声明日军需要占据这些地方？

伊藤博文：是贵国要停战，所以我军应暂时占据这些地方，作为担保。

李鸿章：这三个地方中国部队较多，你们日军来占，那我们去哪儿？

伊藤博文：随便你们去哪儿，中日两军要事先划定中间地带。

李鸿章：两国军队相距太近，容易惹是生非，而且在天津我国官员也很多，他们又退往何处呢？

伊藤博文：这是细则了，不必现在谈，您首先告诉我：对于停战条款，您同意还是不同意？

李鸿章：细则也是要事先问清楚的，因为有些细节很重要，不得不事先说明白。

伊藤博文：您先仔细看看条款，然后再说吧。

李鸿章：天津是通商口岸，难道你们日本要管辖它？

伊藤博文：可以暂时交给日本管理。

李鸿章：日本兵到了天津，兵营将设在哪里？

伊藤博文：你们中方部队退出兵营，我们的兵就住进去，如果不行，那么我们另行建造兵营。

李鸿章：那……你们是想待着不走啦？

伊藤博文：这个要看停战多久了。

李鸿章：停战多久，是谁说了算？

伊藤博文：停战期间的长短是你我双方谈，但不能拖得太久。

李鸿章：既然待不久，我们何必要将这三处地方让出？且这些地方都是兵家必争之地，倘若议和失败，那你们岂不是反客为主了？

伊藤博文：停战期满，谈和成功了，我们的兵自然会退出。

李鸿章：中日两国是兄弟之邦，您开的停战条款，未免逼人太甚了，可不可以另找其他办法？

伊藤博文：暂时没想到其他办法，现在两国交战，是你们要停战，那么我们当然要占据有利地点，我们才不会吃亏，按照国际惯例，停战有两种：一种是全面停战；另一种是指定几个地方停战。中堂您说的是全面停战啊。

李鸿章：可不可以先议定某几个地方停战？

（续上篇：谈判之初，李鸿章提出停战的要求，因为清军在战场上一路败北，李鸿章一方面希望通过停战，挽回清军不必要的伤亡，更重要的是通过停战，暂时压住日本的兵锋，以防日军步步逼近北京，不料伊藤博文老奸巨猾，他说：停战可以，但是您要允许日军进驻山海关、天津和大沽口。这样一来就掐住了大清的咽喉，李鸿章深知这样十分危险，所以不敢答应，于是两人继续打太极……）

（冯学荣点评：注意，停战与和平不是一回事，停战是暂时性措施，和平是两国长远协定）

伊藤博文：那您老希望哪几个地方暂时停战呢？

李鸿章：承蒙贵国邀请，我来贵国谈和是诚心诚意的，我的国家也是诚意满满的，刚开始谈停战，您就开口要求占据我国三处险要地点（天津、山海关、大沽口），我身为直隶总督，这三个地方都是我的辖区，您叫我的老脸往哪儿搁呢？试问伊藤大人，将心比心，如果换了您是我，您会怎样想？

伊藤博文：中堂您来日本谈和，此时两国并未停战，您为了贵国，希望停战，我为了日本，要停战的话，只能这么办。

李鸿章：希望您给个替代方案，以显示贵国真有和平诚意。

伊藤博文：我实在没有其他办法，两国相争，各为其主，国家大事与个人交情是两码事，停战是在打仗期间谈的，我是依照国际惯例提的方案。

李鸿章：我们两国既然要谈和，那么就应该停战，如果一边谈一边打，那么谈和的诚意在哪里呢？

伊藤博文：如果要停战的话，那么我们的条件不会变，如果您不认同，那么我们可以将停战一事搁置不谈，先谈别的。

李鸿章：如果说我们暂时不谈停战，先谈和平条款，您可以出示条款给我看看吗？

伊藤博文：中堂的意思是不同意停战条款？直接谈和平条款？

李鸿章：昨天会议上我已经说了，我们谈和坦率，从来不说假话，您所提出来的停战条件（日军占据天津、山海关、大沽口），我们实在很难答应。

伊藤博文：是中堂您先提出停战要求，我们才摆出那些条件，如果您不提停战，那么我们当然可以先谈和平条款。

李鸿章：我们两人忠心为国，但也需要顾及大局，我们国家根本没有准备和外国打仗，我们招的新兵，都还没有来得及训练，今天既然到了这个地步，我们中日两国是邻邦，怎么能长期相争？从长远看还是要和好，但是要和好，则需要给我们国家留个体面，否则我国上上下下一旦伤了心，则和平也很难持久，我说这个天津山海关，是北京的门户，请贵国的兵，不要攻击这些地方，否则北京震动，我国会很难堪，我也会很难为情，而且这次两国交战，其实是为了朝鲜，今天我军已经退到奉天（沈阳）了，贵国的兵也差不多杀到直隶了，如果贵国的部队不攻击天津山海关的话，则我们可以暂时不论停战，直接谈和平条款。

伊藤博文：今天的局势发展到这个地步，也不是我的责任，战争一打起来，打到什么地步为止，谁能预料？其实从一开打，我就有心谈和，只是贵国一直没有谈和的诚意，从现在开始，战争的局面又将有大变化，所以只要贵国想停战，那么我们必须占据天津、大沽口、山海关为担保。

李鸿章：这样好吗？我签字同意这三个地方质押给贵国，但是贵国不必真的派兵占领，可不可以？

伊藤博文：那如果我们在停战期间谈和不成，这三个地方还不是要打？

（中方）参议：这样吧，我们不停战，但是在谈和的过程中，我们定一个期限，在这个期限内，日军不攻击这三个地方，可以吗？

伊藤博文：这样还不是一样交战？只要谈和未成一天，两国军队就互相攻击，很难指定不打哪里。

李鸿章：您把和平条款先亮给我们看看？

伊藤博文：那么停战一事，你们是谈，还是不谈啦？

李鸿章：暂时搁置吧。

伊藤博文：你现在说不谈停战，但是等我们谈和平条款时，你们始终还是要提起（停战）的。

李鸿章：您不是说过吗？停战有两种，第一种是全线停战，第二种是局部停战，我们要求贵军不攻击天津、山海关、大沽口，就是局部停战嘛。

伊藤博文：您其实是希望全线停战，但是我们日本兵分布很散，很难全线停战，而且您说的这些地方（天津、山海关、大沽口）停战，我仔细想了下，其实很难保证，而且局部停战只适用于战场上的停战会议，我们位处马关，离战场这么远，就没有必要谈局部停战了。

李鸿章：请贵大臣您出示和平条件。

伊藤博文：我说过了，请您首先确认，是不是不谈停战啦？

李鸿章：贵方开出的停战条件，太过苛刻，我们做不到，但是贵国既然请我来了，就一定预备有议和条款，对不对？

伊藤博文：对的，我们的和平条件，已经拟好了。

李鸿章：那么就请拿出来给我们看看吧。

伊藤博文：那么停战一事，就真的不谈啦？

（冯学荣点评：伊藤博文其实很希望李鸿章答应日方的停战条件，因为这样日军就可以掐住清廷的咽喉，则日方的谈判筹码就更多）

李鸿章：停战条件，我方很难办到，而且您又没有替代方案，既然这样，我们就先谈谈和平条款吧。

伊藤博文：那么您提出的停战请求，您是撤回请求呢？还是声明不能接受停战条件？

李鸿章：如果我声明不能接受停战条件，贵方会怎样做？

伊藤博文：如果那样的话，谈和就要另找时间、重新安排了。

李鸿章：您的意思是还没有拿定主意？可是您刚才不是说和平条件已经拟好了吗？

伊藤博文：那就看您怎样回复我的停战条件了。

李鸿章：我打算回复说，停战条件我方很难接受，暂时搁置，请立即开始谈和平条件，这样行吗？

伊藤博文：中堂刚开始看到停战条件的时候，说仔细想想然后再回复，可是转眼间又说万万不能接受，我们还是请中堂您先仔细考虑一下，然后再回复我们吧。

李鸿章：那么就给我几天时间、让我好好想想吧。

伊藤博文：要多少天？

李鸿章：一个礼拜。

伊藤博文：太久了。

李鸿章：假如我回复说停战条件无法接受，那么您到底还和我议和不议和？

伊藤博文：还是请中堂您先将我方的停战条件仔细斟酌一下，要么您整个将停战要求撤回，我当作没有听到，然后我们就可以直接谈和平条件，我只是不希望您在谈和期间不断请求停战、停战、停战。

李鸿章：其实只要和平条件谈妥了，不用谈停战，自然也停战了。

伊藤博文：贵大臣您到底需要多少天答复我？

李鸿章：四天之后答复。

伊藤博文：最晚三天吧，而且是越快越好。

李鸿章：我希望贵国开出的和平条款，不要像停战条件这么过分。

伊藤博文：我认为不过分。

伊藤博文：太过分了，也谈不拢。

伊藤博文：我们两国派大臣会谈，意义正在于此。下一轮谈判，我们什么时候举行，我们可以提前约定。

李鸿章：让我好好想想。我的回复公文写好之后，是我亲自交给您呢？还是我派人送到您府上？

伊藤博文：随便，无所谓。

李鸿章：我回复公文写好之后，派人找您，再约下一轮谈话时间。

（伊藤博文问陆奥宗光，陆奥宗光说对，这样办可以）

李鸿章：我只希望贵大臣以大局为重，您所提出的和平条款，千万不要超出我的权限。

伊藤博文：我也很愿意顾全大局，有益于中日两国，只是不知道贵国会怎样回应。

对于中方，最理想的目标是先停战再议和，议和是最终目标。对于日方，想以停战为诱饵占领天津、山海关、大沽口，钳制中国和索取高额赔偿为最终目标。中方自然不同意日方占领天津、山海关、大沽口，就提出替代方案“同意这三个地方质押给日本，但是日本不真的派兵占领”，日方也不同意。最后中方提出搁置停战方案，直接谈议和方案。李鸿章一直很清楚，此次谈判最终要达成的是议和的目标。

沃顿商学院的理查德·谢尔教授在《谈出你的优势》一书中，推荐了一种进行情境分析的矩阵图，可以当作目标准备的分析工具。

一般说，以谈判各方对正在建立的关系的重要性的判断和谈判各方涉及的利益认识为维度，谈判存在 4 种不同情境：

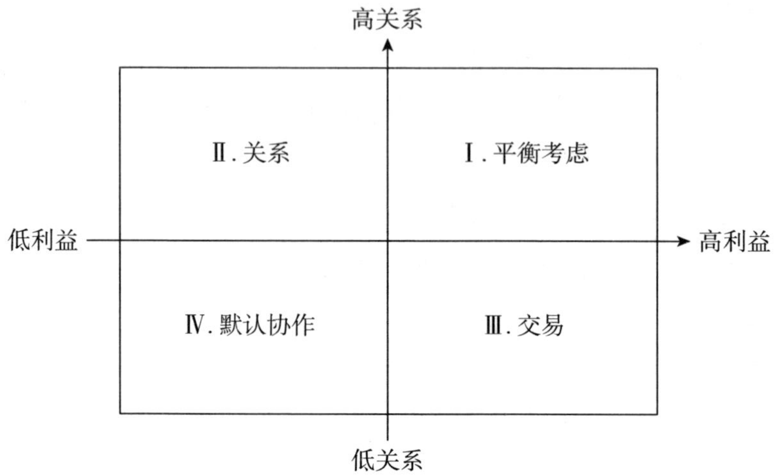

图 5.1　情境矩阵

图中第Ⅳ象限结合了低利益冲突和低未来关系的特点，比如在十字路口两位司机相遇，是默认协作关系，双方不需要花心思去避免冲突，也没必要进行多次的谈判。

图中第Ⅲ象限利益问题远远比未来关系更重要，比如陌生人之间进行的房屋买卖等以市场为媒介的行为，是典型的交易关系，通过“讨价还价”方式进行。但实际上的交易没这么简单，建立某种形式的工作关系在谈判中还是很必要的。

图中第Ⅱ象限关系对达成协议具有重大影响，要讨论的具体事务则是第二位的，比如夫妻间的婚姻关系、对中层干部的管理等，这就是关系象限，我们应努力善待谈判的另一方，把关系的维护放在首位。

图中第Ⅰ象限是四种情况里最复杂的，既希望未来关系稳固，又不愿支付过高费用，这是平衡关系，比如劳资纠纷，合并、部门协作、战略同盟等。这以象限就是在利益关系和未来关系上各有取舍，找到一个合适的平衡值。

（二）步骤 2：开局

有一句名言：谈判是场表演。的确，谈判开始，每个人就像演员，一旦大幕拉开，大家按角色要求登场，说该说的话，做该做的事。

做好前期准备，谈判正式开始。开局阶段，最主要的任务是交换信息，这个任务也分为几个环节完成。

1. 双方介绍

无论正式谈判还是非正式谈判，谈判桌上坐下来，首先是由已方代表分别向对方介绍已方人员，在这些简短介绍中，你可以了解对方的姓名、职务、简历以及在谈判中的地位和背景，便于把握认识谈判对手。

2. 通过谈判议程

接下来通过谈判议程。谈判议程是本次谈判活动的各项事项安排与时间安排，通常是委托乙方代拟的，因此在谈判开始前需要正式通过一下。它是本次活动的基本依据，需本着双方有利的原则来制定。

3. 概说

概说的目的是想让对方了解自己的想法和目的，双方做一些双向沟通，但并不是让你全盘端出，只是说应该说的话，隐藏不想让对方知道的东西，主要是投石问路。

这个环节一定要注意倾听，了解对方真实的意图和反应，不清楚的可以待对方发言结束后询问。

概说的主要任务是开出已方条件，在这个问题上需要采取非常审慎的态度。有两个策略可以运用。第一个策略是让对方先出牌。在谈判中，“沉默策略”常常很有效，相反是“谁先说话谁先死”，因为先说的一方先暴露了火力，另一方就能有的放矢了。这个策略强调尽量多占有信息后再出牌。第二个策略是“高开低走”。高开等于远离期望条件，低开等于接近或等于期望条件，因为信息还不是足够，开低了，没有余地，高开具有万一对方答应的可能，高开还布个局，最后的让步，会给对方占便宜的感觉。但究竟高到什么程度？这个取决于实力。实力的核心依据对供求关系的综合因素的分析，比如对需求、底线、成本、竞争对手等信息的掌握。知己知彼，百战不殆，就是这个道理。

4. 明示

开出条件后，一般是出现一些意见分歧的，我们“高开”后，对方一般一定不同意，对方“高开”了我们一定反对，这时候，有个坚持还是让步的选择。答案是坚持住，别让步。越是让步对方越会觉得你开的条件过虚，而谈判恰恰是互相探底的过程，你越让步对方越觉得还有空间，得寸进尺。所以，在开始阶段的最后，进一步明示己方的优势之处，暗示对方自己所开条件的合理性。

（三）步骤 3：交锋与妥协

当双方各自亮出条件表达愿望后，接着就进入一连串的回馈反应环节，即进入讨价还价的交锋环节。提出要求——表示考虑——交锋磋商——坚持或让步，通过多次反复交锋，双方的观点渐趋一致，分歧或差异慢慢缩小，通过妥协达成共识。

对立是谈判的命脉，因此，谈判中要有心理准备，随时回答对方的质询，但谈判不是摔跤比赛，交锋不是证明一方强于另一方，而是利用“施”与“受”的原则划出双方妥协的范围。

在交锋中，双方都想说服对方，会在对方提出一个观点后接着反驳对方，但在反驳时，尽量不要用对抗性的绝对化的语言，“你要么接受，要么放弃”“那是绝对不能协商的”，这些语言表明了没有谈判的诚意，难以将交锋引入妥协环节。

这个环节是多种策略综合运用的高峰阶段，能否娴熟地运用这些策略和技巧，往往是谈判者老练与否的标志。

1. 遛马策略

有经验的牧马人知道，当一匹马不驯服的时候，要遛它而不是抽它。谈判对方一开始不同意是很正常的，这时可以采取遛马策略，用各种信息消磨其意志，分散其注意力，或拉近距离，增进情感。

遛马策略分为用正事遛和闲事遛。正事就是和谈判主题直接相关的事，如“为什么我们卖的价钱比别人高？因为物有所值啊。我们的原材料是进口的，它的好处是……”闲事就是和谈判主题不相关的事，吃喝玩乐天气政治网络热点都可以聊，目的是改善气氛，拉近距离，增进好感。

2. 踢球策略

踢球策略就是对方的一个问题过来，你不要直接给答案，而是通过反问，把球踢回去，让对方自己解决。运用这种策略的好处是面对棘手的、不便回答的或感觉到对方缺乏善意的问题，既避免了不回答的尴尬，又给对方施加了压力。

请看央视主持人王志和易中天教授的一次对话，双方斗智斗勇的过程中，易中天教授多次运用踢球策略，成功化解了王志尖锐的提问。

王志（以下简称王）：你介意商业炒作吗？

易中天（以下简称易）：你先说说什么是商业炒作？

王：我们经常说“以史为鉴”，你看呢？

易：以谁鉴？若是给君主看就是资治通鉴，如若给大众看，那就是品人性。

王：你是个传播者还是研究者？

易：我是一个“大萝卜”。

王：什么“大萝卜”？

易：一个学术“大萝卜”。草根，健康，怎么吃都行。这是我追求的一个目标：学术品位，大众口味。

王：你退休后是否会发挥余热，再到大学讲课？

易：不再去了，但不反对其他退休教授去。

王：为什么不？

易：为什么要？弄清了为什么要，就知道为什么不。

王：你弄清了为什么要吗？

易：我当然弄清楚了。

王：你还是没有告诉答案。

易：这个问题私下告诉你。

3. 拖延策略

拖延策略就是用时间换机会，放慢谈判节奏甚至暂时搁置。这个策略用在对方拖不起时特别有效。迫于时间压力，当对方急于将事态明朗化时，对方心理上就做出了让步的准备，我方的条件比较容易达成。

4. 蚕食策略

蚕食策略就是当一个目标比较大时，可以采取分割蚕食的办法，分解成若干个小目标，一个一个地突破。蚕食策略一般是己方处于弱势或下风时采用的保存实力的方法，蚕食策略不至于全盘皆丢，能有效地保护局部利益的实现。

5. 红白脸策略

红白脸策略就是谈判团队中要有分工，有扮红脸的，有扮白脸的，互相配合，发挥各自职能的优势。“红脸”负责营造友好气氛，“白脸”负责降低对方的期望值死守自己的阵地不松口。一般在谈判中负有一定领导权的扮“白脸”合适，助手来扮“红脸”，当谈判因“白脸”的坚持陷入僵局时，“红脸”适时出来打圆场。“红脸”利用和对方建立的好感获取信息，为“白脸”的决策提供依据。

马关谈判中，日方开出 3 亿两白银的赔款，中方还价 1 亿两，但日方破译了中方的电报，知道中方底线是 2 亿两，所以，一下子降到 2 亿两。但李鸿章不知道日方掌握了中方的底线，仍然和日方还价。虽然最后没能降价，但整个讨价还价的过程，真是费尽心思，说好话、说狠话、哭穷、算账，一直想遛晕对方，还是十分精彩的。

李鸿章：如果贵国天皇不批准您去当我们中国的首相，您就去不了，我们都是给皇帝打工的，所以也请您设身处地、将心比心，体谅我的处境，如果照二亿两白银这个数字，写进条约，外国就知道我们必须找它们借钱才能还债，到时候它们一定要挟我们、支付昂贵的利息，到时候我们借不到钱，还不上赔款，最终又是失信于贵国，到时候我们两国又只能重新开战，您又何苦对我国相逼太甚呢。

伊藤博文：借钱还债，这是你们中国的事情，与我无关啊。

李鸿章：我们没钱偿还赔款啊，怎么办呢？

伊藤博文：正是因为我们深深知道贵国有困难，所以我们才减到这个数（从三亿两减到二亿两），已经实在没有办法再减少了。

李鸿章：还是要请您再减少一些。

伊藤博文：实在是减不了。

李鸿章：首期赔款缴纳之后，剩下的款项以每年5%的利率收取利息，德国对法国就是这样算的，但是中国自从道光、咸丰年间以来，三次偿还英国和法国的军费，都没有计算利息，只是到期拖欠没还的时候，才加算利息的，贵国这笔钱，怎么能够参照西方各国的例子呢？

伊藤博文：如果全部赔款都能付清，自然不用计算利息。

李鸿章：但是二亿两白银，我国实在是给不起，这样好吗？我们每年给贵国支付5%的利息，本金就不用还了，可以吗？

伊藤博文：这种做法实质上就是相当于找我国（日本）借二亿两白银，我国没有这么多的钱出借。

李鸿章：贵国根本不需要实际借出本金，贵国只管收取利息即可。

（冯学荣点评：李鸿章这是要空手套白狼，除非伊藤博文是傻子，否则都不会答应，李鸿章是要将死马当活马来医，也实在是没办法了）

伊藤博文：这个办不到。

李鸿章：（除了首期之外）余下的款项，可以加息，但是我们只支付利息，不实际偿还本金，这是我提出的办法，请您仔细考虑下。

伊藤博文：一般而言，打仗之后的赔款是要一次性付清的，这次我们之所以答应你们分期付款，就已经是给了你们轻松了。

李鸿章：赔款一次性付清，世界历史上没有这样的先例，当年德国和法国之间的战争赔款，也是分期支付的，现在我们中国先支付利息，等到我们慢慢筹集到足够的本金了，再支付本金，这样可以吗？

伊藤博文：这个也办不到。

李鸿章：既然这样办不到，那么（除了首期之外）余下的款项，就应该免息，这笔赔款本身就数额巨大，如果再加上利息，就相当于赔款两次了。

伊藤博文：如果一次性付清，或者虽然分期，但是分期的期限较短的话，可以给你们免息。

李鸿章：我们的国库早就空了，必须借外债，这样好吗？等我们借到了外债，到时候再将分期的年限缩短，行不行？

伊藤博文：条约内必须锁定还债分期的年限（意即不可随意更改）。

李鸿章：我们在条约内加上这么一句，说如果中国可以提前还清的话，余款就可以免息，好不好？

伊藤博文：如果能将款项付清的话，利息可以免掉。

李鸿章：首期我们付清了，就应该免息，而不论我们首期交了多少。

伊藤博文：首期应该交五千万两白银，此后一年内再交五千万两，如果第二年全部交清的话，可以免息。

李鸿章：如果第二年的钱我们交不清，余款可以免息吗？

李鸿章：看余款有多少，如果数字不大的话，就免掉利息怎样？

李鸿章：利息我们实在是无法接受，这次（甲午）战争，日本虽然打胜了，但是你们总没能强得过英国和法国吧？当年英国法国对中国，赔款都没有强行要求利息（此处疑指两次鸦片战争以及中法战争），这次我们给你们日本支付分期利息，中国人一旦知道，舆论必然大哗，况且这次赔款本身数额就巨大，如果再加上利息，那就真的是不得了。

伊藤博文：看贵国能不能全数付清了。

李鸿章：只要您答应免息，一定全数付清，自不用劳烦阁下多说。

伊藤博文：所谓全部付清，也不是叫你们一次性付清，如果能在两年内（分期）付清，那么可以免掉你们的利息。

李鸿章：我无法答应，借债的权力不在于我，而是另有其人，到时如果能借到，自然能立马还清，日本虽然打了胜仗，但是也不要欺人太甚、强迫我们办我们办不到的事情。

伊藤博文：您说办不到，是不是不同意的意思？

李鸿章：我这次来谈和是真心诚意的，不能说假话，办不到的事情，我不得不直说。

伊藤博文：从我给出的方案来看，我们已经尽力减少要求了。

（四）步骤 4：达成协议

谈判最后的阶段是结束谈判并达成协议。结束过程可能简单顺利，也可能令人焦虑。

1. 用短缺效应制造紧迫感

心理学研究发现，当人们认为某事物的供应快枯竭时，就会产生更想要的动机和快要的急迫感，还会有想要更多的冲动。这就是“短缺效应”。如果想快速结束谈判，可以充分发挥短缺效应的优势，比如强调许多竞争者都同意物品的需求导致的短缺，利用时间耗尽导致的期限短缺，甚至推出谈判导致的短缺，给对方施加压力，暗示对方为避免夜长梦多而做出尽快结束的决策。

2. 用温和的评分差距办法结束谈判

在关系型谈判中，短缺效应也许能起一定作用，但维持关系因为更重要，所以选择的策略应该趋于更温和一些。评分差距可能是使用最多的谈判结束技巧。所谓评分差距办法，也称“折中策略”。相关研究表明，在任何给定的谈判中，最有可能的共识就是双方初始要求的中点。生性偏好妥协的谈判者喜欢抄近路完成谈判，就是把双方的两个初始数字放在谈判桌上，然后取中间值。

注意，在谈判中自己尽量不要主动提出评分差距，应鼓励对方提，一般在对方提出评分差距后，就表明他想结束谈判了，这时我们提出在此条件下再砍一点，对方一般为满足结束谈判的需求而会让步同意。

3. 不满足于约定，要获得对方承诺

所有谈判的目的不仅仅是达成协议，更是为了获得承诺。你希望对方能够忠实地履行协议，既需要举行简单的握手签字仪式，即取得合同、社交仪式的承诺，还需要通过精细的手段保证承诺的兑现，比如明确的惩罚措施，安全债券、保证金、预付定金等就是经常采取的约定承诺。

三、非暴力沟通：人际冲突管理

谈判过程中充斥着冲突，主要是表现为利益冲突和人际冲突，利益冲突是由谈判双方的立场决定的，人际冲突却是和谈判者的沟通水平紧密相关。谈判者本身是利益对立的双方，但并非有利益冲突的人必然要发生人际冲突，高明的谈判者能将人和事分开，在利益上步步为营，在人际上与人为善，避免树敌结仇。如何在利益对立的格局下避免人际冲突，这也是谈判中很重要的能力。

人际冲突应该是个很大的概念，很多研究沟通的书都是作为独立的章节来处理的。我们发现，虽然人际冲突会出现在各种场合，家庭、同学、朋友、工作团队、劳资关系、领土纷争、外交会晤等，冲突呈现的现象也是形式各异，但处理冲突的思路却是有规律可循的。运用非暴力沟通的思路是冲突管理的总原则，即探寻和平解决冲突之道。非暴力沟通是美国著名心理学大师卡尔・罗杰斯的学生、和平之桥奖得主马歇尔・卢森堡博士发现了一种沟通方式，依照它来谈话和聆听，能使人们情意相通，和谐相处。这种方式通过建立联系使我们能够理解并看重彼此的需要，然后一起寻求方法满足双方的需要。这恰恰就是谈判中一直要遵循的利益原则和双赢原则。谈判的前提就是发生了冲突，需要寻求不诉诸武力的方式解决，因此，谈判具有的冲突管理的各种典型要素，我们将冲突管理放在了谈判的章节中。谈判中能处理好冲突的人，在其他人际冲突中同样会冲出重围，柳暗花明。

（一）认识冲突

关于冲突的定义，有多种不同的描述，我们认为，冲突是至少两个互相依赖的主体在实现他们的目标的过程中，彼此觉察到了目标的互不相容、资源的不足或情感认识的不一致，并引起的相互作用的状态。

我们可以通过以下三点来理解冲突。

1. 发生冲突是很自然的

由于各个主体的目标、利益、情感、认识等的差异，所以，冲突的产生就不可避免，冲突并非是敌对者才有的专利，在每一个深层次的关系中，都有冲突存在，所以，冲突就是人际关系的一部分，是一种自然的发生。

2. 冲突可以是有益的

因为冲突通常含有否定的意思，容易联想到的是争吵、抵抗、竞争、斗殴、挣扎、占领等负性词汇，所以很多人认为冲突是坏事情。事实上，冲突也具有积极的一面，如果能看到冲突的益处，是能解决冲突迈出的第一步。你对冲突所持的态度，事关冲突解决的成败。

冲突的第一大益处是冲突将沟通作为首要任务提示了出来，如果能采取有效沟通，原先的友好关系会变得更加坚韧，原先的对立关系会转化为积极关系。也就是说，冲突使关系的良性转化成为可能。

冲突的第二大益处是可以培养创造性。冲突通过强迫人们放弃传统思维，采用新的方法解决问题，有助于打破局限，防止组织停滞，形成创造性局面。领导者有效应对冲突，常常能带来组织的变革和创新。

3. 冲突过程是渐进的

无论哪种冲突，它的发生都不是一蹴而就的，而是有一个由小变大、由弱变强的渐进过程。了解了这个过程，往往能对选择适度的行为进行管理冲突产生帮助。

冲突的过程分为五个阶段，如图 5.2 所示。

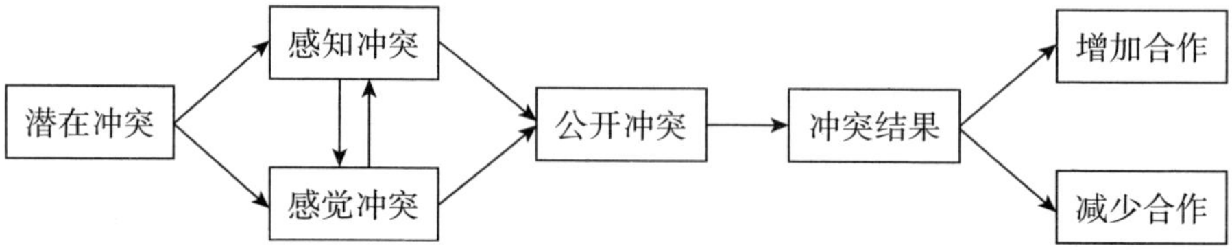

图 5.2 冲突过程模型

（1）潜在冲突。这些冲突潜伏着尚未凸显出来，可能是沟通方面的误解，可能是组织责、权、利划分的问题，可能是个体价值观的差异等，这些因素对组织的运作很重要，但很少有组织在这些因素上取得所有成员的一致。

（2）感知冲突。当冲突的主体意识到差异存在时，就进入了感知冲突阶段，这个阶段主要表现在心理层面。如果冲突双方都感知到差异存在，就能较早地产生寻求解决的行为。但当冲突双方只有一方能感知这种潜在冲突时，如下级认为上级布置的工作量太大、上级认为下级表现不够好等，矛盾就会加剧。

（3）感觉冲突。感觉冲突是在感知冲突的基础上，对冲突实际发生后可能产生的后果加以概念化，产生的较强烈的情绪变化，如焦躁、紧张、敌对、挫败等。

（4）公开冲突。这是行动阶段，出现冲突行为、解决问题行为、公开对抗行为、转换行为或者其他可能的行为。这个阶段直接导致冲突结果产生。

（5）冲突结果。冲突产生的后果，有双重可能，消极影响和积极影响。见表 5.1①。

---

① 康青 . 管理沟通［M］. 北京：中国人民大学出版社，2015.

表 5.1　冲突的双重结果

积极影响	消极影响
促进问题的公开讨论	影响员工身心健康
促进问题的尽快解决	导致员工不能参与某些重要问题的研究处理
提高员工在组织事务处理中的参与程度	造成组织内部的不满、不信任
增进员工之间的沟通与了解	使组织内部互相支持、互相信任的关系变得紧张
化解结怨	导致整个组织和员工变得封闭、孤立，缺乏合作
	阻碍组织目标实现

（二）处理冲突

既然冲突不可避免，那么，如何解决、处理冲突对于沟通就显得尤为重要。处理冲突的沟通策略可以有多种，但人们通常从合作和自信两个维度，总结出五种经典策略，如图 5.3 所示。

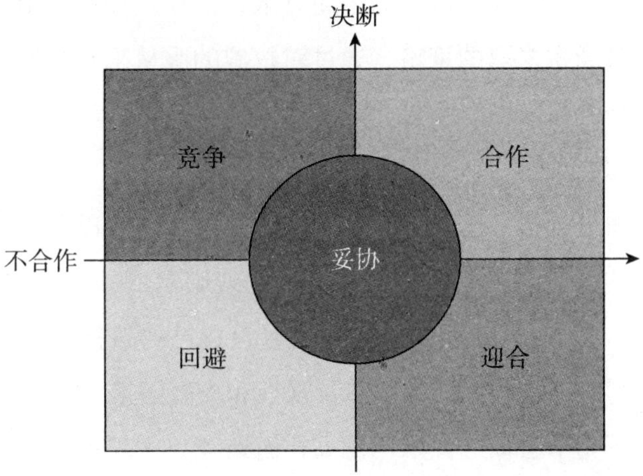

图 5.3　冲突策略

1. 回避：双输

冲突来临，人们采取低合作、低自信的行为，不知所措地忽视冲突或跟冲突保持距离。回避反映出因为认为没有好办法解决这个问题而对冲突持悲观态度，有人认为暂时搁置比直接面对问题更容易些，也有人认为放弃比较好（无论关系还是问题），免得面对无解的困境。

回避策略会导致双输的结果，在冲突中没有一方会获得满足。虽然回避可以暂时保持和平，但却是最容易导致不满意的关系，陷入长期的误解、怨恨和失望。

但回避也不是一无是处。当直接面对冲突会风险太大、不必为不值得维系的关系去努力、为了集中精力解决重大议题等，回避有时是合理的。夫妻冲突中，很多沟通顺利的配偶会“选择性地忽视”对方不严重的问题，就是这个道理。

2. 迎合：我输你赢

当一方允许另一方用其方法超过坚持自己的方法，就出现“按你的方法做”的我输你赢的局面，不自信的合作，这是迎合策略。这种迎合是一种被强迫，虽然能解决眼前的冲突，但从长期来看隐患很大，因为输的一方不会心安理得地接受这个结果，一定会寻求破坏这种平衡的方法。

有意思的是，虽然迎合策略的用途有限，但在领导沟通中，却是很多下级处理冲突时最经常采取的策略，通过对权威的服从来暂时抑制冲突，其实这种方法最容易引起未来的冲突。

3. 竞争：你输我赢，有时会转为双输

强迫的反面是竞争，这种策略对冲突的结果在于“以我的方式”来寻求解决办法，你输我赢，人们习惯运用真实的或暗示的威胁来解决冲突，“如果不……就……”，这种处理方式往往只看着自己的目标和需求，并不考虑冲突中他人的利益，这种方式常常涉及强权和支配因素。

有些情况下竞争会促进关系，比如在游戏竞争中获得满足，通过竞争激励自己去追求更高成就等，但有些情况下，竞争会带来黑暗的一面，就是引起攻击。

4. 妥协：部分双输

妥协策略至少给双方部分想要的东西，虽然双方也因此牺牲了部分利益，但双方都因为获得了部分满足而愿意维持关系。妥协策略在处理冲突时被广泛运用，一般是通过谈判和让步来达成的。

5. 合作：双赢

合作是解决冲突处理的双赢之道，既不采用“我的方法”，又不采用“你的方法”，而是寻求“我们的方法”解决问题，大家都从中获得自己想要的。

双赢是比较理想的结果，双赢一定是建立在相关条件之下的平等的地位，双方之间要有相互的信任和支持，大家都接受理想的解决方案是存在的并努力去寻找方案，当这些条件满足时，合作就容易形成了。

那么，回避、迎合、竞争、妥协、合作，究竟哪种方式更好呢？答案是没有固定不变的优劣比较，应该是根据具体的情境进行选择。当某人比你更有权势时，迎合也许是比较理智的策略，当直面冲突代价大于收益时，回避可能更好，当需要高效率地解决问题时，妥协是能够达成目标的理想路径，当你坚信自己的立场是正确且必要时，竞争就是首选方案了。总之，选择最适合的应对策略，是冲突管理的一贯原则。

（三）如何面对生气发火

无论在谈判中还是其他沟通冲突中，我们经常会面对生气发火的人。当对方由于觉得利益受损或观点不一致时，采取了激烈的情绪反应，我们是被这种情绪感染，也针锋相对同样情绪激烈，还是有办法让对方平静下来讨论解决方案的思路。不同的应对策略，显然是导致事态不一样的发展结果。前者是火上浇油，两个怒火中烧的人，是不可能取得理智平和的方案的，而后者显然是解决问题的上策。

如何做到让生气的人消气，发火的人平静呢？这是冲突沟通中必须掌握的心理战术。

1. 第一步：倾听

生气发火的人，最讨厌听到对方说：“不要说了，我知道了！”这句话的作用无异于火星掉进油缸里，一下子就能燃起漫天大火。

生气的人往往是觉得自己受到了不公平的对待，产生委屈、愤懑的情绪，这种情绪必须宣泄出来，所以诉说是最好的平衡内心的本能选择。一旦这种机会被剥夺，内心压抑的能量就会寻找其他突破口，以更大的破坏性方式爆发出来。

倾听是解决生气发火的第一步。第二章所有有关倾听的理论在这里都可以用上，认真地听，运用上恰当的身姿语言。不要忘记使用第一章的同理心原理，调动内心的体验，去感受对方生气发火的感觉。同理心运用是避免过早给对方下结论做评价的保证，否则，当对方只是想让你知道他的处境，你却让他收到了一大堆的建议，他会更加地不舒服。

倾听就是放下自己的想法和判断，不要急于做什么，就是站在那里，为对方的充分表达提供条件。

2. 第二步：表达理解

在倾听对方、感受对方的需求之后，才需要表达我们的反馈。我们可以主动表达对他的理解，但记住，仅仅是理解他生气的情绪，并不是理解他所有的行为。这和运用同理心原理是一样的。

非暴力沟通理论建议我们使用疑问句来给予对方反馈，这便于对方对我们的理解做出必要的纠正或补充。

“你很灰心，你希望得到肯定，是吗？”

“我有些困惑，我想知道你指的是哪件事，告诉我好吗？”

什么时候给对方反馈呢？一是对方正期待我们反馈时。一般一个人有明显情绪时，都会希望得到他人的反馈。二是我们自己对对方的理解没有把握时，需要对方的进一步确认。

有人认为给他人反馈是浪费时间。马歇尔·卢森堡曾举例说，一位政府部门的主管认为：“我的职责是说明事实和解决问题，不是为每个来找我的人提供心理咨询。”然而，许多找他解决问题的市民，对他却十分不满。有几位市民说：“你去他办公室谈点事情，他就给你介绍一些情况，你无法知道他把你的话听进去没有。于是，你就开始怀疑他的信息是否有助于解决问题。”[①]

一位下级怒气冲冲地找部门领导诉说另外一位同事对他的不公正举动。领导在倾听完成后，询问：“其实你并不是在乎多干一些活，而是对付出后不被认可感到恼火，是吗？”“是的。”

其实，一般当一个人得到理解和接纳，满足感就会油然而生，这为后面讨论解决方案奠定了重要基础。

3. 第三步：澄清异议

生气发火的原因经常是由于信息不对称而引发的，当事人没有了解清楚背景、原因，产生了误解，所以生气发火。解释清一些背景因素，将分歧产生的原因澄清说明，对当事人恢复理智是非常有帮助的。

“据我了解，这件事是这样发生的……”

“出台这个政策，是因为……”

澄清异议，是帮助当事人看清事情的真相，让他自己走出情绪的迷障，建立起理性判断。

4. 第四步：提出方案

最后，和对方一起讨论，拿出一个解决问题的方案，对方接受了这个方案，就等于达成了一致，从而由冲突变为了合作。这是将情绪性问题转化到实质性问题的解决上来的一步，这是能让当事人感受你的诚意的最实际的一步，所以也是解决冲突的关键的行动方案。

“你看这样行不行……”

“根据我们的内部规定，你的投诉我们会按内部流程进行流转，3 天后一定给你答复。你先回去等消息，可以吗？”

（四）冲突的深层次因素

无论是人际冲突还是管理冲突，无论是情绪冲突还是目标冲突，在寻求

---

① ［美］马歇尔·卢森堡．非暴力沟通［M］．阮胤华译．北京：华夏出版社，2015.

解决冲突的路径时，我们发现，每一个冲突背后，都隐藏着两个深层次的因素，即性别和文化，它们会变身为各种形式，来影响沟通的质量。理解这两个深层次因素，一是可以让自己在人际关系中有一个合理的期望值，对他人有足够的耐心和爱心，二是可以多一个寻找分歧原因的分析框架，有助于优质解决方案的产生。

1. 性别

有一本书书名叫“男人来自火星，女人来自水星”，探讨的主题就是性别差异。男女性别差异是一种客观的生理存在，这种生理现象导致心理差异、行为差异。在面对冲突时，男女这两种性别的心理和行为也呈现不同的表征，引发“性别鸿沟”。忽略这个“性别鸿沟”，常常会在沟通中产生莫名的挫败感。

一般而言，男性比较具有攻击性、竞争性，所以在沟通中喜欢采用命令、提要求的方式，而女性比较合作，在沟通中喜欢采用询问的、建议的方式。青春期男孩儿处理冲突直接诉诸口头示威和身体暴力，青春期女孩儿处理冲突常采取间接的攻击，比如背后说坏话、排斥分化等。成人男性比较关心权力，话题的内容兴趣高于关系兴趣，成人女性在冲突中更关注关系维度，感受也更细腻，所以女性比男性表达其感觉时，更加细致到位。男性擅长在竞争关系中维持友谊，女性面对竞争更喜欢用讨论和谈判的方式。所以，大多数研究都表明女性比男性更擅长非暴力沟通。

当然，为避免心理学上的“刻板效应”，把对一类人的结论直接运用在某个人身上，在具体的沟通情境中，每个男人和女人自己的沟通风格还是比性别影响更重要。

2. 文化

塑造人们面对冲突时的态度的最重要的因素是文化。我们每个人都是文化的存在，由种族、文化、性别、年龄、信仰、价值观等所组成的文化烙印，使人与人的身份被识别出来，所有的沟通都是在文化识别基础上进行的，所以，离开文化谈沟通，就像提着自己的头发离开地球一样不可思议。

文化是多元的，因此带来了文化差异，这是导致冲突的很重要的原因。冲突管理中文化有两个重要维度，一个是权力距离，另一个是高低语境。

荷兰马城（Maastricht）大学国际管理系名誉教吉尔特·霍夫斯塔德（Geert Hofstede）对世界五十多个国家的文化进行过调查、分析、比较，发现，文化差异有六个维度：权力距离；个人主义和集体主义；男性主义和女性主义；不确定性规避；长期取向和短期取向；放纵和克制。其中，影响管理活动或管理决策模式的文化层面主要有四个方面：权力距离；个人主义和集体主义；不确定性规避；价值观的男性度与女性度[①]。

（1）权力距离在沟通中表现对上级的依赖和服从度不同，高权力距离文化背景下，领导者常常采取集权化决策方式，领导者做决策，下属接受并执行，如中国。而在低权力距离的文化背景下，领导者与下属之间，只保持一个较低程度的权力差距，下属则广泛参与影响他们工作行为的决策，如美国。

（2）个人主义和集体主义。根据个人在群体中的整合和定位，文化表现为个人主义和集体主义倾向。在集体主义文化背景下，每个人必须考虑他人利益，组织成员对组织具有精神上的义务和忠诚，如中国、日本。而在推崇个人主义的社会中，每个人只顾及自身的利益，每个人自由选择自己的行动，如美国、法国。

（3）不确定性规避指的是对未知事物的容忍度的差异，也就是影响到一个组织对风险的态度。在一个高不确定性规避的组织中，组织就越趋向建立更多的工作条例、流程或规范以应付不确定性，管理也相对是以工作和任务指向为主，领导者做出决策多为程序化决策，如日本。在一个弱不确定性规避的组织中，很少强调控制，工作条例和流程规范化和标准化程度较低，如美国。

（4）价值观的男性度与女性度，是指男性度与女性度即社会上居于统治

---

① http://baike.baidu.com/link?url=af9xXD9v7uapAgewS0ef7nClmpILw6IRAPB70yWr2_7ib-bbNu3rB_8_xNkAPzCyKi_jFFQAyax0rIWlXFGAea.

地位的价值标准。对于男性社会而言，居于统治地位的是男性气概，如自信武断，进取好胜，对于金钱的索取，执着而坦然；而女性社会则完全与之相反，更关注精于养育，关注生活质量，对不幸的人表示同情。美国是男性度较强的国家，企业当中重大决策通常由高层做出，员工由于频繁地变换工作，对企业缺乏认同感，因而员工通常不会积极地参与管理。中国是一个女性度较强的社会，注重和谐和道德伦理，崇尚积极入世的精神。

后来美国文化人类学家爱德华·T. 霍尔在 1976 年出版的《超越文化》一书中，又提出文化具有语境性，并将语境分为高语境和低语境。

高语境传播指的是，在传播时绝大部分信息或存于物质语境中，或内化在个人身上，要依赖于人们思想预先设定的、先入为主的程序来传达信息低语境正好相反，它强调的是理性和逻辑，也就是在理性的基础上用逻辑的方法一步一步地推导出结论。换句话说，高语境中语义的承载更依赖其语境，语义主要从预设的非语言及语境中衍生出来，交际的语言本身常常不涵盖所有的信息，如中国；而在低语境文化中，语义主要包含于进行交际的语言里，其字面意义就是最大化的涵义，如美国。

文化不存在优劣之分，列举这些文化差异识别的工具，是帮助大家在沟通中学会认识差异、欣赏差异，从而接受差异，将成见、偏见、歧视这些导致冲突产生的因素一一克服，提高沟通的品质。

C H A P T E R 0 6

第六章

媒体沟通：看到记者后面的民众

案例

首例 SARS 病例报告

回顾我国 2003 年初抗击 SARS（Severe Acute Respiratory Syndrome，严重急性呼吸综合征，俗称非典型性肺炎）的过程，可以将此次公共卫生应急管理分为四个阶段：病情初发阶段、爆发阶段、坚持阶段和有效控制阶段。

从现有的资料看，我国第一例 SARS 感染病例应是 2002 年 11 月佛山市第一人民医院收治的庞佐尧，遗憾的是这一病例当时并没有报告。

2002 年 12 月 15 日，患者黄杏初到广东省河源市人民医院就诊，17 日，因病情急剧恶化被转院至广州军区总医院抢救。2003 年 1 月 2 日，河源市将此情况向广东省卫生厅报告，从而使黄杏初成为第一例报告病例患者。

SARS 初发阶段的应急处理与信息发布

2003 年 1 月 2 日上午，广东省卫生厅接到河源市不明原因肺炎报告，于当日下午立即派出专家组赶赴河源市进行调查取样。

1 月 19 日，广东省卫生厅接到中山市病例报告后再次组织专家组赶赴中山市进行现场调查。

1 月 23 日，广东省卫生厅向全省各医疗卫生单位下发调查报告，要求各市卫生行政部门和各级各类医疗卫生机构高度重视，发现病人要及时隔离治疗，及时报告。

1月31日，马年除夕之夜，广州市卫生局下发《关于做好不明原因肺炎病人处理工作的紧急通知》，指定了4家医院作为专门收治不明原因肺炎的医院。

2月2日，广东省卫生厅与广州市卫生局联合召开紧急会议，研究广州市非典防治措施。

2月3日，广东省卫生厅向广东省委办公厅、省政府办公厅和国家卫生部报告《关于我省发生不明原因肺炎情况的报告》，同时下发《关于做好不明原因肺炎防治工作的通知》，实行病例日报告制度和没有病例也要上报的零报告制度。

SARS 初发阶段疫情信息的流传与市民反应

在2003年2月10日之前，一直没有媒体对此事予以公开报道，消息首先是以医院内部员工给亲友的提醒短信的方式发出，然后又由这些亲友传递给更多的人。2月8日，春节后广州的众多市民正式上班，关于非典型性肺炎传染的传闻迅速蔓延，多数是借助手机短信，短信内容充满着种种恐怖性的猜想。很快，市区各大药店门口出现了排队的长龙，跟风抢购一些抗病毒药品。此类药品很快脱销，买不到药的人更加恐慌，晚上药店关门时还有人在排队。顿时演变成一场遍及珠三角地区的抢购风潮，板蓝根、食醋、口罩等商品价格大幅上涨。与此同时，街道却一片萧条景象，酒店、餐馆及各种娱乐场所几乎没人光顾。

2月10日，香港的《星岛日报》在头版以"珠三角爆夺命肺炎"为题，报道已有29人死于传染病。2月11日，《东方日报》头版以"夺命肺炎恐慌袭港"为大标题，整版报道广东的非典消息。

2月10日，广州的各大媒体同时出现了一篇名为《初春谨防感冒肺炎，专家提醒广大市民注意》的新闻，文中隐晦地写道："记者昨天从广州各大医院了解到，近期广州患感冒和肺炎的病人增多，专家提醒广大市民，春季容易滋生细菌，市民要避免到人群密集的地方活动，预防方法包括在家里煲醋杀毒和服食预防性抗病毒药物。”

首次政府新闻发布会

2月11日，广州市政府召开首次新闻发布会，广州地区的省市电视台予以现场直播。广州市卫生局领导就非典型性肺炎病例的情况向媒体通报：截至2月10日下午3时，广东发现305例非典型性肺炎病人，59人康复出院，死亡5例。其中医护人员感染发病共105例。病例主要在广东省内的广州、中山、佛山、江门、河源、深圳6个地市出现。其中广州226例，中山28例，佛山19例，江门15例，河源11例，深圳6例。广州市市政府主要领导表示：广州有信心应对任何疾病的挑战。从2月11日起，广州各报开始对非典型性肺炎大篇幅报道。

随后广州市及广东地区逐渐恢复平静，抢购与恐慌得到缓和。人们开始了预防SARS和抗击SARS的斗争。

抗击SARS期间的信息发布与疫情公布

2月11日的新闻发布会取得了明显的成效，但是，新闻发布会上卫生部门的负责人表态：“从疫情看，发病人数305例病不算多，不公布也说得过去。”

从2月下旬开始，正是我国一年一度的“两会”。媒体的重点放在两会上，非典从公众的视野中消失了。但是，3月5日，出席十届全国人大一次会议的广东代表提出议案，呼吁全国人大对重大疫情的预警和应变防范工作进行立法，支持在不影响国家安全的前提下，对重大疫情的控制可以考虑寻求国际援助。《南方都市报》就此问题采访了广东省非典型性肺炎防治指导小组组长钟南山院士和副组长黄文杰博士，随后于3月6日发表了一篇题为“广东非典型性肺炎寻求国际合作已邀专家介入研究”的新闻。

3月12日，世界卫生组织发布了第一个全球SARS警告，国内媒体没有报道这个信息。

3 月 27 日，北京被世界卫生组织确定为疫区。

从 4 月 1 日起，卫生部开始向世界卫生组织每天报告疫情，但对国内仍是 5 天公布一次。

4 月 2 日，卫生部部长张文康接受中央电视台的专访，首次披露中国的疫情："截至 3 月 31 日，中国的内地总共发病 1190 例，现在已经出院 934 例，死亡 46 例。"接着张文康又接受新华社记者采访并透露：截至 3 月 31 日，北京发现 12 例输入性病例，北京市卫生行政部门已及时采取措施，病源没有向社会扩散，也没有发现原发性病例。

4 月 8 日，美国《时代》周刊发表解放军总医院的蒋彦永医生的来信，声称他所知的一家军队医院的患者就超过官方公布的人数，批评卫生部门隐瞒疫情。这一信件引起了国际社会的广泛关注。

4 月 10 日，卫生部副部长马晓伟在国务院新闻办的记者招待会上强调，中国通报的非典型性肺炎疫情报告是可信的。他强调了一个概念，北京公布的 22 例"是现在能够确诊的病人"。卫生部疾病控制司领导也解释说："根据世界卫生组织的要求，把非典型性肺炎诊断分为诊断病例、疑似病例和医学观察的对象。"

SARS 病情"控制说"与"遏制说"

2 月 12 日，中国疾病预防控制中心负责人在接受记者采访时，发表全国近期内不会发生大范围呼吸道传染病流行的错误预测。

3 月 19 日，卫生部部长张文康在会见 WHO 代表马文华时表示："目前疫情已得到有效控制，绝大部分患者已经陆续康复痊愈。"

3 月 26 日，新华社报道，北京市卫生局新闻发言人称，北京输入性非典型性肺炎得到有效控制，病源没有向社会扩散，本地没有发现原发性"非典"病例。这是首次有关北京非典型性肺炎的官方报道。

4 月 3 日，在国务院新闻发布会上，张文康宣布：中国局部地区发生的非典型性肺炎已得到有效控制，在中国工作、生活、旅游都是安全的，并介绍说，世界卫生组织已取消了将北京作为疫区的通报。

4月11日，中国工程院院士、广东省非典型性肺炎防治指导小组组长钟南山在国务院台湾事务办公室举行的关于SARS的新闻发布会上坦率质疑了“有效控制说”。他表示：“从医学方面的角度来看，这个病并没有得到有效的控制。我们不要用‘控制’这个词，应该用比较客观的‘遏制’这个词，因为这个病本身病源都没搞清，不可能控制它。”

SARS的病原体之争

2月18日，新华社播发了一条消息称，经中国疾控中心和广东省疾控中心的共同努力，非典的病源可基本确定为衣原体。这个结论来自两份死于本次肺炎病人的尸检肺标本，“肺细胞浆内衣原体颗粒十分典型”。

当晚，卫生厅紧急召集的“广东省不明原因肺炎医疗救护专家指导小组”、广东省疾病控制中心有关专家连夜闭门讨论。专家们认为，这次非典型性肺炎的传播、发病特征和临床治疗经验都不支持“衣原体”感染的结果。有的专家明确表示：“如果按这一结论制订治疗方案，可能会造成可怕的后果！”

广东专家的意见并没有得到充分传达，第二天，全国各大媒体均打出了“非典锁定真凶——衣原体”的标题，中国疾控中心的主任也在央视亮相，侃侃而谈。只有《南方日报》《南方都市报》几家报纸如实反映了广东专家的疑问，指出非典病源目前还存在争议。

2月19日中午，中央电视台播出的国家疾病控制中心主任的访谈，他推荐了几种对衣原体有效的抗生素，并强调对这种衣原体肺炎的治疗要全程、足量使用抗生素。

广东专家仍坚持自己的意见。他们最后决定，为了对病人负责，适当调整治疗方案。

3月4日晚上，钟南山在广州医学院接受记者采访时，再次表达“属病毒感染引起的肺炎”的看法。

3 月 25 日，美国疾病控制中心和香港大学微生物系宣布，非典病原体是来自猪的“冠状病毒”。不久，世界卫生组织的多个实验室也陆续找到冠状病毒。

4 月 10 日下午，在北京市外事办公室举行的有关非典型性肺炎的防治知识介绍会上，中国疾病预防控制中心病毒形态学研究室主任说，一个来自流行病源、专染、病毒、免疫等学科的 25 名专家组成的防治“非典型性肺炎”攻关小组，已于 4 月 8 日成立，目前两种主要致病病毒已初步找到，衣原体培养已获成功，现正处于动物试验阶段。但目前哪种病毒为主要致病病因尚不清楚，他倾向于两种病毒联合发生作用。国家疾病控制中心终于也找到了冠状病毒。

4 月 12 日下午 3 时，广州市呼吸疾病研究所和香港大学联合举行新闻发布会主布：他们在病人的分泌物中已经成功分离出冠状病毒。

当天晚上中央电视台《新闻联播》报道了卫生部的最新决定：“不以卫生部非典型性肺炎防治领导小组名义发布的任何病源研究的信息，属个人行为。”

直到 4 月 16 日，广东专家对衣原体说的异议才得到最权威的确定。当日，世界卫生组织宣布，经过全球 13 家研究室共同的研究，确定非典元凶为“冠状病毒”。病原体之争终于盖棺定论。

——从 SARS 事件到“5 · 12”汶川大地震①

2002 年在广东顺德首发 SARS 病例，2003 年春天扩散至全中国、东南亚和全球，导致多名患者和医护人员死亡，在此期间爆发了一系列事件导致严重的社会恐慌。中国政府从开始的隐瞒疫情到后来的正面应对最后全面控制疫情，这一过程既是中国政府在广大民众和国际社会面前重塑形象的过程，也是中国政府开启“在新的时代背景下如何和媒体打交道”的新媒体沟通的过程。2003 年 9 月 22 日，国务院新闻办公室正式举办了第一期国务院

① 沈远平 .MPA 管理沟通案例分析精选［M］. 北京：知识产权出版社，2011.

新闻发言人培训班，66个部委的100多名新闻发言人参加。SARS疫情被公认为推动中国新闻发言人制度建设的一个重要节点，也成为中国政府官员的领导沟通中新增的必修内容：媒体沟通。

曾经担任国务院新闻办主任、连续四届担当全国两会政协新闻发言人的赵启正说："我说话的时候眼睛里看到的不仅是记者，而且还有记者后面的民众。"

一、"老革命"遇到新问题

2008年12月，南京江宁区房产管理局局长周久耕在新闻发布会上因对媒体发表"将查处低于成本价卖房的开发商"，引发网络热议，并迅速被人肉搜索曝出其抽1500元一条的天价香烟，以及戴价值10万元的江诗丹顿名表、开凯迪拉克名车等问题，最终，周久耕被免职、双开、起诉，因受贿罪获刑11年。周久耕成为网络第一位"表哥"。

2009年，河南省郑州市须水镇西岗村原被划拨建经济适用房的土地被开发商建了别墅，6月17日，记者因此事采访郑州市城市规划局副局长逯军，先遭抱怨："你们广播电视台管这闲事干什么？"后遭质问："你是准备替党说话，还是准备替老百姓说话？"此话成为政府官员雷人雷语的代表作，逯军被网友评为最牛局长。更有细心的网民发现，逯军的标准像有PS国家领导人发型的嫌疑。在舆论的广泛关注下，郑州市委、市政府成立联合调查组，对镇西岗村经济适用房用地上超标准建房问题进行全面调查，同时组织部门要求逯军停止工作，接受调查。

这些媒体事件的主人公，"一鸣惊人天下知"，都是因为一言不慎，自己身败名裂，还导致政府形象受损。现在，每年都有大量的"媒体事件"发生，也有大量的政府官员的雷人雷语曝光。一件小事，也能掀起轩然大波；一个镜头，就能成为舆情焦点；一个细节，最终层层倒逼真相大白。不仅贪污腐败、失职渎职可以结束一个人的政治生涯，不懂媒体，不善于应对媒体，同样能够带来严重后果。因此，有的政府官员忍不住感喟：真是老革命遇到了新问题……

的确，随着社会的发展，作为担负着社会管理职责的政府官员，需要不断学习社会管理的新本领，提升政府执政新能力。现在我们已全面迈入媒体时代，媒体已经成为社会公共管理的一部分，重视媒体、应对媒体、引导媒体，成为政府官员执政能力的组成部分。媒体沟通，是领导沟通的新产物，新课题，新学问，领导干部也需要有新思维、新眼光、新表达。

（一）无处不在的媒体

所谓媒体，就是“一切社会信息借以公开扩散的手段和载体”[①]。狭义的媒体是指报纸、杂志、广播、电视和网络，广义的媒体指所有有不同的内容（文字、图像、声音、信号）和不同的形式（平面和立体）组合成的面对大众的信息传播媒介。天上飘的“空飘”、马路边的LED显示屏、印有广告的挂历、手机里的微信……都是媒体。

1. 全媒体时代：立体轰炸

“全媒体”是指媒介信息传播采用文字、声音、影像、动画、网页等多种媒体表现手段，利用报纸、杂志、广播、电视、电影、网站等不同的媒介形式，通过融合的广电网络、电信网络以及互联网络进行传播，最终实现用户以电视、电脑、手机等多种终端均可完成信息的接受，实现任何人、任何时间、任何地点、以任何终端获得任何想要的信息[②]。

全媒体有三个特点：

首先，主体的全囊括。“谁是媒体”的答案变迁了，传统社会这是一个明确的答案，现在变得很复杂，这个主体囊括了所有具备传播功能的媒介，形成一个庞大复杂的系统。

其次，形式的全变化。媒体不但变多了，而且结构也变化了，各种媒

---

① 叶皓．政府新闻学［M］．南京：江苏人民出版社，2006.

② http://baike.baidu.com/link?url=0C0KNb7T3VrVFG9ZcwTBRnyBccedzbWiMsBv63tascKegyi3ktGO6rKiMNBnx2sroA449Ag67b-qnYN55QZuqK.

体形式交叉融合产生新的传播方式，而且这种形式的变化也是加速度地在增加。

再次，时空的全覆盖。由于媒体主体不再是以单媒体、单落点、单形态的方式生产、传播信息，而是单媒体经过融合，形成了多媒体、多落点、多形态的方式，它们共同组成了一个强大的报道系统，将信息触角伸入每个时间、空间，当下的时代因此被冠以“媒体时代”。

2. 新媒体时代：速度致胜

新媒体是一个相对的概念，是报刊、广播、电视等传统媒体以后发展起来的新的媒体形态，包括网络媒体、手机媒体、数字电视等。新媒体亦是一个宽泛的概念，利用数字技术、网络技术，通过互联网、宽带局域网、无线通信网、卫星等渠道，以及电脑、手机、数字电视机等终端，向用户提供信息和娱乐服务的传播形态。严格地说，新媒体应该称为数字化新媒体①。

新媒体有三个特点：

首先是传播速度快。新媒体具有即时性特征，电视上直播奥运会比赛，那边刘翔刚刚摔倒，这边微博上立刻骂声一片。上海地铁 9·27 追尾事故刚刚发生，微信上已经出现现场直播的视频。信息生成和信息发散几乎同步进行，有人称这种传播快如闪电，电驰雷鸣，瞬间变幻莫测，令你措手不及。中山大学传播与设计学院副院长张志安认为：“新兴媒体的优势不是深度而是速度。”②

其次是内容海量。新媒体是以数字技术为支撑的，大量的服务器同时在为大量的用户服务，产生大量的信息，这些信息以指数爆炸的方式激增，广如大海，海阔天空，空间扩展无限，令你无以应对。这些海量信息一方面为获取资讯的便利提供了条件，另一方面由于鱼龙混杂真假难辨，带来了过滤信息的麻烦。

---

① http://baike.baidu.com/link?url=Ldd7FloQTNrzEjLoG57AZsSZK1OKw1CpZrJ0lXBeVDS2jGhP4RXQAy8gputwLhz9oT5LyULfDlY88UJsY8Jib_qyJEnVuOdViZIosWcWpHy.

② http://news.xinhuanet.com/newmedia/2013-01/31/c_124303200_2.htm.

再次是互动性强。新媒体以互动传播为特点，传播者和接受者融会成对等的交流者，而无数的交流者相互间可以同时进行个性化交流。互动性带来的现场感、参与感，使新媒体备受欢迎。同时互动性带来的信息影响大，大如炸弹，惊天动地，一时地动山摇，令你晕头转向。

3. 自媒体时代：人人都有麦克风

自媒体又称“公民媒体”或“个人媒体”，是指私人化、平民化、普泛化、自主化的传播者，以现代化、电子化的手段，向不特定的大多数或者特定的单个人传递规范性及非规范性信息的新媒体的总称。自媒体平台包括：博客、微博、微信、百度官方贴吧、论坛 /BBS 等网络社区。

自媒体有三个特点：

首先，主体的多样化。每个人都可以成为媒体的发布者，这些业余的新闻发布者来自社会各个阶层，更多来自社会底层，人数庞大，身份多样，立场复杂，所以，形成了“众声喧哗”的局面，不再是“你”说“我们”听，变成了“大家”说“大家”听。

其次，内容无主题。由于自媒体的主体发布信息带有非功利性，所以没有既定的核心和主体，随心所欲，想发什么就发什么，内容庞杂无比。

再次，交互性强的传播方式。由于自媒体不受时空限制，制作者和受众零距离，信息制作便利、传播便利、互动便利，信息的传递速度和规模无限地放大。人们可以通过自媒体最快速地获得各种事件的碎片信息和表层信息，然后参与评论，舆论就这样生成了。这种强大的交互性是其他媒体无法比及，这种便利甚至带来“病毒式”传播的效果，很多谣言和网络暴力就是凭借这种交互性传播的。

清华大学教授董关鹏在《为形象和声望而战》中写道：“无论你喜不喜欢，媒体不但无处不在，而且发挥着巨大的影响力。这是一个形象的时代——形象就是生产力；这是一个传媒的时代——传媒无处不在；这是一个包装的时代——素面不是福；这是一个透明的时代——纸包不住火；这是一个说服的时代——流言千遍可成真理；这是一个多元与平衡的时代——平衡是真理；这是一个中国的时代——被关注的机会；这也是一个突发事件频繁的时代——没有突发事件就是非常态！”

（二）“媒体事件”来到身边

所谓媒体事件，就是人们所看到的已经不是事件本身，而是“因媒体报道而引起超出事件本身新闻价值的广泛关注，进而对公众认知、政府决策、社会发展等产生不同程度影响的事件”。

先看看近5年内网络事件网上点击率等方面的排名（以下材料均来自人民网）。

2011 年

序号	事件	天涯社区	凯迪论坛	强国论坛	新浪微博	腾讯微博	合计
1	7·23动车追尾	7288	1849	1348	2823515	6842000	9676000
2	佛山小悦悦事件	351532	2114	1563	4501634	2881871	7738714
3	日本9.0级地震	131616	4908	851	3804683	3546262	7488320
4	郭美美事件	5799	2348	2973	3832538	3500651	7344309
5	深圳大运会	1640	796	643	2006881	5135881	7145841
6	利比亚政局	7468	10003	26708	3384789	3185887	6614855
7	药家鑫案	35476	4651	11688	1862120	2112162	4026097
8	乔布斯去世	7552	171	951	2864872	588667	3462213
9	上海地铁追尾	2883	228	330	1629631	568649	2201721
10	各地房产限购	3633	2054	3273	1534204	647099	2190263
11	抢盐风波	38961	870	704	691650	1204947	1937132
12	免费午餐计划	3867	844	381	969750	381358	1356200
13	李娜法网夺冠	2071	261	1054	285161	974071	1262618
14	“神舟八号”发射升空	1057	30	394	52562	833042	887085
15	钱云会案	295747	1054	3025	512894	12238	824958
16	故宫失窃系列事件	3071	39	2541	476694	178956	661301

续表

序号	事件	天涯社区	凯迪论坛	强国论坛	新浪微博	腾讯微博	合计
17	上海染色馒头事件	990	601	592	239955	340967	583105
18	刘志军贪腐案	865	808	256	381473	180368	563770
19	双汇瘦肉精	1530	79	677	177170	377005	556461
20	微博打拐	213	202	309	292877	131615	425216

2012 年

序号	事件 / 话题	天涯社区	凯迪社区	强国社区	新浪微博	腾讯微博	人人网	开心网	合计
1	钓鱼岛与反日游行	2240000	206000	113000	68463301	52958600	740000	52700000	177420901
2	伦敦奥运	448000	26400	5070	55562228	12868900	393000	6530000	75833598
3	“神舟九号”与“天宫一号”对接	121000	7340	2570	35157797	3422700	72700	447000	39231107
4	黄岩岛与南海局势	2240000	143000	61600	10007209	5532000	579000	302000	18864809
5	《舌尖上的中国》	42300	1360	708	10747662	371200	71700	250000	11484930
6	莫言获诺贝尔文学奖	1260000	1650000	3450	6204462	1872400	386000	23300	11399612
7	周克华案	80800	19200	3280	5839215	2358600	21700	1650000	9972795
8	方韩论战	152000	51900	2920	9083229	144000	31100	34300	9499449
9	王立军、薄熙来事件	126000	32800	8160	7271540	1080000	155300	46400	8720200
10	北京特大暴雨灾害	660000	39900	3660	3722233	1170000	61000	2420000	8076793
11	毒胶囊与“皮鞋很忙”	1660000	15100	2210	4874332	374000	298000	63700	7287342
12	电商价格战	87100	645	589	5079242	755700	13200	12700	5949176
13	微笑局长成“表哥”	382000	25000	5900	3034127	1232800	4890	36000	4720717

续表

序号	事件 / 话题	天涯社区	凯迪社区	强国社区	新浪微博	腾讯微博	人人网	开心网	合计
14	广东乌坎事件	30400	9290	574	2881361	51400	8170	6650	2987845
15	四川什邡事件	38600	7210	1434	1580787	746000	12200	15100	2401331
16	陕西孕妇引产事件	48200	4840	546	1848717	147100	5650	152000	2207053
17	多地曝集资案	545000	48600	3210	1057293	47100	125000	58900	1885103
18	哈尔滨塌桥事件	68700	6710	1950	1242917	381400	24800	125000	1851477
19	沈阳大量商铺关门	114000	5880	632	987222	159500	46700	6750	1320684
20	最美教师张丽莉	36400	1960	490	892480	137000	16900	15600	1100830

2013 年

序号	事件 / 话题	天涯社区	凯迪社区	强国社区	新浪微博	腾讯微博	人人网	开心网	合计
1	薛蛮子涉嫌嫖娼被拘事件	51200	14200	5130	45732027	19200	50800	1730	45874287
2	李 × × 案	538000	378000	113000	10389729	3295600	822000	13500	15549829
3	薄熙来案	983500	1190500	146300	2852045	2692700	473000	19100	8357145
4	斯诺登“棱镜门”事件	179000	13400	21500	4212248	154000	1060000	823	5640971
5	芦山地震	151000	16730	7180	5025063	335800	44800	4310	5584883
6	厦门公交大火事件	154770	10140	13980	1199877	2849300	12460	589	4241116
7	上海法官集体嫖娼事件	125000	10300	43900	2727842	340000	10600	1920	3259562
8	农夫山泉“质量门”事件	123000	2940	1340	2744724	10600	24700	9710	2917014

续表

序号	事件 / 话题	天涯社区	凯迪社区	强国社区	新浪微博	腾讯微博	人人网	开心网	合计
9	曾成杰被执行死刑	18900	5780	2330	2570964	165600	46800	460	2810834
10	《新快报》记者陈永洲被批捕事件	18900	198000	901	1298943	524700	391000	883	2433327
11	“光盘行动”	427000	13200	11500	1187297	545600	137000	8720	2330317
12	黄浦江死猪漂浮事件	23900	3470	3566	2178661	65300	6700	2070	2283667
13	夏俊峰被执行死刑事件	116000	174000	8910	1428963	15015	35100	10100	1788088
14	陕西神木“房姐”事件	12900	11420	18380	1347473	134400	10500	4540	1539613
15	《南方周末》事件	300000	86800	5720	520770	7200	410000	8090	1338580
16	海南万宁校长开房事件	32700	3740	2930	738307	122300	16700	1470	918147
17	长春盗车杀婴事件	3390	354	128	153264	124300	4860	393	286689
18	甘肃初中生发帖被刑拘事件	29981	18570	2671	37905	60700	13300	52	163179
19	罗昌平实名举报刘铁男事件	7170	2060	1670	5796	22900	925	883	41404
20	香港“限奶令”事件	5250	589	378	705	22300	1290	857	31369

2014 年

序号	事件 / 话题	时间	新闻量	微博量	热度
1	马航航班失联	2014/3/8	1200000	24900180	31.03
2	香港“占领中环”事件	2014/6/20	21600000	1168686	30.86
3	云南鲁甸 6.5 级地震	2014/8/4	903000	3647466	28.82
4	阿里赴美上市	2014/9/19	1900000	1623657	28.76

续表

序号	事件 / 话题	时间	新闻量	微博量	热度
5	台学生占领“台湾地区立法机构”事件	2014/3/18	6660000	309153	28.35
6	中央对周永康立案审查	2014/7/30	1130000	1330597	28.04
7	昆明火车站暴恐案	2014/3/1	1200000	1214216	28.01
8	昆山爆炸事件	2014/8/2	515000	820828	26.77
9	麦当劳、肯德基供应商黑幕曝光	2014/7/20	369000	956117	26.59
10	演员柯震东、房祖名在京吸毒被抓	2014/8/18	445000	559740	26.24
11	兰州自来水苯含量超标事件	2014/4/11	569000	387042	26.12
12	山东招远血案	2014/5/28	135000	884869	25.51
13	广西玉林狗肉节事件	2014/6/21	49000	1777017	25.19
14	郭美美赌球被拘	2014/7/30	228000	57616	23.30
15	东莞扫黄事件	2014/2/9	232000	54016	23.25
16	湖南产妇因羊水栓塞死亡	2014/8/13	23700	183987	22.20
17	乌克兰政局剧变	2014/2/22	70400	38171	21.71
18	黑龙江三名嫌犯杀人越狱	2014/9/3	54100	46964	21.66
19	广东茂名 PX 项目群体事件	2014/3/30	2140	170286	19.71
20	21 世纪报系涉新闻敲诈被调查	2014/9/3	3150	76004	19.29

2015 年

热度排名	事件 / 话题	热度	舆论共识度	政府认同度	网民正能量	网络舆论生态指数
1	纪念中国人民抗日战争暨世界反法西斯战争胜利 70 周年大阅兵	99.75	3.97	4.50	0.84	9.30
2	6 月股市暴跌	95.87	4.34	4.38	0.44	9.16
3	天津港“8 · 12”特大爆炸事故	95.21	2.66	2.29	0.36	5.31
4	网络红包传递新春祝福	88.87	3.85	3.60	0.43	7.89
5	“东方之星”长江沉船事故	88.42	3.75	4.02	0.21	7.98
6	上海踩踏事件	85.75	3.23	2.00	0.16	5.39
7	北京、张家口成功申办冬奥会	82.96	3.32	3.67	1.53	8.52

续表

8	李克强敦促各部委简政放权	82.74	4.31	3.67	0.93	8.91
9	欧洲难民危机引发国际关注	80.64	3.34	3.00	0.00	6.34
10	南京宝马撞人事件	80.09	3.83	3.62	0.24	7.68
11	国家主席习近平对美进行国事访问	79.54	3.86	4.42	1.88	10.16
12	令计划落马	76.18	3.11	3.43	1.02	7.56
13	专车管理问题引热议	75.97	3.16	2.94	0.16	6.27
14	屠呦呦获 2015 年诺贝尔医学奖	75.92	3.27	3.33	0.82	7.42
15	哈尔滨大火事件	75.65	2.96	1.67	–0.06	4.56

这些网络事件，绝大部分是负面新闻，这些负面新闻，百分之百转化为“媒体事件”。

2011 年 7 · 23 动车追尾事件，本来是一起交通事故，但因为交通部新闻发布会的失败，成为公众诟病政府的一个突破口，交通部新闻发言人王勇平更因为“不管你信不信，反正我信了”这句名言获得了“他信”的绰号，最后离开交通部发言人的岗位。

2012 年，陕西延安境内发生 36 人遇难的特大交通事故，陕西省安监局长杨达才一张事故现场面带微笑的照片成为舆论关注焦点，由一张不合时宜的照片，最后网民聚焦到杨达才腕上戴的手表，杨达才成为第二位“表哥”，后因受贿、巨额财产来源不明罪获刑 14 年。

2013 年海南省万宁市第二小学校长开房性侵小学生事件曝光，这起挑战社会道德底线的事件引起媒体高度关注，对首犯的处理并未能平息网上的汹汹舆情，教育的腐败、道德的沦丧、权力的干涉、利益的威胁……人们在气愤之余，跳出个案，跳出事件本身，又一次进入对中国教育现状的进一步深思之中。“校长”这一原本美好的词，被赋予了特别的含义。

2014 年 2 月 9 日下午，东莞市出动大批警力，对全市所有桑拿、沐足以及娱乐场所同时进行检查的行动。新闻播出后，网上唏嘘一片，“东莞挺住”一度成为新浪微博热门话题。看新闻之前，很多人误以为东莞地震了。后全面扫黄迅速波及全国。4 月，多部委下发通告，开展全国范围的“扫黄打非·净网2014”行动，多家网站被清查整顿，网站编辑被移交公安机关立案调查；“快播”创始人与多名高管被移送检察机关起诉。与此同时，发生了性学家遭咒骂与泼粪事件，人类关于性的价值观被又一次摆上台面进行讨论。网民担心：部分反性人士粗鲁、蛮横、极端的反性情绪，有一天会被操持着更加高大上话语的保守派或者道德进步主义者接管，“反性”意识形态可能会进一步主流化。

2015年天津港“8·12”特大爆炸事故发生，全国网名发声，或关注灾民情况，或剖析事故原因，或质疑政府态度，或挖掘腐败线索，最终，49名企业人员和行政监察对象被依法立案侦查并采取刑事强制措施，包括省部级5人、厅局级22人在内的123名责任人被给予党纪、政纪处分。遇难烈士获得了高额赔偿，受损群众利益获得相应补偿。网民的参与再次成为监督的利剑。

媒体事件在重大公共事件中担负着独特的社会角色，发挥着特殊的社会功能，它是一股民主的力量，威力十分迅猛，不管你喜欢还是不喜欢，都必须重视这股力量。同时，这股力量发展方向带有不可控性和难预测性，把控不好，也会带来灾难性后果。

媒体事件的原理就是传播学领域的核心策略，即大众传播媒介影响社会的重要方式，叫议程设置。1922年，美国新闻工作者和社会评论家沃特·李普曼（Walter Lippmann）在其经典著作《舆论学》中提出了他的观点：“新闻媒介影响‘我们头脑中的图像’”，这成为议程设置理论的雏形。1963年，伯纳·德科恩（Bernard Cohen）提出“在多数时间，报界在告诉它的读者该怎样想时可能并不成功；但它在告诉它的读者该想些什么时，却是惊人地成功”，这更清楚地指出了媒介的议程设置功能。

事件还是那个事件，但被媒体关注了，公众知晓了，就是媒体事件了。媒体事件的实质，彰显的是舆论的控制能力。

（三）媒体对政府官员意味着什么

全媒体、新媒体、自媒体是从不同的角度对当今这个“媒体爆炸”的社会进行的描述，媒体变了，社会的信息传播方式变了，政府的施政问政方式必然要变。

1. 在信息时代，媒体越来越成为社会公共管理的中介

当今社会，媒体星罗棋布地根植于世界的每一个角落，潜移默化地影响人们的生活，在反映世界的同时也在塑造世界。人们对周围世界的了解和评价，无不打上媒体影响的烙印。即便是身边发生的事，媒体没有关注，也不会被人知晓，更不会成为公众关注的话题。但即使是千里万里之遥，媒体关注了，就会有成千上万双眼睛聚焦。同样一个事件，有无媒体介入，导致的结果大相径庭。媒体对事件的关注程度、关注方式严重地影响了公众的态度和事件的发展，对政治、经济和社会生活的方方面面都产生了深刻的甚至是决定性的影响。

这些事件，有的政府应对得当，化危机为机遇，逢凶化吉；有的政府应对不得当，小事酿成大祸。“媒体事件”时代，媒体的作用正在由过去单纯的传播工具逐渐转变为社会公共管理的重要中介，政府和公众都越来越相信媒体，依赖媒体，通过媒体进行或参与公共管理，乃至这种现象催生出一个新词汇：“媒治”，即媒体治理。

媒体成为社会的预警者，时刻监视社会的风吹草动，并及时告知政府和公众，政府和公众根据媒体的预警进行相应决策，是名副其实的“守望者”；媒体是政府的监督者，无论是西方三权分立监督，还是中国的人大、司法、纪检等监督，都是国家权力体制内的监督，而媒体代表公众，对政府进行监督，成本低，效率高，是名副其实的“扒粪者”；媒体是公众参政议政的平台，媒体推进公共政策的制定、执行、修订等环节趋向透明和公开，保证了每个公民参政议政权利实施的可能，是名副其实的“众议院”；媒体是社会利益博弈的舞台，对社会结构的平衡起着重要的协调、沟通和维护功能，掌握媒体就意味掌握了众多的公共资源，各种社会力量在媒体上争夺话语权，是名副其实的“角力场”。

媒体在公共管理中的地位越来越重要，也越来越成为政府社会管理中不

可忽略的重要因素。

2. 媒体和政府的关系发生了本质变化

随着社会民主化进程的推进，政府和媒体的关系发生了深刻的变化。

一是媒体打破了属地管理的格局，政府和媒体的关系也发生了变化。地方媒体市场竞争逐步开放，所以，媒体结构多元化，行政隶属关系复杂化，地方政府和媒体之间不再是上下级关系，处理不好就会出现关系错位，因此，政府不能简单地以行政领导的方式管理媒体。

二是媒体的市场化增加了管理媒体的难度。媒体的市场化催生了媒体追求“点击率”“眼球效应”，新闻界有术语，什么是新闻？“狗咬人不是新闻，人咬狗才是新闻”，新奇、怪异、负面等，就成为吸引眼球的抢手题材。媒体出于利益驱动，专门报道甚至炒作负面新闻，有的不惜以媚俗、低俗、庸俗来迎合部分受众的趣味，以此集聚人气，争取广告份额。

所以，与其说政府常和一些负面新闻斗争，不如说是和市场这只看不见的手斗争。

三是开放境外媒体采访带来了新挑战。2008 年北京奥运会以后，中国政府进一步放宽了对境外媒体在华采访的限制，各级政府要按照国际惯例接待境外媒体，展示文明、开放、进步的新形象。我国政府先后颁布了《中华人民共和国政府信息公开条例》《中华人民共和国外国常驻新闻机构和外国记者采访条例》，一个信息开放的时代已经到来。

3. 应对媒体是各国政府普遍面对的课题

在西方应对媒体也是各国政府普遍面对的课题。西方的政治家和官员进入政坛的第一天起，就开始和媒体打交道，他们深知，赢得媒体才能赢得选票。所以，应对媒体是西方政治家政治生活的重要内容。随着网络的出现，西方政府也越来越感受到来自媒体的巨大压力，他们采取各种策略来应对媒体、驾驭媒体，但仍然无法确保在与媒体的博弈中占据上风。

美国很多新闻从业人员将新闻自由和“看门狗”职责作为职业理念和职业操守来尊重和践行，将监督政府、揭露政府丑闻视为天职，时常以难以预计的方式曝光政府工作问题或官员行为问题。从“水门事件”“伊朗门事件”“拉链门事件”“虐囚事件”到特朗普“上头条事件”，美国历届总统都深深感受到媒体的威力。尼克松下台，克林顿险遭弹劾，小布什被扔鞋，大嘴特朗普遭到全美舆论围剿……

美国现代新闻之父普利策说：“如果一个国家是一条航行在大海上的船，新闻记者就是船头上的守望者，他要朝一望无际的海面上观察一切，审视海上的不测风云和浅滩暗礁，及时发出警告。”[①] 因此，社会守望成为大众传媒的首要功能。

19 世纪下半叶，美国出现很多揭露社会丑闻的文章，美国总统西奥多·罗斯福把当时从事揭露新闻写作的记者们挖苦为“扒粪男子”，记者们却把它接收下来，自称“黑幕揭发者（muckraker）”，直译为扒粪的人。“扒粪运动”不仅推动了美国政府的一系列改革，也促成了美国公民意识的觉醒，更将舆论监督的观念深入人心，最终造就了现代意义上的新闻调查，被称为新闻界的“启蒙运动”，给后世留下深远的影响。

由此可见，无论在中国还是在西方，政府越来越多地经受媒体带来的挑战，各国政府都没有一劳永逸的应对媒体法则，和媒体沟通成为各国政府普遍面对的课题。

4. 媒体沟通对于提升执政能力正显示越来越重要的作用

2016 年 2 月 19 日，中共中央总书记、国家主席、中央军委主席习近平在北京主持召开党的新闻舆论工作座谈会并发表重要讲话。他强调，党的新闻舆论工作是党的一项重要工作，是治国理政、定国安邦的大事，要适应国内外形势发展，从党的工作全局出发把握定位，坚持党的领导，坚持正确政治方向，坚持以人民为中心的工作导向，尊重新闻传播规律，创新方法手段，切实提高党的新闻舆论传播力、引导力、影响力、公信力。

舆论意识已经成为现代政治文化的重要构成和基本支撑，是否拥有强劲

---

① 叶皓．突发事件的舆论引导［M］．南京：江苏人民出版社，2009.

的传媒运用能力和舆论影响能力，决定着是否拥有牢固的执政地位和更强的执政能力，“新闻执政”已成为治理国家不可缺少的组成部分，媒体沟通对于提升各级领导干部执政能力正显示越来越重要的作用。

（四）应付、对付 VS 回应、面对

随着“媒体事件”的频发，领导干部应对媒体成为领导媒体沟通的新技能，也是党政领导干部培训中的重要课程。但对于“应对”的内涵，不同的人却有不同的见解。有人认为“应对”就是应付、对付，用高超的技巧化解舆论危机。有人认为“应对”应该是回应、面对，用事实和真诚解决问题。这两种不同的“应对观”，决定了两种不同的媒体沟通的价值判断和策略选择。

出现舆情不理不睬的阶段已经过去了，大部分政府官员都知道要迅速反应，但如何反应，效果却有云泥之别。应付和对付媒体这一错误的应对观，导致了错上加错的后果，甚至酿成新的次生舆情。错误的应对观为什么会有市场？主要有以下几种原因和表现。

1. 主体错位

没有将媒体和公众置于平等地位，第一种是把媒体当成“下级”，只要宣传部门一个电话，要求媒体这样那样都得听。第二种是害怕媒体，把媒体当成“敌人”，“防火防盗防记者”，避之唯恐不及。第三种是把媒体当成“企业”，出了问题请客送礼去摆平。第四种是把媒体当成“内刊”，不允许有批评监督的内容。

2. 主体缺位

舆情的形成往往是和负面新闻紧密联系在一起的，出现了负面新闻，就会和问责联系在一起。于是，面对舆情，政府官员就产生怕、躲、推的心理。发生了负面舆情，有的官员担心家丑外扬，竭力捂住、盖住，不惜撒谎瞒天过海；有的推诿搪塞，相互踢球，甚至李代桃僵，寻找“替死鬼”；有的赶快处理，幻想公众会因为事情好转就不追究根源了。这些怠慢民意、侥幸过关

或沉默不语的做法，都属于对自身职责的放弃和亵渎。当负面舆情出现，没有权威的公共部门站出来说话，或说明情况，或澄清事实，或道歉认错，谣言自然会不胫而走，愈演愈烈。而这种没有人挺身而出掌控局面的缺位现象，会更加激起公众对政府不作为的不满，形成新的舆情热点，即次生舆情。

天津港“8·12”特大爆炸案发生后，天津市从事故发生至8月16日共召开了6次新闻发布会，回应的速度不慢，但质量堪忧。6次新闻发布会正向回应集中在了伤亡通报、救援进展、危化品品类及处置的披露，而每次新闻发布会几乎都导致4个以上次生舆情，正向回应遭遇次生舆情覆盖，网络传播中不断生成新的质疑和吐槽，政府公信力受损。8月13日首次新闻发布会的记者提问环节，央视、天津卫视均切回主持人画面，央视称直播暂停，天津卫视则播放了几首歌曲，然后开始播放连续剧，这一情况让公众大跌眼镜。而此后几次新闻发布会，记者提问环节均被中断，但是互联网上各种手机视频、文字实录、记者手记却在官方披露之外拼凑起提问环节的全貌。在信息技术已经普及到个人的全媒体时代，直播暂停对舆情把控毫无益处，不仅增加外界和公众的质疑，更为不实流言创造了发酵空间。

观察6次新闻发布会可以发现，历次新闻发布会参会人员均有变化，新闻发布会信源不统一，官方回应层级不统一。首场新闻发布会未见分管主政官员出席，也没有安监部门出席，因此备受诟病。此后的新闻发布会上，虽然安监部门有所回应，但按照应急管理应该出席的分管市领导却迟迟未见露面，网上质疑“副市长哪去了”的声音更趋强烈。

同时，发布会前后既有市一级官员，也有区一级官员，并有卫生消防、民政环保参加，民间救援组织也有列席，舆论不解为何官方与会者不断变化，质疑这是新闻发布，还是工作汇报。也因出席人员不断变化，发布会上“相关单位没参加这场发布会”的搪塞以及“这不是我的职责”的推诿，招致外界诸多批评。

纵览6次新闻发布会，记者提问是次生舆情发生的核心环节。“我不清楚，需要问一下同事。”“我不知道”“我不掌握”等成为舆情发酵关键词。8

月 16 日第六次新闻发布会上，有记者提问谁负责统筹指挥救援，官员回应“将尽快了解情况”引爆舆论批评。公众无法接受灾难发生已经 4 天，而统筹救援责任人居然无法获得官方确认[①]。

3. 心态失位

根据 2011 年“人民论坛”有关调查，70% 的受调查者认为当代官员患有“网络恐惧症”。一是政府官员害怕被网络曝光，“见光死”；二是担心自己回应不当引发更大的炒作，许多官员出现“失语症”，不想说、不敢说、不会说。有人形象地描述为“泥鳅”心态，畏首畏尾，躲躲闪闪，滑来滑去。

某种程度上，公众关注的焦点并不仅是媒体事件本身，而是围绕这个事件调查、处理的过程及其依据。当媒体事件发生后，政府调查行为如果背离透明、公开、诚信的原则，包庇、隐瞒、含糊其词、语焉不详，甚至断然公布虚假失真信息，这些忽悠和愚弄公众的行为，会引起舆论和公众更大的反感。

4. 能力退位

老革命遇到新问题，就需要有新能力、新方法武装自己，方能应对自如。21 世纪时代进入了信息社会，但有的政府官员仍然停留在 20 世纪。他们上网除了浏览新闻外，不看博客、微博，不懂 BBS、QQ、BAT，数字化生存能力极差，这种“菜鸟”式的数字化水平，在一定程度上已经和社会脱节，自然容易导致发生漠视、轻视甚至蔑视互联网的态度和行为。

还有的官员认为对公众说话是少数人的事，与己无关，新闻发言人才需要培训和媒体沟通的能力，自己只要做好本职工作就行。平时缺少相应的知识储备和能力训练，一旦面对媒体，慌张失措，窘态必现。

还有的政府官员运作行政资源的能力较强，和虚拟社会打交道能力较弱，经验式应对社会舆论，无论从内容到渠道都不能适应对全媒体时代信息

---

① http://opinion.caixin.com/2015-08-17/100840386.html.

传播的要求，老办法对付新媒体、新问题，常常出现文不对题、不被认同的尴尬，心有余而力不足，媒体沟通能力短板突出。

“应对”在百度百科中解释为“酬对”“对答”，最早见于《史记·屈原贾生列传》中“应对诸侯”。所以，其基本解释为作答、对答，属于沟通层面的行为，后引申为采取措施、对策以应付出现的情况。领导干部应对媒体，不是应付、对付媒体，而是正面回应、面对媒体。领导干部如何进行媒体沟通，应把它当成一门科学和艺术来研究、训练，这既是处理突发事件进行舆论引导的现实需要，也是提高领导干部执政能力的紧迫任务。

二、塑造良好的媒体形象

所谓媒体形象，就是政府官员的行为特征、精神状况、整体素质、综合能力和施政业绩等，通过媒体展现在公众面前，为公众了解和感知，从而形成整体的印象和评价。媒体形象既是政府官员的客观反映，也是媒体和公众的主观反映。政府官员的媒体形象是政府形象物理化和人格化的表现，塑造良好的媒体形象有助于政府合法性的增强，有助于政府影响力、凝聚力、号召力的发挥，有助于公众对政府产生认同感从而支持政府决策，减少政府动员的成本和决策实施的阻力。政府形象也是政府可资利用的精神资源和行政资源。

（一）怎么穿

电视、网络视频这类媒体形式，不仅展示政府官员讲话的内容，还展示政府官员的外表形象，最能反映人的综合素质。在官员没有开口之前，镜头前你的穿着打扮已经进入公众眼帘，公众会根据这些物理信息迅速对官员产生第一印象，接着再根据这些诉诸视觉的物理信息进行推断，产生诉诸心理的人格判断、精神评价。所以，古往今来的领导者大都注意保持一个良好的外在形象。媒体时代，每一个政府官员要有“镜头意识”，只要你站在镜头前，就有无数双的眼睛在打量你，穿衣戴帽已经超越了个人私事被放大为公共话题。

1. 男性

（1）外套

无论春夏秋冬上电视，男性官员西装一套永远不会错，因为电视台演播厅有空调。西装作为职业装的首选，最能体现男性官员的干练和沉稳。西装要选冷色调的，藏蓝色是公务西装的不二选择。

（2）衬衫

白衬衫和浅蓝色衬衫是男性政府官员在镜头前的“硬通货”，既可配西装，也可单穿。单穿衬衫不打领带，领口第一粒纽扣松开不系，但袖口的纽扣一定要扣好。

很多男性官员平时喜欢穿带条纹的衬衫或格子衬衫，穿这种衬衫坐在办公室、主席台都无妨，但在镜头前却不行，因为这种图案会导致显示屏幕上有“闪屏”效果，好像许多横竖条纹在波动，造成观众视觉上的劳累。

（3）领带

领带颜色和图案的选择主要根据谈话的主题和场合，严肃的话题忌选喜庆的颜色，热烈隆重的场合可选绛红色等暖色调。实在不知如何搭配时，藏蓝色斜条纹领带和绛红色斜条纹领带是公务领带的不犯错误的保守选择。

一般情况下穿西装要打领带，显得正式、规范，但现在也有一种趋势，为了显示亲民、随和，穿西装不打领带。主要还是视场合而定。

（4）鞋袜

男性政府官员一般脚上一双黑色皮鞋以配正装，隆重场合选系鞋带的黑色皮鞋。

配袜子是个特别要注意的细节，黑皮鞋配深色袜子，切忌白袜子。

（5）饰物

男性政府官员一般不佩戴首饰，唯一可作为饰物的就是手表。

有部分官员平时喜欢选择手链、佛珠一类的饰物佩戴，还有脖子上挂翡翠、白玉挂件，这一类穿戴都不符合规范，上镜头前要检查一番，多余饰物一律去掉。

2. 女性

女性政府官员面对镜头着正装，一般以长袖或中袖职业套装为主，女性职业装色彩要求上有“三色原则”，即服饰上的色彩不要太多，一般不超过3种。女性职业装款式不像男性那么单一，有比较丰富的选择余地，只要秉持端庄大方加时尚的原则即可。但需要指出的是，短袖一般不作为上电视的正装。

女性官员可以佩戴首饰，但要注意几点：一是不戴廉价的假首饰，这种首饰会破坏你的可信任度。二是要不得烦琐，一般也是同系列情况下不超过3件。

无论男性或女性官员，上电视前要注意打理一下发型，因为特写镜头会放大头部的整体形象，发型往往起着重要的烘托作用。

（二）怎么想

“怎么想”讨论的是政府官员在镜头面前，如何通过眼神、语气、手势、表情等，塑造正确的精神气质。

1. 精神面貌和话题相符

政府官员的媒体形象除了显示外表，还揭示内心。当你告知公众一个令人高兴的事情时，却面无表情，形同背书，公众难免被暗示要怀疑这件事究竟值不值得高兴。当你讨论一个不好的事情，甚至令人悲痛的事情，你却面露微笑，口若悬河，公众因看不到你内心的沉重，就更不会相信你的痛心、道歉、负责等的表白。精神形象的塑造不是装出来的、演出来的，而是内心情感自然流露出来的。唯有心中有百姓，眼里有公众，和民众同呼吸、共命运，才会有最恰当的精神气质，最得体的语气表情，否则，伪装和不伪装的“负责任”，都会被媒体这个放大镜、显微镜将之暴露无遗。这样的前车之鉴很多。

作为陕西省安监局局长的杨达才，就是因为网上一张在车祸面前露出疑似微笑表情的照片，被愤怒的网民斥责为对生命麻木不仁而对其展开人肉搜索，牵出手表，牵出贪腐。

作为训练有素的铁道部新闻发言人的王勇平，在“7·23”动车事故的新闻发布会上，体态松弛，左顾右盼，语气轻松，还调侃记者，激起众怒，他后面的鞠躬不但没有能消弭公众对他的反感，还增加了对他虚伪的评判，成为王勇平新闻发言人职业生涯的“滑铁卢”。

再说天津港“8·12”特大爆炸事件第五场新闻发布会上，天津市公安消防局回应天津港消防支队失联队员信息“不属于管辖范围”，的确道出了权责范围的“清晰”，然而面对追问起身离席，则被公众视作事不关己的冷漠。第六次新闻发布会上，相关人员开场一句“见到大家很高兴”，虽然是常态招呼，却引起公众感情上的不满，被视为人文关怀欠缺的典型“招呼语”。

2. 克服紧张情绪

离开熟悉的工作环境，走进不熟悉的电视台演播厅，感到紧张是人之常情。适当的紧张会激发潜能，表现得更好，但过度紧张会抑制发挥，甚至出现尴尬，不能顺利完成采访任务。如何缓解紧张，提供以下参考建议。

一是提前到场，进了演播厅迅速熟悉环境，大致了解演播厅的结构、布置，然后找到自己的位置坐下，静下心来，将自己准备的内容温习一遍。正式开播前演播厅里会比较热闹，化妆师给主持人补妆，音响师调适音效，舞台监督领着观众练习鼓掌等，这些都与你无关。你要像一位演员候场一样进入角色，你准备得越充分，正式开始后就越不紧张。

二是内心摆正和记者的位置。政府官员和记者之间既不是朋友，也不是敌人，是合作关系。记者提问是他的工作，官员回答也是工作，大家是平等的。

三是谨记无论记者问什么问题，永远是你的回答比记者的提问重要。过于关注记者会被记者牵着走，要把注意力放到自己的回答上来。

（三）怎么听

媒体沟通，除了发布新闻环节，其他一般都是记者首先发问，这时，沟通中的倾听技巧在这里都可以用上。认真听，还要准备纸笔做适当的记录，以免记不清记者连珠炮似的发问。

听出关键词。记者的问话也许很长，你要善于在他的陈述中概括出主题思想，抓住一两个关键词，作为你回答的起点。“我这样理解对不对，您的意思是问……关于这个问题，我想说……”

听出真实性。有的记者不方便用自己的话说，说话前会加上“听说……”“网上说……”这类前缀，如果你确定这是挑衅的问题，可以否定他的前缀而不直接作答，“我们没有必要对不在场的第三方观点进行探讨”。如果你确定这是虚构的事实，干脆直接指出“不知你在哪里听说的，但我知道这是虚构的”。

听出弦外之音。有的记者特别和蔼、亲切，你不要因此松弛，微笑的背后也许是尖锐的问题，防止大意陷入温柔的陷阱里而不知。有的记者言辞犀利、咄咄逼人，你也不要勃然大怒，他也许就想激怒你让你失态，你应保持克制和镇定。对于记者的问题，你有回答的权利，也有反问的权力。有一次记者招待会上，有记者问李肇星外长：“日本媒体传您即将引退的消息是否属实？”李外长反问：“你信日本人的，还是信我的？如果信他的，不用来问我。”有的记者对一些问题有错误的理解，也许是无意的，也许是蓄意地挖陷阱，用错误的前提去引导，比如问“比较美国、日本、新加坡、台湾、法国、英国这些国家的税制，中国的税负是否太重？”这个问题本身就有问题，因为他把台湾当成一个国家对待，你必须首先指出他问题的错误，才能回答具体的内容，否则就等于默认了他的错误前提。香港记者问李肇星：“您怎么看台湾‘总统’选举？”李肇星没有正面回答她的问题，只是反问：“台湾什么？什么总统？我没听说过！一个省不会有什么总统。”

（四）怎么说

曾经有人采访张艺谋，问他怎样拍电影，张艺谋说：我不知道怎样拍电影，但我知道不怎样拍电影。“怎么说”显然是媒体沟通的重头戏，我们不知道怎么说，但知道不怎么说。正着说比较难，反着理解更容易。

1. 不说假话

面对媒体一定要说真话，纸包不住火，假话会带来无穷后患。但真话怎么说也有分寸，一定要区别事实之真与真相之真。事实之真就是我们掌握的事实，真相之真就是还原事情的真相。由于种种原因，真相往往是很难被还原的，所以，政府官员的表态一般都是事实之真，只讲我们掌握的情况，不把话说满了，"据我们目前了解的情况是……"，为事态进一步发展留有余地。

说真话要有底线，底线就是真话不百分之百往外说，但说出去的百分之百是真话。对拿不准的问题，不说模棱两可的话，不想到哪儿说到哪儿。适当承认"不清楚""不明白"也比说假话糊弄公众强，是以最小的伤害保护自己。

2. 不说长话

心理学研究发现，最吸引对方注意力的是开始的 30 秒，一个人只要在开头的 30 秒能吸引住对方，后面沟通的过程就会变得顺利而愉快了。这就是 30 秒现象。销售员经常练习如何在 30 秒内推销一件商品，沟通学经常教人在电梯里如何利用 30 秒向领导推销自己。同样，媒体沟通也要利用 30 秒现象，不说长话，一开头就要先声夺人，吸引听众，争取在 30 秒内抛出主要观点。

回答一个问题，多长为宜？最好在 2 分钟左右。太短展不开，太长听众注意力就不能集中了，而且容易造成言多必失的失误。正常人 1 分钟讲 200~250 个字，播音员受过训练，可以讲 300 个字，2 分钟正好讲 500 字以内，打印下来占 A4 纸的一面。政府官员去电视台接受访谈类节目，电视台一般会提前给一份照会单，里面列上可能要问的问题，官员准备这些问题时，一个问题一张 A4 纸，信息容量恰到好处。

3. 不说废话

媒体时间是以秒为单位计算的，可谓寸秒寸金，所以，政府官员面对镜头，直奔主题，平时坐在主席台上做报告时使用的一些"穿靴戴帽"式的开场白、客套话尽量略去。你面对的是媒体前的受众，他们既不是你的上级，也不是你的下级，不要把工作中的官话、套话一模一样地带到媒体中来。

4. 不说地方话

不说地方话有两层意思，第一层意思是就形式而言，要讲普通话，政府官员代表国家、政府，应该使用国家建议的公务人员的通用语言，也是文明、规范、开放的标志。第二层意思是就内容而言，要讲普通人听得懂的话，不要过多使用生僻的词汇、过于专业的术语，媒体沟通属于大众传播，要有大众意识。

5. 永远不要对记者说的话

永远不要对记者说“无可奉告”，“无可奉告”会激起记者和公众巨大的好奇心一探究竟。面对敏感问题实在不知道怎么说，可以选择说“正确的废话”，放之四海而皆准的套话，以拖延时间，转移注意力。当然，这是不得已而为之的办法，给快要溺水的人套上救生圈，属于应急处置，应急处置完了，应该有后续的补救措施。

永远不要对记者说“下面这段话请不要发表”，不让发表就有隐情，就表明要开始爆料了，这正是媒体求之不得的吸引眼球的内容，媒体一般是不会放过这种机会的。

永远不要对记者说“告诉你真话吧”，这就等于承认你前面没说真话，引火烧身。有的人把这句话当成是一种口头语，但媒体不管你是不是口头语，只管你说的内容。

6. Q=A+1

这是美国总统里根总结出来的媒体沟通的经典公式，“Q”是媒体提出的问题，“A”是这个问题的回答，“1”是自己熟悉的、有准备的内容，Q=A+1 这个公式就是在回答媒体提问时，围绕提出的问题做个简短回应，接着就过渡到自己熟悉的、有准备的内容上，不要一直被记者牵着走，争取主动，争取话语权。

三、突发事件的媒体沟通

中国正处在深刻改革的历史时期，传统的稳定的社会结构已经被打破，新的社会结构在形成的过程中，各种利益格局不断碰撞、冲突、变动，加之少部分掌握公权力的部门或人员作风不正，消极应付、越权作为甚至贪污腐败等现象时有发生，凡此种种，常常引发突发事件。突发事件处理不当，引发舆情汹涌，上升演变为媒体事件。如何在突发事件中进行媒体沟通，对舆情进行有效的回应和引导，是领导沟通中的新学问、新技术。

（一）突发事件的舆情传播特点

突发事件发生后，舆情摆脱了传统官方媒体的单一传播渠道，凭借全媒体特别是新媒体迅速生成、扩散、传播甚至固化，表现出其特有规律性。掌握了舆情传播的规律和特点，才能有的放矢地进行回应和引导。

1. 媒体急迫地表达

突发事件发生后，媒体往往在“第一时间”就发声了，因为突发事件对媒体来说正是具有显著的“新闻价值”。西方的新闻学常说，“最坏的事就是最好的新闻”“新闻就是反常的事物”，一切具有超常、少见、违规的事件，都是媒体热衷的新闻点。谁能抢到在第一时间发声，几乎是检验媒体灵敏度、反应能力和竞争能力的一把重要的尺子。美国的 CNN 新闻频道，是通过报道 1991 年海湾战争而成功地树立形象的，香港凤凰卫视多次通过对类似“9・11”这样的突发事件进行全程跟踪报道，成为香港地区和中国内地了解突发事件真相的首选媒体。突发事件发生后，媒体成为最有效的传达信息、动员社会的力量。

加之自媒体在传播速度方面的天然优势，舆情诞生的时间往往是即时诞生，即事件爆发的同时就是报道的同时，报道者不是事件的当事人就是目击者。据新华网舆情监测显示，当今 80% 以上的突发事件均始于自媒体传播。这些自媒体将“第一时间”由过去的“黄金 24 小时”变为“黄金半小时”，速度之快可谓风驰电掣。

2. 公众热情地参与

突发事件发生后，公众或出于直接或间接的自身权益的维护，或出于知情权的要求，或出于对政府的监督，或出于好奇和从众，往往热情地参与。一是人数之众。随着网民的剧增，智能手机用户的剧增，接受舆情信息的人数动辄千万人、亿人，这是过去任何一种传媒无法企及的高度。二是阶层群聚。互联网的无障碍连接使社会各阶层民众的网上意见表达也是无障碍的，草根和精英一起喧哗，特别是草根的参与，打破了传统媒体的精英垄断现象，表现出舆情参与的全民性特征。三是情绪化。这种热情参与，表现出很强的情绪特征，正面意义是打破人际冷漠、隔膜形成社会互动，但情绪化也有其非理性带来的负面影响，会出现道德绑架、舆论绑架，甚至引发过激行动。

3. 走向的复杂性

一旦舆情形成，舆情被赋予了多元的社会期盼，有维护正当权益的，有要求事实真相的，有促进社会公平正义为动机的，也有纯粹发泄内心不满的，还有爆料人转借某一新闻事件走红的时机，对与该事件无关的事件进行爆料，以引起媒体和舆论的关注，希望就此解决自身诉求，进行“舆情搭车”的，还有媒体在职业操守和自身利益诉求间的选择……舆情寄托了社会大众和媒体林林总总的心态，成了社会诸种力量博弈的角力场，谁在舆情中占上风，谁就能引导舆情的走向朝有利于自己的一面发展。这种多方向多角度的拉扯，造成舆情走向的复杂性。同样一个舆情，今天表达的主题不代表是明天的主流思想，也许是一件并不太具有新闻价值的事，但经过若干的信息转播、放大和加载，一波未平一波又起，最后演变成谁都不控制不了的事。贵州“瓮安事件”，本来就是一个女学生溺水身亡事件，最后演变为暴力围攻政府事件，如果不是贵州市委书记石宗源出面处理得当，这个事件的走向难以预料。

舆情发展走向的复杂性，对政府回应舆情的及时、准确提出了很高的要求，只有及时回应能够满足公众迫切了解信息的要求，只有准确回应能够阻止谣言的传播渠道，只有高质量回应方能引导舆情发展走向。

（二）媒体沟通在突发事件处置中的关键作用

突发事件应急处置就是两轮驱动，一是做，即科学处置；二是说，即有效沟通。有效沟通在整个突发事件处置中，起着关键作用。

1. 先声夺人

舆情传播也有首因效应，最先输入的信息对信息接收者的认知产生很大的影响，甚至会左右后来获得的信息的解释。美国传播学学者做过一个实验，将 A 和 B 两种冲突的信息按先 A 后 B 的顺序呈现给受众，发现受众更容易倾向于接收 A 信息。所以，在危机事件的媒体沟通中，和时间赛跑是第一宝贵要素，快，比谁的信息发布快。

危机发生后，公众对信息如饥似渴，甚至饥不择食，谁先发布，谁就能在公众的蜂拥而至、洗耳恭听中影响公众。虽然“第一时间”的信息大都不全面、不完整，前因后果也不清楚或不准确，但“第一时间”公众往往已经选择了自己的立场，并且这种选择会以倍增的方式传递、发散，“民意”往往就这样形成了，并且演变为一种强烈的社会影响和社会压力，迫使相关方不得不做出反应。曾经南方某省发生一起突发事件，由于政府应对缓慢，事件愈演愈烈，最后报纸不得不发 7000 字的稿件澄清事实，有媒体人评析，“在事发当时，只要 7 个字就够了，事后的 7000 字来得太晚”。

所以，政府的媒体沟通一定要抓住宝贵的“黄金半小时”，在第一时间主动把信息发布出去，给媒体和公众“喂料”，掌控先机和话语的主动权。

2008 年 5 月 12 日 14 时 28 分，四川省汶川县发生里氏 8.0 级地震，14 时 46 分，政府通过新华网发布消息，32 分钟后，中央电视台做了报道，52 分钟后，中央电视台新闻频道推出直播特别节目“关注汶川地震”。5 月 13 日抗震救灾信息由国务院新闻办统一发布。13 日 16 时，国务院新闻办召开新闻发布会，向中外记者介绍地震灾害和抗震救灾情况。此后，官方每次发布地震灾害中的伤亡人数、损失数额等都精确到个位数。

汶川地震的媒体沟通，是一次成功的案例。由于政府部门第一时间快速反应，发布新闻，公开灾情，起到了稳定社会和稳定人心的作用。因为建立起信赖感，当时人们获取信息的途径不约而同首选央视等主流媒体，这为后面的社会动员、辟除谣言等既争取了时间，也争取了人群，做到了充分的准备。

2. 聚焦信息

突发事件发生后，也是谣言大行其道的时候。美国社会学家 G. W. 奥尔波特和 L. 波斯特曼于 1947 年总结出著名的谣言公式：R=I × A。在此公式中，R 是 Rumour，谣传；I 是 Important，重要；A 是 Ambiguous，含糊。从中可以看出，R 是和 I、A 密切相关的，如果 I 和 A 其中任何一个低到可以忽略的地步就不会有谣言，相反如果一件事情极重要而表达得又模糊，那谣言自然就会盛行。

突发事件之所以会引起人们的高度关注，就是因为关乎国计民生，2016 年 5 月是突发事件高发期，魏则西事件牵出百度信任危机和“莆田系”事件，对应的是医疗安全。接着是海南的强拆枪击视频，对应的是财产安全。然后是雷洋死亡事件，对应的是人身安全。接着爆发江苏、湖北抗议高考名额减招事件，对应的是教育公平。这些事件之所以能以摧枯拉朽之势引爆舆论，就是因为它刺痛了大多数人都关心的医疗、人身、财产、教育的安全及公平。

正因为突发事件的高 I 特征，更需要对高 A 进行控制。一旦缺少权威、准确的信息发布，谣言就会不胫而走。谣言对公众和政府是双重伤害，政府在谣言之下容易被中伤，公众在谣言之下极易被误导，最终双败。所以，政府主动发布信息，能和谣言抢占舆论阵地，发布准确的、质量高的信息，能将质量低的社会信息有效地剔除，让公众的注意力从杂乱无序的信息中对准靶心，聚焦重点。这是舆论引导很重要的一环，如果政府不发声，或者虽发声但质量不高，公众不解渴、不满意，就等于将话语权拱手相让，会加剧后面危机处理的难度，甚至引发新的危机。

聚焦信息就是引导舆论，不是消灭舆论。有的政府部门在舆情形成后，习惯采用删帖的方式去处理，一是效率高，二是易操作。《国语・周语上》:

"防民之口，甚于防川。川壅而溃，伤人必多；民亦如之。是故为川者决之使导，为民者宣之使言。"封建官吏都意识到不让人民说话必有大害，殊不知删帖恰恰是防民之口这一错误思想的再现。删帖是一种消极的作为，不能解决公众心中的疑问，不能释放心中的情绪，反而会因此进一步激化矛盾。流言始于封锁，谣言止于公布。正确的舆论引导是应该用高质量的信息去占领舆论高地，用正面舆情消除负面舆情的影响，用建设性舆情对冲破坏性舆情的力量，通过选择性、技巧性的信息传播，让政府的意图隐含其中，让公众在接受信息的同时也接受其观点。

3. 动员力量

突发事件发生后，往往并非只与事件当事人有关，还需要动员社会各种力量来共同参与，特别是一些自然灾害性的突发事件，有的需要调集周边地区的公安、消防、武警、医疗、运输等力量，遇到非典、汶川地震这类重大事件，需要全国性的动员。还有的灾害，出于全局考虑，需要牺牲局部利益，比如采取泄洪等措施，政府不能以简单的行政命令采取强制措施，需要通过舆论引导，耐心解释、说服和动员。

社会动员是政府的主流媒体必须担当的职责，主流媒体一是政府的喉舌，发挥其影响公众的职能义不容辞。二是社会影响力大，具有富足的人力、财力资源和社会资源的优势，有能力做好动员工作。三是主流媒体往往是权威媒体的代表，作为媒体自身，在突发事件中有为有位，积极担当，也是自身权威性建设的需要。

4. 承担责任

突发事件常常和问责联在一起，但问责的发生一种是针对直接导致事件发生的失职、渎职行为，还有一种是事件发生后因隐瞒、欺骗导致的次生责任。无论是原生责任还是次生责任，都是政府的媒体沟通中不可回避的话题。公众通过政府对责任人问责的方式、程度来判断政府处理突发事件的态度和立场，监督政府说的和做的是否一致，进而选择自己的下一步行为。因此，承担责任是公众关注的焦点问题，是媒体沟通的要点。

媒体沟通中陈述合理得当的问责既是对官员责任心的建立起警戒作用，也能补偿受害者的精神损失，能给社会一个合理合法的交代，因此是平息公众情绪的宣泄口。出了问题，要敢于认错，勇于认错，千万不能犯权力傲慢病，政府官员也要会说道歉的话。世界上没有不犯错误的政府，但公众不原谅犯了错不认错的政府。

但道歉也有艺术，责任也有边界，要学会承担有限责任，是多大的责任就担多大的责任，是谁的责任就说谁的责任，切不可走向另一个极端，道起歉来大包大揽，造成扩大化或今后无法兑现，形成被动。

2007 年实施的《中华人民共和国突发事件应对法》第六章法律责任，从第六十三条至第六十八条明确了突发事件中的各种责任主体、责任内容和责任后果，强调地方政府“迟报、谎报、瞒报、漏报有关突发事件的信息，或者通报、报送、公布虚假信息，造成后果的；要承担相应责任”，政府问责以最高级别的法的形式确定下来。

（三）媒体沟通八步法

沟通理论的奠基人拉斯韦尔的 5W（What、Who、Where、When、Why）沟通模式，为制定媒体沟通策略提供了重要的分析方法。中国危机管理专家游昌乔的危机管理 5S 原则，指出了危机处理的一般遵循的思路。5S 具体指承担责任原则（Shoulder）；真诚沟通原则（Sincerity）；速度第一原则（Speed）；系统运行原则（System）；权威证实原则（Standard）。

结合这两个理论，我们就突发事件处理中的媒体沟通，提出 8W“八步沟通法”。

1. Whether

第一步是“是否要最强沟通”。这个看起来是个伪命题，前文一再强调突发事件中政府一定要发声，而且第一时间发声，这里却讨论“是否要最强沟通”，不是矛盾吗？其实这里讨论的“是否要最强沟通”关键点在于“最强”二字。媒体沟通的方法有很多，可以和群众代表座谈，可以现场发表演讲，可以政府网站发微信、微博，可以报纸、电视台报道新闻，可以群发短信、微信，可以召开新闻发布会、记者招待会，显然，最强沟通是最后两种。

新闻发布会和记者招待会都具有形式正规、档次较高、双向互动、邀请媒体众多、影响大的特点，是媒体沟通中最正规隆重的形式。新闻发布会是主动发布新闻，一般是由政府新闻发言人定期、不定期或临时举办的新闻发布活动，先主动发布新闻后回答记者提问，时间一般为半小时至一小时。记者招待会规格比新闻发布会更高，记者招待会不发布新闻，只立足于回答记者提问。一般设有主持人，回答问题的官员级别较高，邀请媒体级别也相应更权威、人数更多，时间更长，一般为一个多小时。

是否突发事件发生后，要立即召开新闻发布会或记者招待会？答案是不一定。是否要开主要由这个突发事件的性质决定，如果涉及范围是全国性的、事件性质极其重大，或虽是区域性事件但影响是全国性的且此带有一定的重复性、多发性特征，以上几点只要具备其中一点，就应该召开新闻发布会，主动发布已掌握的消息，尊重公众的知情权。但如果事件仅仅是部门性的、区域性的，影响也是局部性、区域性的，事件责任主体不是政府而是个人，事件带有偶发特征，当以上几点同时具备两点以上，就可以考虑用其他方式进行媒体沟通，不需要上升为新闻发布会或记者招待会。因为新闻发布会或记者招待会影响大，会引起更多的关注，处置不当反而“引火上身”。

总之，第一步要遵循适当原则，沟通强度、沟通级别要视突发事件的程度而定，过弱、过强都不妥当。

2. Who

第二步是“谁沟通”，即进行媒体沟通的主体。和媒体沟通的政府官员因为代表政府出面，必须具备三个要素。

一是权威性，即有足够的资格能够代表政府。通常情况下新闻发言人作为政府法定代言人出面沟通，或者主管方的相关负责人出面沟通，最高级别领导者暂时不需出面，因为事态发展不明朗，最高级别的领导者需要一定时间观察、准备。但当发生的事件性质很严重时，要“顶格沟通”，即最高行政首长出面才行。5・12汶川地震中总理第一时间出现在灾区第一现场发表讲话、“9・11”事件发生38分钟后小布什就在正在视察的佛罗里达州一所小学教室发表简短讲话，这种顶格沟通，就是表明国家的态度、政府的决心。区域性的重大事件，地方政府的最高首长要顶格沟通。“8・12”天津港爆炸事件，新闻发布中一直缺少权威主体，成为一大致命问题。

二是相关性。代表政府和媒体沟通的主体一定和这个事件有密切相关的联系，或是主管部门，熟悉政策背景；或是救援单位，了解现场情况；或是当事人，当事人可以是事件的亲历者，也可以是现场救助的消防员、医护人员等，感同身受，具有说服力。这些人往往比新闻发言人更能在沟通中表达准确、翔实、生动。新闻发言人由于不是直接处理突发事件的主办方，常常面对提问不能给出满意的回答，或由于权限不够的“道歉”也不能让公众买账。“7・23”动车事故中王勇平其实就是这样一个牺牲品。他作为铁道部的新闻发言人，匆匆忙忙从机场直奔新闻发布会现场，既不能给出现场救援情况的有力说明，也不具备代表铁道部道歉的资格，最后在记者的密集高压提问之下失措，出现了“不管你信不信，反正我信了”这样的雷人语言。

三是专业性。突发事件的媒体沟通，公众往往特别需要了解事件发生的原因，这些原因的解释最好由相关专业人士担任，他们的专业知识、专业背景和专业地位使公众更容易接受和认可他们传递的信息，加之专业人士带有第三方的中立色彩，客观、公正的评析会引导舆情走向理性的一面。

所以，在第二步“Who”这个环节，要同时具备以上三个条件，往往需要以一个团队的形式出现，而不是某个人的单打独斗。

3. Whom

第三步是“对谁沟通”，即沟通的客体。这个客体分三个层次，第一层次是当事人，第二层次是媒体记者，第三层次是网民和公众。

区分不同的客体层次，是为选择相应的有效的沟通途径和方法提供策略性建议，对当事人沟通，要以同理心为重，多理解、多共情、多寻求共同点，情感性策略是首选。对媒体沟通，就要进行筛选和甄别，媒体的背景、立场，特别是接受采访，一定要按照管理规定进行，进行记者登记，核实记者身份，根据国际惯例划定“采访开放区”和“采访禁区”，规定记者现场的活动区域。对网民和公众沟通，就需要多讲事实、数字和处置措施，多介绍防范知识和自救方法等。还可以利用网络媒体的优势，运用视频、微电影、幻灯片等多种技术进行传播，打破媒体沟通一问一答的单一局面。

4. When

第四步是“何时沟通”。这一步当然是越早越好，尽量第一时间发声。但正确理解这个“早”，要结合以下几点考虑：

第一，是否和突发事件同步？同步发声第一不可能，第二没必要。既然是突发事件，往往突如其来，出乎意料，事件发生的同时，政府部门接到报告，需要成立指挥部门，需要调集力量，需要调查情况，不可能立刻发声。而作为事件的当事人和在场人员，往往可以利用自媒体立刻发声，所以官方的声音比民间的声音迟很正常。加之官方发声带有严肃性、权威性，不能说错，一般需要有个定基调的统一认识的过程，官方媒体有个准备新闻通稿的过程，所以比民间发声稍迟也是必要的。

第二，是否发声一定要等新闻通稿出来？新闻通稿起源于美国，原本是一些新闻通讯社的专利。新闻通讯社在采访到重要新闻后，会以一种统一的稿件方式发给全国的媒体，媒体再转发该新闻。现在此方式被广泛运用于政府和企业的媒体沟通。新闻通稿具有信息准确、表达严谨的特点，是政府特别重视和通常采用的形式。同时新闻通稿适用于各类媒体，也是记者们最熟悉、最愿意接受的形式。但新闻通稿需要组织专门的写作班子，搜集信息，经领导人把关后才能发布，所以有一定的时间要求。突发事件发生后，尽量迅速组织新闻通稿的撰写，在未撰写好前，如何和各类新媒体一起发声，可以采取先做简单发布后再发新闻通稿的方法，先简单发布最简短的信息，“何时何地发生了何事”，表明政府已经知情并介入，待信息较充分些，再推出新闻通稿。

第三，是否发出通稿就可以了？答案当然是不可以。在整个事件处理的过程中，沟通是连贯的。开始信息有限，情况不明，只需简短发声。随着事件调查或援救的进展，新的信息应源源不断地“喂”给媒体和公众。所以，第一时间发声后，还要有陆陆续续的新消息出来，让公众全程了解事件处置情况，及时掌握最新动态。

5. Where

第五步是“何地沟通”。媒体沟通的地点可分为线上和线下，线上是政府网站、微信微博等移动互联平台等，线下有实地接受媒体采访、走进电视台演播厅、召开新闻发布会或记者招待会的现场等。

线上线下要一齐发力，形成组合拳，发挥各自的优势，吸引不同群体的注意力。线上传播快，覆盖广，成本低，受众年轻、受教育程度高。线下正式规范，规格高，是一手信息的发源地，受众不是当事人就是媒体，是高度敏感人群，而且线下沟通往往为线上沟通提供材料、话题，具有源头性影响，要格外重视。

突发事件的处置中，现场沟通具有直观、鲜活的效果，现场的气氛、状况能够借助媒体的镜头表现得一览无遗，镜头语言胜过口头表述若干倍。政府救援人员紧张忙碌的身影，比官员表态还要能打动观众。但现场沟通要注意，一是不要打搅正在进行的紧张的处置工作，二是一些过于刺激性的镜头，如摆放的尸体等应尽量避免。

新闻发布会或记者招待会的地点选择，要视事件的程度而定。如非典这类全球性事件，要在首都举行；一些地区性事件，一般选取地级市或省会的政府新闻发布的会议中心，这些正式的场合有较好的音响效果，主席台和记者席之间有一定距离，会议现场一般设有前后门，这些都有利于对现场进行有效把控。

如果允许记者进行现场的采访，一定对现场进行严格的管理。要划定外警控线，进行交通封锁，禁止未经许可证入内。要划定内警控线，媒体也不能进入。媒体允许采访的区域一般设在内警控线和外警控线之间。如果新闻发布会或记者招待会放在现场召开，地点一般在事发现场附近或远处。

需要提醒的是，在一些群体事件中，由于人群大面积聚集，政府官员出面讲话，这时候需要有高音喇叭等设备配合，否则讲话声音压不过人群的鼎沸声，起不到控制局面和镇定情绪的作用。

“7·23”动车事件的新闻发布会之所以失败，还有一个原因就是地点选择不当。7月24日22：41，在温州市区水心饭店的多功能厅进行，这个正常只能容纳100人的多功能厅，拥进去40多家媒体，200多名记者，还有一些动车乘客，记者直逼主席台，王勇平退场被围堵，现场音响效果差，后排听不清表示抗议，现场混乱不堪。

6. What

第六步是“沟通什么”。这是媒体沟通的核心。事件不一样，沟通的内容应该也有较大差异，但有几个原则是一致的：

第一，讲事实。快讲事实，是什么讲什么，知道多少讲多少。一般是发生了……人的情况……现场其他情况……

第二，多讲态度，慎讲原因。一般事件刚刚发生，原因都是在调查中，不宜轻易下断论。重点放在处置事件的态度上，心情如何，重视程度怎样等。

第三，详讲举措。事实是过去时，举措是将来时，表示政府的积极应对，务实有为，也是前面讲的高度重视态度的具体体现，是公众想知道想了解的信息。缺少这一部分，公众会觉得被忽悠，觉得政府说大话空话。

What部分可以用一个公式来表示：

问候＋慰问
过去：发生了什么？做了什么？
现在：进展如何？正在做什么？
将来：下步做什么＋要求/希望鼓励＋表态

7. How

第七步是“如何沟通”。这部分为组织准备和沟通的方法技巧。

媒体沟通的组织准备一定是多管齐下，协同作战。首先要建立专门的组织机构，明确各自的职责，在领导小组组长的指挥下，各司其职，有汇总信息的，有制订方案的，有外部联络的，有安抚受害者的，有负责媒体管理的，有监控舆情的，有对外发布消息的……分工合作，实现效能最大化。其次要按规定的突发事件预案中的舆论引导流程操作。要明确事件的等级，属于一般突发事件、重大突发事件还是特大突发事件；要明确相关责任人，确定牵头部门，以及配合牵头部门的现相关部门；要统一对外口径，确定新闻发言人负责对外发布信息，必要的时候公布办公电话，接受媒体采访和公众询问。

媒体沟通的方法技巧有很多，主要应做好几个区分：区分不同区域，突发事件处置原则上实行属地管理，但也要根据影响范围进行区域沟通的方案调整；区分不同人群，对事件的特定人群要重点关注引导，对一般人群要分散引导；区分不同媒体，不同媒体采访报道的需求不一样，影响力也不一样，立场态度也不一样，要有不同的应对方法；区分不同的重点，不同性质的事件，一定要对舆论关注的重点进行有效切割，自然灾害在于说明原因和政府举措，事故灾难在于说明后续影响和对责任人的问责，公共卫生事件在于分析传播途径及后果和说明防范措施，社会安全事件在于通报进展，安抚公众情绪；区分不同反响，有的事件受各种原因影响，公众反应会超出预计范围，因此，要有及时调整方案，一般做预案时要最大化地考虑公众反应，以此为标准制定对策①。

8. Why

第八步是“为什么沟通”。这其实是前面七步骤的统领，既可前置于第一，也可作为总结反思放在最后。

突发事件的媒体沟通不是为了沟通而沟通，而是为了减少、杜绝突发事件的发生而进行的沟通，所有台前的说，都是为了台后的做。所谓台上一分钟，台下十年功，行动的矮子不可能成为语言的巨人，如果政府没有平时的

① 叶皓 . 突发事件的舆论引导［M］. 南京：江苏人民出版社，2009.

善治，没有日常工作的到位，没有正常职责的履行，就是在媒体沟通中再八面玲珑，再长袖善舞，再技巧娴熟，都是舍本逐末。只有牢记为人民服务的公民观、执政为民的权力观、实事求是的政绩观，才能把握好媒体沟通的立场。媒体沟通功夫在平时，媒体沟通生命线在人民群众的满意。忘记或背离这点，一切的媒体沟通策略都将“皮之不存，毛将焉附”。

（四）答记者问应知应会

突发事件媒体沟通中答记者问环节，是很多政府官员感到比较棘手和畏惧的环节，也是媒体沟通中官员和记者正面互动的环，因为媒体的聚焦和放大，应对得体，则树立正面形象，推动工作开展，应对不当，则一着不慎，满盘皆输。

在答记者问时，一定要贯彻政治原则，保持正确的政治立场，紧跟中央政策，保守国家秘密；贯彻法律原则，所有的回答都有法律依据，坚持依法依规；贯彻组织原则，口径和上级、领导保持一致；贯彻自律原则，确信获得授权的才能回答，禁止超越权限。

答记者问就像乒乓球比赛一样，记者的提问，官员回答，你推我挡，你来我往，见招拆招。越是有难度的问题，越能显示官员的政策水平和表达能力。下面就如何回答具体的提问给出一些技巧性建议。

1. 识破虚构前提，化解圈套陷阱

2007 年 3 月 14 日，中央电视台“小崔会客厅”节目，崔永元采访重庆市常务副市长黄奇帆：

问：您都分管哪个方面在重庆？

答：第一，我是分管财政、税务、监察、财经类的事情。第二，我也管工业。第三，重庆的国有资产、国有资产经营几十个大集团，这一类的事也是我管。另外还有一块就是教育。

问：我听出一点问题，您说分管四个方面，最后说教育，说明教育在您分管的里面是最不受重视的。

答：大概也是因为我分管财政经济这一块，所以我们市长很高明，特别要让我分管教育，因为教育的发展是需要资金做后盾，不仅是财政调度的资金，而且是社会资金的调度，需要用各种财经手段来解决教育中的资金困难。

2. 坏消息尽量不重复陈述

尽量不要重复坏消息，以防记者通过片面证据得出偏颇结论。

梵蒂冈教皇访问洛杉矶，一下飞机，记者采访教皇：

问：教皇，你想不想到洛杉矶的红灯区去？

答：洛杉矶有红灯区吗？

第二天报纸头条：教皇下飞机就问："洛杉矶有红灯区吗？"

3. 若非机密或隐私则尽量公开

中组部副部长李景田在 2005 年 7 月 7 日新闻发布会：

问：最近国外有些对中国政府持批评意见的人士宣称，数以千计的中国共产党党员要求退党，请问这是事实吗？中组部对此有何评论？

答：我们注意到，前一段时间境外的个别网站发布了所谓数以千计党员要求退党的消息，还刊登了一些人的退党申明。我们对要求退党党员情况进行了了解，发现或者查无此人，或者是某些别有用心的人为一些早已定居国外的人编造的故事。谣言里包括一位作家孟伟哉，孟伟哉听后十分气愤，已经向有关媒体申明自己并没有退党。中国共产党……

4. 分清提问动机，尽量不惹是非

2005 年 9 月 27 日李敖在上海参加记者招待会：

问：这次神州之旅从北京走到上海，您认为两地的大学生差距多大？尤其是上海的文化氛围有什么感觉？

答：你这个问题相当恐怖，你要逼出来我对三个大学的意见，挑拨我对三个大学的感情，我告诉你，都很优秀……我可能很滑头，可我真的是这个意思。

5. 严守法律证据

2003 年 4 月 30 日王岐山出席关于非典的新闻发布会：

问：我们知道在中国，因为疫情有两位高官被撤职，我想问，在此之后还会不会有进一步的行动来调查到底谁参与了掩盖事实真相的行动？以及向国际社会做出进一步的解释，并向国际社会道歉呢？

答：不愧为《纽约时报》，问题就是尖锐。可是时间和对象选得不太对。说实话，我来的这 10 天，除了睡觉，每时每刻都在关心着疫情的事情。过去的事情，我们在疫情的分析上，每时每刻都忘记不了。至于政治上的责任和原因问题，这不是我关心的。但是你们应该相信我们的中央和国务院，对这方面是不含糊的。

6. 问题超出自己权限时，转给他人

1943 年 2 月 18 日宋美龄出席在美国的记者招待会：

问：听说中国并没有利用自己的人力？

答：中国在人力上已尽全力，但缺少军火，中国不缺训练有素的飞行员，但没有足够的飞机和汽油。

问：中国如何获得军火？

答：总统先生解决过许多很重要问题，渡过许多危机，最好由总统来回答这个问题。

7. 超出自己提供信息的范围，转给下次

2001 年 3 月 15 日朱镕基总理记者招待会：

问：您的报告中提到了江泽民主席的“三个代表”和“以德治国”思想，请问对于普通人来讲，“三个代表”对他们意味着什么？“以德治国”又意味着什么？

答：我想，江泽民主席提出“三个代表”的思想，“以德治国”的理念，都是对马克思主义理论的发展。在这个问题上，我和中央的意见是完全一致的。但这时你让我在这个地方来阐明这个意思，我想不是时候，也许我们需要开一次研讨会。

8. 转移重心，将话题转移到自己可控的内容上

2001 年 3 月 15 日朱镕基总理记者招待会：

问：中国强烈和坚决反对美国发展 NMD（导弹防御计划）和将台湾纳入 TMD（地区导弹防御计划），但是，如果美国一意孤行，中国会怎么办？

答：你这个问题我一句话很难回答，是不是允许我谈一谈中美关系的问题？我想这也是大家所关心的……

9. 机敏回避敏感话题

李肇星回答美国教授提问：

问：网上有消息说，美国情报部门在中国订购的一架波音飞机上安装了尖端的窃听器设备，他们估计，这架飞机有可能被中方派作专机使用。

答：我们在国际贸易中，坚持公平原则。在中美贸易中，我们买什么，美国就应该给什么。凡是没花钱的东西，我们都不要。

10. 对恶意话题反唇相讥

2000 年 3 月 15 日朱镕基总理记者招待会：

问：最近两岸问题举世瞩目，尤其是在《一个中国的原则与台湾问题》白皮书发表之后，各方有不同的解读，不知道总理的看法如何？

答：克林顿总统发表演说，他讲了这样一段话：必须实现一个由威胁转为海峡两岸对话的这样一种转变。我觉得这句话应该改两个字才比较确切：必须实现太平洋两岸之间的由威胁转为对话的这样一种转变。

C H A P T E R 0 7

第七章

网络沟通：一网情深

案例

2016 年 4 月 19 日，在网络安全和信息化工作座谈会上，习近平主席说，互联网是一个社会信息大平台，亿万网民在上面获得信息、交流信息，这会对他们的求知途径、思维方式、价值观念产生重要影响，特别是会对他们对国家、对社会、对工作、对人生的看法产生重要影响。

实现“两个一百年”奋斗目标，需要全社会方方面面同心干，需要全国各族人民心往一处想、劲往一处使。如果一个社会没有共同理想，没有共同目标，没有共同价值观，整天乱哄哄的，那就什么事也办不成。我国有 13 亿多人，如果弄成那样一个局面，就不符合人民利益，也不符合国家利益。

凝聚共识工作不容易做，大家要共同努力。为了实现我们的目标，网上网下要形成同心圆。什么是同心圆？就是在党的领导下，动员全国各族人民，调动各方面积极性，共同为实现中华民族伟大复兴的中国梦而奋斗。

古人说：“知屋漏者在宇下，知政失者在草野。”很多网民称自己为“草根”，那网络就是现在的一个“草野”。网民来自老百姓，老百姓上了网，民意也就上了网。群众在哪儿，我们的领导干部就要到哪儿去，不然怎么联系群众呢？各级党政机关和领导干部要学会通过网络走群众路线，经常上网看看，潜潜水、聊聊天、发发声，了解群众所思所愿，收集好想法好建议，积极回应网民关切、解疑释惑。善于运用网络了解民意、开展工作，是新形势下领导干部做好工作的基本功。各级干部特别是领导干部一定要不断提高这项本领。

网民大多数是普通群众，来自四面八方，各自经历不同，观点和想法肯定是五花八门的，不能要求他们对所有问题都看得那么准、说得那么对。要多一些包容和耐心，对建设性意见要及时吸纳，对困难要及时帮助，对不了解情况的要及时宣介，对模糊认识要及时廓清，对怨气怨言要及时化解，对错误看法要及时引导和纠正，让互联网成为我们同群众交流沟通的新平台，成为了解群众、贴近群众、为群众排忧解难的新途径，成为发扬人民民主、接受人民监督的新渠道。

网络空间是亿万民众共同的精神家园。网络空间天朗气清、生态良好，符合人民利益。网络空间乌烟瘴气、生态恶化，不符合人民利益。谁都不愿生活在一个充斥着虚假、诈骗、攻击、谩骂、恐怖、色情、暴力的空间。互联网不是法外之地。利用网络鼓吹推翻国家政权，煽动宗教极端主义，宣扬民族分裂思想，教唆暴力恐怖活动，等等，这样的行为要坚决制止和打击，绝不能任其大行其道。利用网络进行欺诈活动，散布色情材料，进行人身攻击，兜售非法物品，等等，这样的言行也要坚决管控，绝不能任其大行其道。没有哪个国家会允许这样的行为泛滥开来。我们要本着对社会负责、对人民负责的态度，依法加强网络空间治理，加强网络内容建设，做强网上正面宣传，培育积极健康、向上向善的网络文化，用社会主义核心价值观和人类优秀文明成果滋养人心、滋养社会，做到正能量充沛、主旋律高昂，为广大网民特别是青少年营造一个风清气正的网络空间。

形成良好网上舆论氛围，不是说只能有一个声音、一个调子，而是说不能搬弄是非、颠倒黑白、造谣生事、违法犯罪，不能超越了宪法法律界限。我多次强调，要把权力关进制度的笼子里，一个重要手段就是发挥舆论监督包括互联网监督作用。这一条，各级党政机关和领导干部特别要注意，首先要做好。对网上那些出于善意的批评，对互联网监督，不论是对党和政府工作提的还是对领导干部个人提的，不论是和风细雨的还是忠言逆耳的，我们不仅要欢迎，而且要认真研究和吸取。

——人民网 2016-4-19

2016年第十八届五中全会提出创新、协调、绿色、开放、共享的五大发展理念，这是当前和今后一个时期我国发展的总要求和大趋势，其中创新发展是引领发展的第一动力。互联网技术作为创新发展的引擎，正全面改变着中国社会，成为各行各业都要积极拥抱的能源，成为领导干部落实创新发展必须面对的新课题。2016年4月19日，在网络安全和信息化工作座谈会上，习近平纵论互联网，明确指出："推动我国网信事业发展，让互联网更好造福国家和人民。"①

"4·19"讲话，是习近平近年来关于互联网论述的一次继承和发展，他旗帜鲜明地表示了中国政府对于互联网的态度，是一篇拥抱互联网的政治宣言，同时，讲话更多从领导干部角度谈新常态下的新动力，也是一篇网络时代领导力建设的管理论文。"4·19"讲话提出了四个新观点：一是尊重互联网民意，认可网民在网络上各抒己见的作用；二是肯定互联网监督，提出各级领导干部要包容善意的批评；三是提出互联网执政，把互联网执政作为领导干部所具备的一个主要能力提出来；四是互联网开放，主要针对国外的互联网企业和国外网民开放，这是对中国政府首届世界互联网大会上"构建网络空间的命运共同体"承诺的践行。

"4·19"讲话传递出一个重要信号，中国官方以一种开放的姿态融入互联网时代，汇入人类文明大潮。

一、网络时代，领导何为

世界著名黑客、被评为全球十大IT怪杰的约翰·佩里·巴洛曾经预言："现在我倾向于认为它是一种自从人类掌握了火的技术以来最具变革性的技术事件。"② 这个和火的发明意义一样深远的技术，就是网络。20世纪下半叶兴起的网络成了当今社会最大的热词，当一个话题被人们反复提起时，这个

① 习近平在网络安全和信息化工作座谈会上的讲话［J］. 人民日报，2016-4-19.

② 常晋芳. 网络哲学引论［M］. 广州：广东人民出版社，2005.

话题就具有了时代意义。网络技术带来了人类社会由 A 时代（atom，原子时代）向 D 时代（digital，数字时代）转型，网络时代来临了。

（一）网络时代扫描

1. 关于网络概念的三个层面

“网络”这个概念有三个层面的理解，第一层面是作为技术概念，是计算机技术和通信技术的结合，最具代表性的是互联网，建立了全球规模的信息系统。第二层面是作为社会文化概念，电脑的连接促成了人与人之间的连接，为人类提供了一个崭新的社会结构和系统，一个全新的社会文化形态——网络文化已经形成。第三层面是作为哲学概念，表明了事物的彼此联系的实质，体现了创造、开放、多元、自由、共享等精神价值。

2. 关于网络的三大定律

第一定律：摩尔定律。微处理器的速度会每 18 个月翻一番。这就意味着每 5 年它的速度会快 10 倍，每 10 年会快 100 倍。

第二定律：麦特卡尔夫定律。网络价值同网络用户数量的平方成正比。如果将机器联成一个网络，在网络上，每一个人可以看到所有其他人的内容，100 人每人能看到 100 人的内容，所以效率是 10000，10000 人的效率就是 10000000。

第三定律：马太效应。在一定条件下，优势和劣势一旦达到一定程度，就会导致自行强化，出现“滚雪球”式的累积效果。因此，网络产业往往出现“强者更强，弱者更弱”和“赢家通吃”的局面。

摩尔定律让我们感受到社会进步的速度。只有不断学习才能追赶上这个时代。麦特卡尔夫定律启示我们，任何两个节点都有可能联结上，当节点越来越合理、越来越丰富的时候，每个节点都是受益者，是多赢的局面。马太效应揭示，只有创新，才能更好地跟上时代，才能走在前面。

3. 关于网络衍生出的三个概念

网络技术自身飞速发展，带来社会巨变，衍生出相应的三个概念，几乎正在重构当下的社会和时代。

第一个概念是网络化。网络技术不同于历史上的传统技术革命之处，主要在于其具有巨大的渗透性，它的变革导致了人类社会生产方式、生活方式、交往方式、实践方式、管理方式、思维方式等的全面变革，这些变革的过程和趋势就是网络化，网络化从时间意义上理解就是网络时代，从空间意义上理解就是网络社会。

第二个概念是数字化。数字化就是运用计算机将我们生活中的信息转化为 0 和 1 的过程，这个过程是信息领域的数字技术向人类生活各个领域全面推进的过程。数字化运用到社会生活层面是“数字化生存”，运用到社会管理层面是“大数据管理”。

第三个概念是智能化。智能化是由现代通信与信息技术、计算机网络技术、行业技术、智能控制技术汇集而成的针对某一个方面的应用，通俗地说就是用计算机模拟人的智能并进行广泛应用。原始资源是数据，数据加入理性分析变为信息，信息经过加工反映其内在价值就成为知识，知识具有深远意义、深刻见解为智慧。智能化是人类整体认识世界和改造世界的能力。人工智能已在智能汽车、虚拟现实技术（VR）和服务机器人等领域得到初步应用，正在成为颠覆众多传统产业的创新引擎，对智能化持乐观观点的科学家们认为，今后绝大多数体力工作都将交给机器人完成，就像工作革命打破了农耕社会的作业秩序又建立了生产工厂一样，机器人的出现也会促进新的机会的出现，培养新的职业。但悲观的一派在担忧，越来越智能的机器是否会成为超级智能机器，甚至会反过来主宰人类？许多有世界影响力的人物，如斯蒂芬·霍金、比尔·盖茨、埃隆·马斯克以及苹果联合创始人斯蒂夫·沃兹尼亚克，纷纷警告称，人类只顾着发展超级人工智能，而没有考虑潜在的致命后果。

（二）领导力变革和网络环境的互动

网络化在书写崭新现实世界的同时，也为人类社会诸多关系的改变和矛盾的解决提供了条件，作为和社会生活紧密联系的领导理论和领导实践，自然被深深地“网络化”，从而揭开了新的篇章。

1. 领导学理论缺乏对网络化影响的直接研究

领导学理论呈现出由“关注自身”到“关注过程”到“关注环境”的研究路径“外视化”倾向，但缺乏对变化推手——网络化影响的直接研究。

近一二十年，领导学研究的关注点已经发生了变化，意识到了战略选择是紧紧依赖环境变化而产生的，领导者的工作就是使组织的文化、价值观和社会保持一致，使员工的文化、价值观和组织保持一致。也就是领导学理论研究进入了第三个时期。第一个时期，研究围绕作为个体的领导者，从领导者特质层面解释领导活动中的个性、情感、价值观及产生的追随效应。第二个时期，研究转向作为关系建立者的领导，研究如何授权、激励和发展团队。第三个时期，研究作为社会建筑师的领导，如何创造愿景和战略方向，塑造组织文化和价值观，并进行领导变革。领导学理论本身呈现出这种由“关注自身”到“关注过程”到“关注环境”的研究路径“外视化”倾向，也是网络化对领导和管理的影响，或者说领导学理论对网络化的一种应对。但领导学第三阶段的研究还是集中在对变化的普遍性讨论和组织的转型上，在大师们的领导学书籍中，无论是加里·尤克尔的《组织领导学》，还是理查德L. 达夫特德的《领导学原理与实践》，无论是约翰·科特，还是沃伦·本尼斯，电子商务、学习型组织、虚拟组织、全球化、知识工作这些词汇都出现在其中，大家都意识到，领导者需要具备超越传统的管理和组织行为理论，德鲁克基金会还做了极有意义的工作，将几十位大师的思想集中起来，围绕“未来的领导者”进行笔会，这应该说是迄今为止对21世纪的领导力探讨最深入的书籍。但真正直面变化的根本推手——网络化对领导力产生的冲击和挑战，却很少有人刨根究底地涉及，或者很少将两者直接联系起来思考。苏珊·阿农齐奥和朱丽·莱斯写的《网络经济时代的管理创新领袖——e 领导》成为凤毛麟角的网络领导理论研究，书中创新性地提出了一个意义深远的管理新概念：E 领导。但此书主要笔墨在于描画新领导力的品质，而回避了变化的因果研究。要把领导学的时代品格和变革原则真正落在实处，还有赖于一种重要的思维模式的确立，透过领导力变革的现象，揭示领导力变革的内在因果关系，这就是领导学的问题意识。

2. 以往的“知识库存”对网络时代的领导力缺少理论支撑

在社会转型过程中，一种社会形态被另一种社会形态所代替，会产生许多需要研究的问题，需要调动以往的“知识库存”外的力量来探索，网络时代的领导力也是如此。以往的“知识库存”对网络时代的领导力缺少理论支撑，领导力理论过多关注的是组织本身，对新技术革命不感兴趣，而网络技术沉浸在对已有专业技术的不断超越中，并不关心这种超越带来的其他效应。从理论体系上看，两者分属于管理科学和信息技术两个学科，中间缺少必要的连接。而且，更加带来混乱的是，领导力本身就是一个很难界定清楚的概念，围绕着它，人们争论了几十年。能达成一致的是它是一种力量，是决定领导者领导行为的内在力量，是实现群体或组织目标、确保领导过程顺畅运行的动力，简言之“领导力是一种影响力”。但这种影响力由什么因素构成，就很难形成一致的意见。斯托格迪尔（Stogdill）认为智力、警觉、洞察力、责任感、自信、坚持和善于交际是领导者的关键个性，诺斯豪斯（Northouse）认为领导力的主要特性是才智、自信、决策力、正直和社交能力，哈维·罗森（Rosen）认为领导者必须具备八项要素，即前瞻性、信任、参与意识、求知精神、多样性、创造性、笃实精神和集体意识……领导力的构成要素还可以列出很多，它完全是一个开放的系统，留给人们大量的空间去追求新的秩序和寻找新的发现。同时，网络本身也呈现出一种前所未有的快速发展，以令人惊骇的步伐前进，应接不暇之余，对它的反思和多角度研究自然流于肤浅和简单。

但网络化的现实意义在于重新结构了我们的社会生活形态，它肯定存在对现实领导活动的隐喻式的解读。我们要做的工作就是拨开理论和现实的重重迷雾，发现一些可以指示“在高高的主席台上看到遥远的地平线”的路径。在众多网络技术的重峦叠嶂中，网络三大定律，似乎是对领导环境变革的最好的提炼和暗示。

这三大定律直接指向了速度、多赢和创新，为整个社会变革提供了最原始、最核心的依据，这是一切变革的技术基础，也是促进人类文明演进的根本性力量。世界潮流，浩浩荡荡，这就是潮流，这种力量预言和洞见了领导力变革需要向更灵活、更开放的状态发展，领导力价值观必然要向更民主、更平等方向嬗变。

3. 网络时代的组织方式要求对领导力进行现代性审视

对于新兴的网络组织方式，国外有许多研究，德鲁克认为新组织是基于知识，康妮・格莱泽认为网络组织方式是海豚式管理，美国信息研究所的报告认为网络组织是知识节点的网络，知识工作者组成知识节点，忽视组织的头衔和组织结构等。总之，"网络组织呈现透明化、个性化、直接化、扁平化、全球化、多元化、微型化七大趋势，网络的组织方式出现规模的全球化和个性化，结构的网络化，管理的扁平化和直接化，信息联系的直接性和交互性，组织决策的灵活性和柔性，组织方式的动态性和开放性和人本性"。这些特征都是21世纪前的组织所不具备的。网络要求组织要有一种"恰当的组织形式"，那么"恰当的组织形式"必然要求采取一种"恰当的领导方式"。对领导力进行一种网络驱动下的现代性审视，就成为必需[①]。

（三）E领导力的时代品质

1. 网络带来领导分权化、民主化

网络以资源共享为特征的普遍性和共享性带来领导分权化、民主化。

网络的根本价值在于无论网络的主体（人）和客体（硬件和软件）以及中介（信息）如何多样，只要遵循一定的规则和具备一定的基础条件，网络对任何人、任何组织都是通用的。在这种普遍性的基础上，个性差异的各个主客体通过网络平台联系起来，互相交流，共同分享。网络技术的这种消除

① 周敏．论网络时代领导力的变革［J］．北京：中国行政管理，2011，10.

资源孤岛，建立资源共享的根本特征，无疑为民主的发展提供了新的手段。尼葛洛庞帝发出感慨说："我看到同样的分权心态正逐渐弥漫于整个社会之中，这是由于数字化世界的年轻公民的影响所致。传统的中央集权的生活观念将成为明日黄花。"由于网络还原了人的平等，现实的管理世界赢得权力的方式也越来越由职位权力移向个人影响力。领导不是职位，而是过程，领导力不是别人赋予的，而是自己创造的。越来越多的组织组合成项目小组，这些团队的领导力不是传统的命令式，而是分担式领导，即没有一个固定的领导者，也不给任何人领导的头衔，这个角色是轮换的，关键是看在特定情境下谁的影响更有效。所以，在网络时代，领导力不再是高层垄断的话题，而是每个人的事。

这就是网络状的领导力分布，是对传统的金字塔形的领导力发起的一场"哥白尼式的革命"，它宣告传统的集权式领导在后退，分权和民主将成为一种趋势。

2. 网络呼唤领导更加灵活和增强时效性

网络以即时性和零距离为特征的时空观呼唤领导更加灵活和增强时效性。

康德哲学认为，宇宙本体之下，最基本的范畴是时间和空间。网络时代，时空观念被一再地数字化和抽象化。时间被压缩，不再是工业时代的标准化、同步化、刚性和连续性的时间结构，变得具有弹性和柔性，网络交往工具使信息传播的中间环节尽可能地压缩而变得即时、互动。空间被压缩，文本、声音和图像等信息形式以数字式传输的高速度和空间距离的暂时消失的性质，将空间压缩成文本和碎片。距离被消弭，深度被平面化，在网络社会里，时间和空间不再是通过地点的联结而维持，一切都流动起来，流动导致了不确定性的急遽增加。总之，网络的时空使现代人不再形成一个可以安然依赖的坐标，"在网络中，时间和空间的坐标系已不是物理距离，也不是时区，而是鼠标的点击，真正是眼观六路，耳听八方，遨游于亦真亦幻之间、虚虚实实之中”。[①]

时空观的变化，带来最明显的效应是人们觉得一切都加速度了，过程和结果都消失了，有的只是当下和瞬间，一切都不确定了，非线性了，人被“悬浮”了起来。

时空观看起来是个哲学命题，和管理学没有什么亲缘。但管理实践中最重要的元素是人，人被“互联”了，管理和领导自然就变了。由于网络时空被压缩和扁平，管理时空也打破了传统的制约，呈现出瞬息万变、稍纵即逝的面貌。21 世纪唯一不变的就是变，而且加速度地变。网络时代的领导力，唯一的适应也是变。变就是保持灵活性、弹性，强调保持对内对外的适应性。对内是以正激励为主的治理机制，拥有一支能自由发挥创造力和才能的团队，提供团队成员发展空间，充分信任（包括自信和他信）、工作激情、爱的能力成为未来领导者不同寻常的品质。对外是适应环境，快速反应，及时决策、现场决策、预案、媒体沟通成为未来领导者在快节奏变化的社会中保持竞争优势所需要的行动、技能和战略。确保领导的时效性成为领导力研究的新焦点之一，因为任何一个有效的领导活动都有一个时机问题，网络时空信息的传递方式，使参与者范围无限扩大，行动时间无限缩短，留给领导者的是以“有限”对“无限”，以“后觉”对“即时”的无奈与尴尬。无论是商业领导者还是政府领导者，无论是应对搜索引擎下无所遁形的监督，还是一个慢半拍的错误反应，都足以导致覆灭。领导的时效性要求领导重心前移，将大量的工作重心由事后、事中移向事前。网络时代，领导者不再满足于等待未来的来临，而是主动预测未来，前瞻和即时本身就是一种有效干预结果的行为。

3. 网络促进了领导的创新和持续学习

网络以信息和知识为特征的资源性质促进了领导的创新和持续学习。

马克思曾经形象地揭示了技术和社会的关系，“手推磨产生的是封建主

---

① 常晋芳 . 网络哲学引论［M］. 广州：广东人民出版社，2005.

为首的社会，蒸汽磨产生的是工业资本家为首的社会。”[①] 那么，以此类推，网络技术产生的，无疑是知识大亨为首的社会。社会学、传播学教授曼纽尔·卡斯特尔教授认为，“网络文化是由技术统治者利用人类可以通过技术而进步的这一信念搭台，通过黑客在自由与开放的技术创新方面的表演，在虚拟网络中瞄准再造社会的目标，由利益驱动的企业家对新经济领域的介入，而变为现实”。[②] 国外还有一种对信息社会的较流行的定义是把判断重点放在对职业的变迁上。后工业社会的一个重要特征体现在职业分布上，即专业技术人员阶级处于主导地位。德鲁克教授也一再强调知识社会是一个以知识为核心的社会，知识资本已经成为企业最重要的资源，受到良好教育的人成为社会的主流。对于知识社会的到来，人们似乎已经形成共识。

网络的这种资源智能型特征，无疑正在改写领导世界的一些规则，信息、知识成为衡量实践活动的一把重要的标尺，实践主体转变成为知识型的人，知识社会的领导力成为正在被开发的一个新课题。

虽然我们还不能清晰地描述出知识型社会领导力的全貌，但洞见其最本质的核心并不困难。创新和持续学习，将是以智能活动为基础的知识型社会领导力的生命线。

信息是一个事实存在，它的有用与无用，取决于人们对它的处理，或记忆，或传播，或加工，从而才能产生新的能量——知识产品。所以，信息转换成知识的过程，就是创新的过程，创新能力是产生知识产品的核心竞争力。英国哲学家迈克尔·波兰尼又将知识分为显性知识（通过书面记录、熟悉描述等明确表达与交流的知识）和隐性知识（无法形成文字、缺乏程序、不可言传的知识）。工业时代的创新以显性知识为主，如技术发明，而网络时代，隐性知识如想象力、经验、智慧、直觉，成为创新常态。倡导创新，保护创新，践行创新，成为领导力的新型标签。“创造”和“生产”的不同，不仅

① 《马克思恩格斯选集》（第 1 卷）［M］. 北京：人民出版社，1972：108.

② 杨丹 . 网络时代的社会科学知识生产［M］. 北京：社会科学文献出版社，2009：18.

仅表现为脑力劳动者和体力劳动者主体的不同，也不仅表现为智力和四肢的劳动工具的不同，更表现为管理上的截然相反。如何理解人性，如何尊重个性，如何运用想象力，如何主动创造需求，如何“求异不求同”，这一系列领导新命题，在强调“求同不求异”标准化的工业时代是无法想象的。

工业社会管理的关键词是“效率”，网络社会管理的关键词变成了“创造力”，未来的组织是一群创造力个体联合体，领导者是其中最具创造力的人。如何确保这种宝贵资源的源源不断、生生不息，学习，持续学习是重要品质。学习，是通过由经验产生的个体行为的适应性变化而表现出来的过程，学习的内容可以是知识，可以是技能，也可以是智慧。学习如何当 21 世纪的新型领导者，就是最具挑战性的学习。特别需要指出的是，因为创新是以未来为导向的，理解网络时代领导力的学习，绝不是简单的溯求以往的机械记忆，而是基于隐性知识创造规律的学习。

4. 网络呈现领导的挑战和期待

网络以无边界和难预测为特征的复杂性、混乱性呈现领导的挑战和期待。

网络本身是一个高度复杂的非线性系统，由于它以强大的互联网设备为依托，无论身在何处，使用何种终端，都可以与任何人或资源进行可靠的连接，直接突破了时间、地点和设备的限制，呈现无边界特征。“所以空间的传统隐喻——远与近、大与小、上与下、内与外——在网络这里必须重写，也就是被联系和结合的概念所取代。力量不是来自集中、纯粹和同一性，而是来自发散性、多样化和编织各种微妙的联系。”[①] 这种由技术带来的无边界，最后演变成不要权威、不要说教、不要道德规范的后现代主义，由新技术发展为新文化。人们还沉醉在网络新技术带来的令人眼花缭乱的新体验时，也不得不面对一个事实：网络和历史上任何的技术一样，具有工具和价值的两重性，而且其双刃剑特征的冲突和张力比历史上任何的技术彰显得更强烈，网络提倡的差异、模糊、偶然、多重、无边界，最容易造成混乱甚至犯罪。

---

① 胡泳．另类空间：网络胡话之一［M］．北京：海洋出版社，1999：56.

一部分有识之士在肯定网络技术推动社会文化的发展时，也沉思如何避免陷入网络技术崇拜甚至统治的境地，沉思如何避免网络人的新型异化。

网络同样给领导实践带来了前所未有的新考验。互联网诞生于20世纪90年代，目前，绝大多数的领导者诞生于这个时间节点之前，属于"数字移民"，是从工业文明时期迁徙到信息文明时期。而目前开始进入组织成为新一代劳动力大军主力的"80后""90后"，或是少年时期就接触互联网，或是和互联网同步诞生，他们被称为"数字原住民"。

"数字原住民"对互联网有天然的亲近，而"数字移民"必须经历一段学习、蜕变的过程，这之间的"数字代沟"，既体现为数字技术运用的娴熟与否，更体现为组织管理中领导理念和领导行为的差异和冲突。

数字移民的领导者其兴趣和兴奋点大都建构在专业化、标准化、精细化、高效率等概念之上，传统的领导力虽然被包装成各种各样的字眼：激励、沟通、授权，但正如明兹伯格教授简概法约尔的管理思想时所说，计划、组织、指挥、协调、控制，都是同义反复，在说同一件事：控制。网络作为工具，其实在强化这种控制力量。现代领导者现在比过去控制更便捷时（指纹考勤、视频监控、流程作业、网上考核等），也诧异领导的本质——被追随效应在递减。许多领导者抱怨下属执行力差，却很少反思自己的战略符合不符合时代方向。许多领导者困惑于物质极大丰富的今天，为什么却不能像战争年代那样充满激情和理想。也有极少数先知先觉者勇敢地进行革命，尝试闯出一片摈弃官僚主义的新乐园，如谷歌模式，如戈尔公司的半世纪的乌托邦实践，但这种开明的决策，在现实的管理中毕竟没有蔚然成风。更为苦恼的是，领导者明显感觉到有许多新的能力是必需的，比如应对媒体，比如处理突发事件，比如组织文化的构建。也有领导者理念上认识到管理的本质不是整人，也不是把人当机器来控制，也不是把人当羊群来驱赶的所谓"领导力"，而是尊重、平等、信任、合作和分享，但实践中怎么落实这些理念仍然模糊不清晰。深层次的混乱对表面的有序发起一轮又一轮的冲击，领导何去何从？网络需要领导吗？或者说需要我们现在理解的领导吗？领导学理论面临着巨大的挑战。

在新技术面前，“信息决定权力的分配”的模式，从根本上冲击了“权力决定信息的分配模式”，如果领导者变革得不够及时，淘汰是必然的命运。即使变革了，如果不够快或者不够正确，恐怕结局也难预测。至于正确的标准，目前仍在探索之中，整个管理世界对此都充满了期待①。

（四）网络哲学和后现代主义的异质同构性

将互联网技术升华为哲学思考，即从哲学的高度来理解网络化对人类生活、领导活动的影响，发现其构建的价值观、精神，和后现代主义具有一种平行关系，互联网技术和后现代理论从分属不同的领域出发，最后都指向人类的精神世界的重构，甚至在重构形式上达成了一种心灵的默契。网络技术其实是后现代阵营里最大规模的行为艺术，它高举技术革命的大旗，冲进传统体制，以摧枯拉朽的势头，建立了后现代主义一直努力梦寐以求的“理想国”。两种不同质地的东西最终碰撞出一连串奇妙的音符，构成一种奇特的文化景象。这种文化景象对领导沟通进行了前提性的规约，也就是说和这个价值观方向一致的沟通，因广受欢迎而更有生命力，反之，不符合这个价值观的沟通，因丧失了其生存空间而必遭摒弃。

1. 分散权力

如果说后现代主义一开始就对权力保持着警惕，并一直试着要瓦解传统权力势力，那么，等到互联网的勃兴，后现代主义终于找到了最有力的代表人物和最有效的手段。

有三种力量导致权力被分散。一是信息的共享特征。信息和实物、能源相比，最大的优势在于其通过传递就能实现共享，共享不但不会使信息受损耗，反而能够增加新的信息。二是网络的交互性特征。由于网络将人与计算机、人与人连接起来，信息就在人与人之间交互传递，当数以万计的计算机

---

① 周敏．论网络时代领导力的变革［J］．北京：中国行政管理，2011，10.

连接在一起，网络就形成了一个新的非集中化的权力结构，在网络中，个体更加自由，横向水平权力关系取代了纵向垂直权力关系。三是互联网的开放性。在互联网世界，任何一台计算机只要支持TCP/IP协议就可以连接到互联网上，实现信息资源的共享。由于信息越被传递越有价值，所以，免费思维成为降低信息传递门槛的新选择。和更多终端连接，向更多人开放，信息在开放中走向了大众化、平民化。

2. 拥抱混沌

后现代主义一直反对理性主义，反对元叙事，希望用“非概念”代替“概念”，用“非逻辑”代替“逻辑”，用“碎片”代替“整体”，在模糊思考中无限接近事物本来的混沌状态。互联网自诞生之日起，就在打破传统秩序，制造各种混沌。这种混沌有三层次：一是状态层面，人多声杂，众声喧哗，信息爆炸，呈现一种纵横交错的多样性、异质性、复杂性。二是秩序层面，百家争鸣，群雄逐鹿，鱼龙混杂，自由而混乱，加之立法滞后，面对互联网全世界普遍呈现治理“能力赤字”，加剧了互联网的无序。三是结果层面，前景不明。互联网世界充满了悖论，网络本是民主的，但发现互联网时代让“幂律”这个古往今来导致社会不公平的魔鬼的作用力更大，出现了一小撮网络寡头；互联网本是自由的，但假信息对真信息的干扰、“人肉搜索”对隐私的侵犯、集体无意识的情绪宣泄等，常常影响、控制人的自由意志，使人陷入混乱；互联网本是草根的，但“意见领袖们”其实在操控着舆论，网络世界仍然是一批精英们笑傲的江湖；最后，新的经济生态如何融合、网络安全如何实现、新科技是否会毁灭人类，还没有答案。互联网最终将人类带向何方，这是一个最大的未解之谜。

混沌的意义是在没有秩序的秩序中，会产生新的东西，在不确定性中，发现更大的成长空间。

3. 语言革命

后现代主义一直希望摆脱语言逻辑的束缚，剪断用语言符号界定一切事物的自我捆绑的绳索，在相对主义中寻求一种新智慧。如何对统治人类几千年的表达习惯进行颠覆和创新，后现代主义更多是通过小众的艺术行为来探索的，其影响力非常局限。但是，媒介的变革带来了表达方式的变革，网络表达更多以具象化、碎片化、幽默化、去规范化等形式出现，以缩写与符号来缔造新式语言，以新媒体为传播渠道和传播工具，在半游戏、半娱乐的状态下，大量炮制新词汇、新形式，悄悄地掀起了一场语言革命。不管你接不接受，网络语言已经形成了，它是语言文化的变异，是对传统和规则的后现代主义式的超越。

网络时代，信息被重构了，信息传播的方式被重构了，信息的发送和接收的主客体也被重构了，领导沟通出现了一股新潮流，那就是“互联网+”的领导沟通。

二、“互联网+”领导沟通

国内“互联网+”概念，是易观国际董事长兼首席执行官于扬在2012年11月首次提出的，2015年3月，全国两会上，全国人大代表、腾讯公司董事长马化腾提交了《关于以“互联网+”为驱动，推进我国经济社会创新发展的建议》的议案，2015年3月5日上午第十二届全国人大三次会议上，李克强总理在政府工作报告中首次提出“互联网+”行动计划，2015年7月4日，经李克强总理签批，国务院印发《关于积极推进“互联网+”行动的指导意见》。互联网+在中国成为新的商业模式，成为知识经济推动下的社会发展新形态，成为国家战略。

互联网+就是“互联网+各个传统行业”，但这并不是简单的两者相加，而是利用信息通信技术以及互联网平台，让互联网与传统行业进行深度融合，创造新的发展生态，就是跨界融合，创新驱动，重塑结构。

对互联网+有以下几点理解：

1. 互联网+是嗅觉，是一种快速反应。硅谷的成功并不在于发明了什么，而在于以魔鬼般的嗅觉让新技术“迅速传播”。否则我们不是被对手打败了，而是被时代打败了。

2. 互联网+不仅是技术，更是文化，是体制。硅谷为什么出现在美国西海岸？硅谷的多元、自由和改变世界的信念这一独特的创业文化，给创新提供成长的温床。

3. 互联网+不仅是信息、数据，更是思维。“互联网+”不是“+互联网”，“+互联网”是物理反应，“互联网+”要发生化学反应。“互联网+商品”变成了淘宝、京东，形成了电子商务，“互联网+货币”变成了支付宝、余额宝，撬动了互联网金融；“互联网+手机”变成了微信、视频通话，创新了互联网社交模式；“互联网+出租车”变成了滴滴打车、快的打车，开启了互联网交通；“互联网+民宿”变成了Airbnb，形成新的互联网酒店服务……化学反应必须是两者融合后产生新的物质，是升级和创新。如何用互联网思维变革领导沟通，我们正在出发。

（一）用“搜商”面对大数据

“大数据”这个新词汇是对信息爆炸时代的崭新描述，它的基本单位是TB（Tera Byte），而1000TB则等于1PB（Pera Byte），百万PB则为1ZB。打个直观的比方，美国国会图书馆是世界上最大的图书馆之一，它所有印刷品的信息量加起来只有15TB，而仅在2010年一年全美国的新增数据量就有3500PB，全球企业新存储数据高达7000PB。麦肯锡咨询公司曾做出估测，未来数据仍会以每年50%的速度增长。大数据像洪流一样在全球政治、经济生活中奔腾，2011年全球产生的数据总量为1.8ZB，相比2010年增长了1ZB，相当于全球历史数据总和。大数据一是数据量巨大，二是增长速度惊人，三是数据的多样性即来源和数据种类不断增加。大数据时代来临了。

1. 大数据的意义：人类的新显微镜

大数据不仅仅是数据，不仅仅是容量（Volume）、种类（Variety）、速度（Velocity），更最重要的是价值（Value），是在海量、种类繁多的数据间发现其内在关联。前面我们阐述过数据和知识之间的关系，数据经过加工就变成了信息，信息经过逻辑化系统化整理就形成知识，知识深化为智慧。

也就是说，数据是知识诞生的基础，随着数据量激增，知识的边界就被不断拓展、延伸，大数据带来的是知识爆炸，这是量能的增加，而大数据推动数据处理和运用水平的发展，为知识体系的重构提供了新动力。长期以来，社会科学因为难以量化分析而被称为“准科学”，现在在大数据支撑下，社会活动的各种信息都被准确记录下来，变得可测、可计算、可分析。雅虎的首席科学家沃茨博士预言：21 世纪社会科学将脱下“准科学”的外衣，全面迈进科学的殿堂。

麻省理工学院的教授布伦乔尔森（Erik Brynjolfsson）则比喻说，大数据的影响，就像 4 个世纪前人类发明的显微镜一样。显微镜将人类对自然界的观察和测量水平推进到了“细胞”的级别，而大数据将成为下一个观察人类社会的“显微镜”，给人类社会带来历史性的进步①。

2. 大数据和政府管理的关系：实证的革命

大数据不仅应用于商业领域，对于政府管理，也是一场“实证的革命”。

第一，是决策技术革命。大数据真正打破政府管理“拍脑袋”的决策方法，由经验管理上升到数据说话的科学管理。第二，是决策过程革命。大数据是基于事实的实证分析，数据是公开的，分析方法是公开的，决策过程就愈加透明，从而真正摆脱了利益集团的影响。第三，是对公共领域运用广泛。相对于私人领域，税收、社会治安、教育、医疗、交通、卫生、食品安全、环境保护等政府管理的公共领域，都是不断产生大数据的领域，也是不断依赖大数据进行管理的领域，数据治国成为趋势。第四，是推进政府管理的民主化进程。美国第三任总统托马斯·杰斐逊（Thomas Jefferson）有句名言：“信息之于民主，就如货币之于经济。”2009 年 1 月 17 日，美国新任总统奥巴马签署了他的首份总统备忘录《透明和开放的政府》。120 天后，一个叫作 Data.gov 的网站正式上线，这是一个数据开放的门户网站，旨在全面开放美国联邦政府拥有的数据。项目的负责人维伟克·昆德拉——美国历史上的第

① 涂子沛 . 大数据［M］. 桂林：广西师范大学出版社，2013.

一位首席信息官，他说："这是一场数据民主化的运动，我们正在把信息的力量放到美国人民手中。"数据的平等、开放、参与等特点，导致公民社会进程的加快，"德先生"（民主，Democracy）和"赛先生"（科学，Science）真正在这里握手。

3. 搜商：亟待提升的新领导力

大数据和政府管理的关系是从组织层面考量的，换个角度，从政府官员个体层面考量，大数据检验领导者新的领导技能：搜商。

搜商广义的理解应指人们所有搜索行为的智力，狭义的理解是仅指人们运用搜索引擎的智力，其公式为SQ=K/T（C）（SQ即搜商，其中K为知识knowledge，T为时间time，C为搜商指数，即社会平均知识获取能力）。面对海量信息的包围，如何在有限的时间里搜索到最有效的信息，使优质信息为自己所用，是现代人数字化生存的一种能力，是领导者实现数字化领导的一种能力。

搜索具体表现为，一是科学选择搜索引擎。要根据不同的内容需要选择不同的搜索引擎，比如在一般情况下，搜索英文google会更全面，搜索中文不妨百度一下，而搜索新闻、音乐，中搜可能更出色。二是正确使用搜索引擎。一般人搜索时习惯输入关键词，其实搜索引擎的使用技巧有更多，比如关键词加上双引号，是属于完全匹配搜索；+使用，用加号把两个关键词连成一对时，只有同时满足这两个关键词的匹配才有效，而只满足其中一项的将被排除；-使用，如果两个关键词之间用减号连接，那么其含意为包含第一个关键词，但结果中不含有第二个关键词；（）使用，当两个关键词用另外一种操作符号连在一起，而又想把它们列为一组，就可以对这两个词加上圆括号；*使用，可代替所有的数字及字母，用来检索那些变形的拼写词或不能确定的一个关键字；intitle：的使用，Intitle指令是返回页面标题中包含搜索词的页面。比如输入：intitle：税制改革，意思就是告诉搜索引擎搜索网页标题包含"税制改革"的网页；site：的使用，标准语法是"关键字 site：www.xxx.com"或者"关键字 site：xxx.com"，意思是只在xxx.com

的站点页面中查找关键字；filetype 的使用，网页标题通常是对网页内容提纲挈领式的归纳。把查询内容范围限定在网页标题中，有时能获得良好的效果。

搜商具体内容很多，不一而足，领导者主要掌握“我要搜什么”“用什么搜索引擎搜”“怎么搜”三个关键步骤，加以实时应用，熟能生巧，事半功倍。

提高搜商解决了领导沟通的信息准备阶段的信息质量和效率问题，为下一步的信息编码和传播打下良好基础，搜商已经和领导者的其他信息素养一起，综合为数字化生存能力，是网络时代的新添神技。

（二）用品质实现用户关注

互联网公司的估值模式，很重要的指标就是流量。信息爆炸导致信息过剩，信息过剩导致注意力稀缺，攫取注意力成为大数据背景下注意力经济的核心命题。流量的本质就是人气，就是用户关注度。

被关注才会有价值，有价值才会被关注。互联网 + 领导沟通如何顺利实现被关注呢？

1. 还权突出用户地位

用户是互联网时代顾客的新代称，体现着消费者主权的思想。还权还的是消费者主权，即在互联网时代，消费者消除了信息的不对称，掌握了更多产品、价格、品牌、质量等信息，从而拥有了决策的主动权。消费者的网上评价也成为其他消费者重要的决策依据，倒逼商家对用户“以诚相待”。消费者主权时代来临了。

同样，互联网时代的领导沟通，因为用户有了很多的获取信息的途径，有了大量信息可进行甄别、比较，用户的自主选择权大大增加了，在领导沟通中，不再是台上讲台下听的领导主导局面，也不再是一个话筒一个频道一个声音的单一话语权控制局面，而是我的鼠标我做主，我的信息我判断。发布信息者要通过沟通赢得接收信息者，不是行政命令，不是强迫强制，被沟通者的主体地位被突出和承认。

2. 运用同理心打动用户

互联网经济经常讲用户体验，其实就是和用户同理心，从用户的角度去感受，着用户所急，思用户所想，方用户所便。只有把自己变成用户了，才能真正体验用户，才能有真正的用户体验。

互联网 + 领导沟通的关注用户体验，就是关注沟通对象的感受，这是串联整个沟通链条的核心。互联网 + 领导沟通既不是领导者先入为主、自以为是地选取话题，也不是领导者望文生义、断章取义决定沟通方式，而是以沟通对象为核心，将沟通的全部流程和技巧围绕沟通对象的感受去设计、去实施，在打造愉快沟通体验的过程中，打开对方心扉，从而实现接纳和关注，这是消费者主权思想对领导先导的传统沟通模式的彻底颠覆。这一点对于领导者来说无异于思想深处的一场革命，但这不是愿不愿意、可不可以的事，互联网已经在经济领域成功建立起用户体验的成功模式，即外部用户的地位和尊严已经得到了最大的认同，这一规律扩大到内部用户上，组织管理上，还有组织外部协调上，都具有同等意义。

3. 塑造风格锁定用户

互联网的用户思维中，很重要的一点是运用极致思维，打造让用户惊叫的产品，形成自己独特的风格和品牌，从而锁定了喜欢这个偏好的客户群体，iPhone 的成功、小米的逆袭，都是个性做主，风格为王的经典案例。

运用到互联网 + 领导沟通中，就是领导者要敢于戒除传统的千人一面的“一本正经”，摈弃众口一词的官话、套话，要敢于彰显自己的个性，弘扬内在的人性，以最恰当的方式和内容征服沟通对象，以持久迷人的魅力获取被沟通者的追随，成为铁杆粉丝。乔布斯的每一场新产品发布会演讲，都堪称经典，他站在舞台上，将热情表现得淋漓尽致，他的声音、手势和肢体语言无一不透出权威、信心和能量。乔布斯不但塑造出自己演讲风格，更将这种风格包装成品牌，他的气场像旋涡一样吞噬了所有的“果粉”。

（三）互联、互动

互联网 + 思维强调的是多元主体的融合，融合的过程充满了用户的互联和互动。互联是建立起更大范围的联系，获取更大的信息场，互动是集体参与，相互影响，形成新的有价值的信息。

这种互联、互动的思维运用到互联网 + 领导沟通中，就是三个关键词：

1. 沟通时间全天候

人们把时间一般可分为工作时间和闲暇时间，传统的领导沟通有着明显的时间刻度和时间长度要求，几点钟开始交流，谈一个小时等，而且出于工作需要的领导沟通，大都分布在工作时间内进行。但网络时代，这一切被改变了。网络模糊了工作时间和闲暇时间的界限，上网成为网民随时随地进行的活动，领导沟通自然就打破了工作时间的限制，也不再受时间刻度和长度的约束，沟通几乎是每时每刻都可以发生。只要网民有需要，只要用户有需要，只要舆情有需要，就是沟通发生的时刻。领导沟通成为全天候沟通。

2. 沟通地点全网络

互联网的空间连接属性，更加是将人与人交往的物理局限不断拓展，发展成全新的信息空间、网络空间，地球的物理空间变小了，人的交往空间变大了。领导沟通再不是囿于“身体在场”的一城一域，一房一室，不以国界、疆界为划分，而是“符号在场”的全网络沟通。只要有网民对某个主题感兴趣，可以从不同的IP地址进入网络进行表达，这些不同的表达分布于不同的论坛、网站，形成无疆界的新空间。这对领导沟通形成很大挑战。很多时候，作为信息发布者的领导者在明处，而作为信息接收者和反馈者的用户、受众在暗处，形成我少他多、我明他暗的局面，常常也会形成我弱他强的局面。互联网时代各国政府都对网络加大监控，实际上也是在寻找机会占据沟通空间的有利地形。

3. 沟通主体全参与

互动这个词在互联网时代成为极有价值的词汇，“互”是体现交互性，由等级式、单向性向平等性、相互作用性和非中心转变。“动”是参与性，不再是被动接收，而是在网络交往中主动提供信息，产生价值。互联网 + 领导沟通的互动，就是多元主体以合作的形式，共同构筑一种新的信息生态，领导者只是其中的信息交换者。作为参与者，领导者一方面要学会提供有价值的信息，从而引起被关注，被回应，产生影响力；另一方面领导者要关注其他参与者提供的信息，从他人的信息中实现信息增值。

（四）群领导力

"群"作为网络词汇，最早用于系统结构，指共同工作的多个元素限定为一个整体资源来发挥作用，如群处理器、群服务器等，使得网络单一故障率最低，有效性最高。后来，由技术术语演变为社交术语，指通过互联网互动形成的、由一定社会关系连接成的网络社会群体。随着 BBS、QQ 群、留言板、论坛、微信群等社交平台的方兴未艾，特别是移动互联网塑造的网络社群，成为网民介入公共事务的首选方式。并且，知乎、网络直播、网络电台、弹幕网站等个性化更加鲜明的社群已经诞生，在公共事务中扮演重要的源头和推进作用，悄然改变着舆论场中的游戏规则。群成为崭新的组织形式，正式或非正式地承载了一定的舆论载体的社会功能。群组织中的沟通，有其自身的特点，如何迎头赶上，学习和利用这种新形式，发挥领导沟通的正面影响，的确是个崭新的话题。

1. 群组织是一种虚拟的结群结社

群作为组织形式，通过平台发展成由一定数量的人群组成的网络团体，也成为网络共同体，这种共同体小则几人，大则上百万人，他们往往出于共同的身份、兴趣、利益和期待而聚集、交流、产生行动，形成了虚拟的结群结社，再形成网络社区。

线下的结群结社自由作为公民的基本权利，既受各国宪法或有关法律的保障，同时也受一定的限制，通常有备案制、批准制两种限制。但线上的结群结社自由，还存在立法的滞后性和管理举措的缺位，自由、灵活、无成本、无控制等使群文化打上无政府主义和绝对自由主义的烙印，造成对现有政治结构的冲击。这种冲击有积极的一面，形成对集权主义的限制和瓦解，但也有消极的一面，失去管制也会造成乱象丛生，成为谣言集散地和负面言论的重灾区。

特别是在特定的社交群中，群体成员的共同价值观使群组织凝聚力增强，移动传播让互动连接更加频繁，群体成员的组织化程度不断提升，甚至出现线上与线下联动，形成了强大的社会动员能力。如何在保障网民充分的结社自由的同时，又能有效对虚拟社区进行管理，是网络组织发展和政府治理的一大难题。

2. 群沟通是一种自发秩序的沟通

群是各个主体自主参与、自主互动来构建关系实现整合的，是内部自组织形成的秩序。这种秩序下的沟通，是一种自主的沟通，出于自愿，发乎真心，因此参与者有着较高的热情和积极性，也比较随意和散漫。热情和积极性导致群发展很快，由中国互联网协会联合国家互联网应急中心发布的《中国移动互联网发展状况及其安全报告（2016）》显示，2015 年中国境内活跃的手机网民数量达 7.8 亿，占全国人口数量的 56.9%。从 2013 年 1 月至 2015 年 6 月，移动端 QQ 群月活跃用户的复合年均增长率为 72%[①]。随着群的崛起，群沟通成为网络沟通中普遍受欢迎的形式。同时，这种沟通的随意和散漫，常常会不假思索地“指尖发声”，不负责任地传播信息，把网络社群变成充满危险的“下等酒吧”。

北京师范大学新闻传播学院执行院长喻国明教授曾比喻：“互联网造就了今天如体育场一样围观的社会结构，政府机构和企业都成了体育场中间被全社会评议的对象。”在这种围观的七嘴八舌中，政府不能失声，不能将舆论场拱手相让，应该学会和围观者交流、讨论，倾听围观者的意见，引导围观者的思想。政府官员也要加强对群沟通的了解和研究，有效利用这种沟通形式的优势，扩大舆论影响力。

3. 群领导力是一种人人都是 CEO 的领导力

群是非正式组织，这个组织的发起人即群主有时扮演着领导者的角色，

---

① http://news.xinhuanet.com/yuqing/2016-05/20/c_129000755.htm.

但更多时候，群是自组织自发展的，群里的每个成员都可以主导话题，都可以成为活跃其间的主角，只要你愿意和有这个能力，群领导力对每个人机遇平等，每个人都可以利用群来锻炼和培养自己的领导力。群领导力真正实现了由精英向草根转移、由他人领导向自我领导转移，人人都是CEO，人人都具备领导力。从这个意义上，群组织比任何盈利组织或政府组织都更具有超前性。

三、领导沟通长着这样的潮面孔

互联网+领导沟通是从机制层面来理解网络时代领导沟通的变革方向，这种研究需要植入一定的时间量进行分析，也就是说通过10年、20年的对比，描绘出网络时代领导沟通的演变线路图，是本着价值理性的态度进行抽象的、理性的趋势分析。为了更好地表现互联网+领导沟通的后现代性，我们尝试用形象的、感性的、具体的叙事方式，就互联网+领导沟通的内容和形式进行图样描绘。公众感知政府官员沟通风格的变化往往不是在“中国知网”上搜索研究论文，研读政府发布的政府舆情报告，而是直接通过政府微博的语言风格、官方社论的文字创新去触摸、觉察政风、文风的变化，做出“喜欢”或“不喜欢”的判断。感性分析往往有着四两拨千斤的效果。同时，每一个形象的、感性的、具体的表达，都是互联网精神在领导沟通中的具体实践，是时代精神的直接承载和丰富应用，更具有工具理性的意义。

（一）低姿态

互联网+领导沟通首先表现在语气形式上是降低姿态，更少的表示命令、要求、主张的强势语言，更多的是建议、征询和提醒的委婉语气，呈现一种亲民、平和、活泼的话风。

1. 政府网站栏目设置多公共话题

政府网站作为互联网背景下领导沟通较正式和权威的载体，也一改传统的严肃面孔，除了机构设置、政策公布等政府职能性的正式发布外，多了很多和民生相关的栏目，呼应老百姓的日常需求。

由《人民日报》主办的人民网，在时政、要闻等传统权威栏目之外，赫然有八卦、美图、热词、娱乐、数据、舆情等栏目。

由上海市政府新闻办公室发布的新浪官方微博“上海发布”，栏目内容有轨交出行、空气质量便民提示、上海滋味、志愿服务、质量安全、医疗卫生、沪语童谣、城市规划、住房保障等，更多聚焦于衣食住行的主题。

这种栏目设置思路，体现了以沟通对象需求为主体的“用户导向思维”，不再是只关注“我说什么”“我怎么说”，而是先倾听“你需要什么”，从了解、理解对方出发，将公众放置在一个平等交流的主体地位。

2. 亲切的语气

语气就是表达中通过思想情感和话语表现形式确立话语的基调，根据麦拉宾法则，它能暗示出说话人与听话人之间的态度和社会关系。

例如，有的政府微博将公众称为“小伙伴们”“童鞋们”等，试图和公众建立一种亲昵的关系。各地新闻办公室不约而同地在微博中自称“小布”“小编”，用具有个人特色的口吻对政府沟通进行人性化处理，拉近和公众的距离。一个“小”字，其实呈现的是“服务型政府”的服务形象，体现的就是“小政府”“大社会”的公共管理理念。

3. 平民的形象

在一些电视访谈类节目中或直播类节目中，政府官员出现在公众面前，不再是很严肃的西装革履的派头，而是采取轻时尚的策略，穿西装不打领带，或走平民路线，便装出境。甚至撤去演播厅的桌子，直接坐在观众面前，以示“无保留”的姿态。李克强总理视察芦山地震灾区，镜头直接呈现在暗淡的救灾棚里泡方便面吃榨菜，画面不追求艺术加工的美感，却传达最真实最亲切的平民情感。

（二）新词汇

在社会的发展变化中，语言是其中一个风向标，明显地记录着一个时代的印记。一个社会，越有活力，越能不断催生出新词汇。在网络时代，新词汇的诞生节奏超越任何以往的时期，新词汇流行的速度和覆盖的人数也是前所未有的。

网络词汇作为社会现象，是社会大众自我表达的结果，也是社会心态的一种折射，热词构成的图景，是现实生活的写照，是时代的标签。领导沟通中对网络热词和新词的接收和使用，表现出一种开放的心态和与时俱进的学习的姿势，具有极佳的社会影响。

1. 与民同乐

网络新词很显著的一个特点就是形象、诙谐、幽默，是人们在繁重的工作、学习之余试图寻找的一个宣泄方式，不用一本正经地说话，用“玩笑”“噱头”式语言进行相互调侃、取乐，甚至对现实世界的一些无奈以黑色幽默的方式进行嘲讽，以期放松神经，舒缓压力。当领导沟通也采用种类网络词汇时，其实是对现代人内心减压的需求的接收和许可，也是一种自我减压的体验，更是对自嘲这种社会心态一种宽容的表示。

“亲”“小伙伴们”，这一类网络称呼常见于各个政府微博，有一种亲切感。“土豪”“比惨”“文青”“女汉子”也登堂入室，表示对社会现象的理解。“我也是醉了”“碉堡了”“不会再爱了”等的运用，表现出自我嘲讽的同时，愿意放下身段娱乐大家。

2. 与时俱进

网络新词具有极强的时代感，领导沟通中对这类词汇游刃有余地驾驭，能极大地展示领导者突破陈规、敢于创新的勇气和与时俱进、善于鲜活表达的智慧。

这类运用有几种表现，一是有大量中英文的混用，比如“HOLD 住”“OUT 了”“看电影 ing”，体现了全球化背景下的文化融合。二是符号化、表情化的流行，比如“*^_^*”代表笑脸，微笑着打招呼的意思，“==”就是“等等”，简洁形象，还有随着微信普及大量流行起来的各种微信表情，都将文字图形化，高度概括，形象生动，体现了现代人的高效率作风。三是和社会事件紧密联系，“打酱油”“我爸是李刚”“房奴”“表叔”“剩斗士”“逗你玩”“蒜你狠”等，都是社会热点事件的反映，表现出对现实的观照和对百姓诉求的理解和回应。

3. 与民更始

领导沟通中新词汇的使用，不但有顺应时代和民心的需要，更有一种引领和示范的效应，展示出对互联网精神中自由、开放、创新、平等、包容等内涵的身体力行，这种对新事物积极参与、主动探索的热情和勇气，是互联网 + 领导沟通最宝贵的品质。

当“给力”“喜大普奔”登上《人民日报》头条时，当“正能量”成为社会高频词时，当越来越多的官方面孔竞相开通微博时，当“新华字典”收录了“海选”“下载”“上传”“秒杀”等网络词汇时，对待网络新词的官方态度已经表明，网络新词不是洪水猛兽，而是社会生活的变化在语言表达中的反映。承担社会管理职责的政府官员，理应是这种语言变革的拥护者、支持者、践行者，用一种更灵动、更鲜活、更有创意的表达，去占领这个占地，去探索这个领域，披沙拣金，去芜存菁，除旧鼎新，在表达中体验思想的自由、言说的乐趣和责任的担当。

（三）高审美

互联网时代的传播非常强调场景营销，即通过用户的场景带入感，创造出“在场”的氛围，让其产生身临其境的感觉，刺激其感官痛点，用深刻的体验对其心智产生影响。

领导沟通受这种场景营销的影响，也高扬起感性领导力的大旗，通过各种形式加强审美体验，创新出很多领导沟通的“神话”。

1. 唯美追求创造愉快体验

借助现代传播技术，领导沟通在“文以载道”思想指导下，追求孔子描述的“质胜文则野，文胜质则史”“文质彬彬，然后君子”的境界。很多领导人讲话喜欢引经据典，借助文化本身的魅力展现深厚的学养、儒雅的风范。有的政府网站或政务宣传片开始运用美学理论指导进行形象包装，用唯美画风征服眼球和点击率。连国家领导人出访时的服装设计也调动各种艺术元素，传播东方美学，营建良好公共关系。

2. 立体轰炸创造深刻体验

互联网 + 领导沟通在形式上有一个很突出的特点，就是突破了“语言文字”这个传统载体的局限，具备了多种多样的科技手段，通过视觉、听觉、触觉的各种感官刺激，进行立体轰炸，形成深刻印象。除了照片、海报这些平面技术外，动漫、视频、微电影因为具备文学、美术、音乐、电影等多种艺术形式的综合效果而成为热选。国家的一些重要活动如反法西斯战争胜利70周年的庆典活动具有隆重的仪式感，政府举办大型体育比赛希望能征集到一首走心的、能流行的主题歌，有的政府开设视频网，全部以视频的形式传播消息，面向全体党员开展的“两学一做”活动的宣传手册，也用“图解”的方式让人好懂、好记、好接受……

互联网 + 领导沟通，使尽浑身解数，用美说话，替美代言，在满足公众高审美需要的同时实现传播功能。

（四）“泛”娱乐

互联网时代的传播还具有极强的娱乐特征，不仅是追求意义，还要好玩、有趣。“泛娱乐”的概念为腾讯公司首先提出，后被政府报告收录，已成为互联网发展趋势之一。

腾讯提出的泛娱乐，指的是在互联网时代，文化产品的连接融合现象明显，游戏、文学、动漫、影视、音乐、戏剧不再孤立发展，而是可以协同打造同一个明星 IP，构建一个知识产权新生态。

领导沟通中的泛娱乐，借助互联网技术融合的技术路径，取其广泛之意，强调领导沟通中娱乐性的重要。领导沟通泛娱乐倾向有以下几大趋势：

1. 尽量地可视化

能不码字的尽量不用文字表现，因为右脑记忆比左脑记忆效果更好，所以，网络中的符号语言和动态表情成为流行，也走进了领导沟通的话语体系里，成为醒目的一瞥。

2. 尽量地情节化

讲故事本来就是领导者发挥影响力推动变革的有效方法之一，在互联网沟通中，这种文学化的表达方式更加盛行。面对越来越复杂的环境、越来越混乱的秩序，故事比基于逻辑推理的道理更有效，故事有鲜明的人物、生动的情节、丰富的感情，虽然语言有限，但内涵丰富，每个人在理解时都可以调动自己的经验进行再创作，因此，被故事打动是一种被尊重后的自主说服，含蓄而高效。

3. 尽量地轻话题

所谓轻话题就是轻松愉快的话题，不涉及政治、历史、科技、伦理这些沉重的主题，不去做担负人类、社会使命的终极思考，将目光锁定在小我的体验上，撷取人生风花雪月的片段。这是后现代主义推崇的一种表达方式，具体落实在领导沟通中，是以小见大、以轻搏重，在轻松愉快中构建良好关系。

轻话题还表现在形式上，一些本来正式的内容，用一种活泼的形式进行包装而产生轻松的效果，比如部分政府微博借用网络语言，以增加阅读的趣味性。新浪微博的“广州公安”采用“元芳体”体现出行安全：“今天会有10万人上白云山。元芳，你怎么看？”“精彩洛阳”采用“甄嬛体”播报天气：“这才刚刚入秋，本宫与各小主不但被这清晨的白雾欺了衣裳，还错过了流云飞鸿的时令之美，想来心中甚是愤恨。”“外交小灵通”采用“淘宝体”招聘人才：“亲，你大学本科毕业不？办公软件使用熟练不？英语交流顺溜不？驾照有木有？快来看，中日韩三国合作秘书处招人啦！”

互联网时代的领导沟通，无不打上互联网的精神烙印。如果沟通载体是网络形式的，表达技术是后现代主义的，但表达主体还在使用旧的思想底座而浑然不知，滑稽和冲突自然就成为沟通结果的常态。

时代在变化，技术在变化，人在变化。领导沟通的正确姿态是，改写工业时代的底层代码，用互联网精神构建新的表达生态，在思想和技术的同频共振中，描绘人类文明的理想世界。

参考文献

1. ［美］马克·郭士顿．只需倾听［M］．苏西译．重庆：重庆出版社，2012.

2. 张昊民．管理沟通［M］．上海：上海人民出版社，2008.

3. 王怀明，王君南，张欣平．管理沟通［M］．济南：山东人民出版社，2007.

4. ［美］斯蒂芬·P. 罗宾斯．管理学［M］．李原，孙健敏，黄小勇译．北京：中国人民大学出版社，2004.

5. 胡魏，李国振．管理沟通原理与实践［M］．济南：山东人民出版社，2003.

6. 明德尔．领导者沟通技巧［M］．北京：电子工业出版社，2007.

7. ［美］杰拉尔丁·E. 海因斯．管理沟通策略与应用［M］．贾佳等译．北京：北京大学出版社，2006.

8. 陈春花．管理沟通［M］．广州：华南理工大学出版社，2003.

9. 夏冰．成功沟通其实很简单［M］．北京：中国物资出版社，2004.

10. ［美］彼得·迈尔斯，尚恩·尼克斯．高效演讲：斯坦福最受欢迎的沟通课［M］．马林梅译．长春：吉林出版集团有限责任公司，2013.

11.［美］梅尔·西尔伯曼，弗瑞达·汉斯伯格．人际智慧：高效沟通的 8 项修炼［M］．杜华译．北京：团结出版社，2013.

12. ［美］莫里克·罗森伯格，丹尼尔·西尔弗特．最靠谱的行为观察术：人际交往中的识人相处之道［M］．段鑫星，吴国莎译．北京：人民邮电出版社，2013.

13. 赵瑜让．别人喜欢你的 18 种沟通方式［M］．北京：中国纺织出版社，2011.

14.［美］大卫·M. 列文．倾听着的自我［M］．程志民等译．西安：陕西人民教育出版社，1997.

15. ［美］唐纳德·A. 舍恩．反映的实践者［M］．夏林清译．北京：教育科学出版社，

2007.

16. [日]佐藤学.静悄悄的革命[M].李季湄译.长春：长春出版社，2003.

17. 柳青.有效沟通技巧[M].北京：中国社会科学出版社，2006.

18. 王乐夫.领导学：理论、实践与方法（第三版）[M].广州：中山大学出版社，2006.

19. 康青.管理沟通[M].北京：中国人民大学出版社，2006.

20. 王利平.管理学原理（修订本）[M].北京：中国人民大学出版社，2006.

21. 车洪波，郑俊田.领导科学[M].北京：对外经济贸易大学出版社，2006.

22. 戚安邦.管理学[M].北京：电子工业出版社，2006.

23. 甘华鸣，李湘华.大领导力：沟通力[M].北京：中国国际广播出版社，2003.

24. [美]达夫特.领导学：原理与实践（第二版）[M].杨斌译.北京：机械工业出版社，2005.

25. [美]莱夫顿，巴泽塔.领导沟通力[M].马燕译.北京：华夏出版社，2005.

26. [美]约翰·巴尔多尼.向领导大师学沟通[M].马跃译.北京：机械工业出版社，2004.

27. [美]克拉克.领导就是沟通[M].胡书东译.北京：中信出版社，2004.

28. [美]海克曼，约翰逊.领导学：沟通的视角（第3版）[M].王瑞华译.上海：上海人民出版社，2004.

29. 胡文仲，毕继万.跨文化非语言交际[M].北京：外语教学与研究出版社，2001.

30. 陈翰武.语言沟通艺术[M].武汉：武汉大学出版社，2006.

31. 李济中.公关语言学[M].北京：北京工业大学出版社，1998.

32. 彭聃龄.语言心理学[M].北京：北京师范大学出版社，1991.

33. 胡文仲.超越文化的屏障[M].北京：外语教学与研究出版社，2004.

34. 孙维张，吕明陈.社会交际语言学[M].吉林：吉林大学出版社，1996.

35. 华劭.语言经纬[M].北京：商务印书馆，2003.

36. 王四新.网络空间的表达自由[M].北京：社会科学文献出版社，2007.

37. 项湍舟.言语交际中的有声副语言现象[J].湖南科技学院学报，2008（1）；徐思益.重谈语用场[J].新疆大学学报，2005（4）.

38. 王晓卉.反语与副语言手段[J].广西社会科学，2008（11）.

39. 孙丽娟.副语言的语用功能探析[J].黄冈师范学院学报，2009（4）.

40. 宋冰.副语言及其交际功能[J].黑龙江大学，2006.

41. 田华 . 副语言在话语中的言语特征［J］. 西安外国语学院学报，2005（3）.

42. 田华 . 论副语言的基本特征［J］. 中国成人教育，2006（10）.

43. 王敏华 . 应重视和加强对副语言的研究［J］. 徐州教育学院学报，2006（4）.

44. 梅红，吴建南，宋晓平 . 组织沟通有效性、激励方式对学院管理的影响［J］. 西安交通大学学报（社会科学版），2008（2）.

45. 程志超，王捷，许强 . 传统企业与虚拟企业组织沟通有效性的比较［J］. 西安交通大学学报（社会科学版），2005，25（3）：30~35.

46. 张放天 . 性格分析与人际沟通［J］. 经贸世界，2005.

47. 张建卫，刘玉新 . 管理者沟通风格的诊断与改善［J］. 学术论坛，2000.

48. 王瑛，宋燕 . 虚拟企业组织沟通有效性评价体系研究［J］. 南京财经大学学报，2007，4.

49. 郑立新 . 领导才能与有效沟通的研究［D］. 哈尔滨工程大学，2004.

50. 路园园 . 建筑施工项目组织沟通机理及其有效性评价实证研究［D］. 合肥工业大学，2010.

51. 陈亮，林西 . 管理沟通理论发展综述［J］. 中南大学学报，2003，1.

52. 刘树波，尤丽 . 有效管理沟通在企业中的作用及实现途径分析［J］. 现代营销，2013，4.

53. 张霞，胡建元 . 管理沟通的障碍与疏导［J］. 企业活力，2005，1.

54. 程昭丽 . 企业执行力与管理沟通［J］. 现代商业，2012.

55. 张莹 . 软件行业 GVTs 沟通有效性影响因素研究［D］. 大连理工学，2009.

56. 刘晓鹏，张晓云，陈晨 . 论企业管理沟通中存在的问题及其应对策略［J］. 商业时代，2011.

57. 崔佳颖 . 组织的管理沟通研究［D］. 北京：首都经济贸易大学，2006.

58. 田华，宋秀莲 . 副语言交际概述［J］. 东北师大学报，2007，（1）.

59. 张品良 . 新网络环境下领导干部媒介素养的提升［J］. 求实，2010.

60. 史达 . 互联网政治生态系统构成及其互动机制研究［J］. 政治学研究，2010.

61. 曲泽伟 . 企业沟通管理优化策略分析［J］. 经管空间，2012，5：91.

62. 曹妍，王爱成 . 网络政治沟通及其效能提升［J］. 理论探索，2011（6）.

63. 汤景泰 . 论新媒体语境下公共决策中的民意沟通［J］. 暨南学报（哲学社会科学版），2013，35（8）.

64. 曹雁 . 论"社交媒体"对受众的影响［J］. 新闻世界，2011（9）.

65. 黄明珠 . 跨文化管理沟通中的人际关系处理［J］. 中国市场，2015（4）.

66. 薛瑞汉 . 网络监督面临的新问题及路径选择［J］. 新视野，2010（1）.

67. 2012 年中国微博蓝皮书 –DCCI 互联网数据中心［R］.DCCI 互联网数据中心，2012.

68. 高中华 . 管理沟通中位差效应的消除［J］. 企业改革与管理，2010（5）.

69. 陈炳，高猛 . 网络时代政府与公民社会的沟通问题［J］. 探索与争鸣，2010.

70. 陆珂 . 企业管理沟通中的问题及对策［J］. 中外企业家，2014（15）.

71. 韩红蕾 . 论现代企业的管理沟通技巧［J］. 人力资源管理，2014（9）.

72. 韩红蕾 . 现代企业管理沟通体系的构建与完善［J］. 云南社会主义学院学报，2014（4）.

73. 蔡翠红，李鞋 . 网络政治沟通：两面性与效果之辨［J］. 当代世界与社会主义，2011（6）.

74. ［美］罗纳德 · B. 阿德勒，拉瑟尔 · F. 普罗科特 . 沟通的艺术：看入人里，看出人外［M］. 黄素菲，李恩译 . 北京：世界图书出版公司，2014.

75. ［美］尼葛洛庞帝 . 数字化生存［M］. 胡泳，范海燕译 . 海口：海南出版社，1997.

76. 常晋芳 . 网络哲学引论——网络时代人类生存方式的变革［M］. 广州：广东人民出版社，2005.

77. ［美］玛格丽特 · 惠特利 . 领导力与新科学［M］. 简学译 . 北京：中国人民大学出版社，2008.

78. ［美］凯文 · 凯利 . 必然［M］. 周峰，董理，金阳译 . 北京：电子工业出版社，2016.

79. 吴军 . 智能时代［M］. 北京：中信出版社，2016.

80. 徐子沛 . 大数据［M］. 南宁：广西师范大学出版社，2012.

81. ［美］伊哈布 · 哈桑 . 后现代转向［M］. 刘象愚译 . 上海：上海世纪出版股份有限公司，2015.

82. ［美］吉姆 · 鲍威尔 . 图解后现代主义［M］.［美］乔 · 李插图 . 章辉译 . 重庆：重庆大学出版社，2015.

83. ［英］杰拉德 · 德蓝蒂 . 现代性与后现代性［M］. 李瑞华译 . 上海：商务印书馆，2012.

84. ［英］佩里 · 安德森 . 后现代性的起源［M］. 紫辰，合章译 . 北京：中国社会科学出版社，2008.

85.［美］大卫·雷·格里芬.后现代精神［M］.王成兵译.北京：中央编译出版社，2015，1.

86.［美］费雷德里克·泰勒.科学管理原理［M］.马风才译.北京：机械工业出版社，2007.

87.［美］彼得·德鲁克.已经发生的未来［M］.许志强译.北京：东方出版社，2009，4.

88.［美］苏珊·阿农齐奥，朱丽·莱斯.网络经济时代的管理创新新领袖——e领导［M］.袁雪针译.北京：中国宇航出版社.2006.

89. 王治河.作为一种生活方式的后现代主义［J］.北京大学学报，2006，3.

90. 张鹏骞.问与答——论伽达默尔的对话理论［D］.华东师范大学硕士论文，2006.

91. 王凤才.哈贝马斯交往行为理论述评［J］.理论学刊，2003，9.

92. 杜鹏程，赵曙明.德鲁克经典管理思想解读［J］.外国经济与管理，2009，11.

93. 方小玲.福柯的权力观［J］.杭州：杭州电子科技大学人文学院学报，2008，10.

94. 张剑，王建辉，王欢.情感：人员管理研究领域中的新热点［J］.北京科技大学学报，2007.

95. 周敏.管理理论范式转换中的人性轴线分析［J］.天中学刊，2014，7.

96. 周敏.论网络时代领导力的变革［J］.北京：中国行政管理，2011，10.

后　记

写作是件辛苦的事，“两句三年得，一吟双泪流”，其间的煎熬只有个中人知。写作也是件幸福的事，随着键盘在指间飞舞，看一行行文字悄然列队，像哨兵一样守卫着表达出的思想，内心充盈着一种创造的满足。否则，为什么有那么多人走在这条路上孜孜不倦、乐此不疲呢？但不得不说，写作也是件遗憾的事，当交稿期限临近时，发现还可以表达得更精准一些、更深刻一些，改得更好一些，可是，日历已经毫不客气地翻到了交稿日……每次书稿递交后都忐忑不安，就像一个面临大考的小学生，总是担心自己准备得不够好，这大概也算是“书被催成墨未浓”的另一番滋味吧。

“领导沟通”分 8 章，除了第一章“导论”外，其余 7 章都是近些年在干部培训讲台上讲的课，“有效沟通”“演讲训练”“谈判艺术”“应对媒体”“网络时代的领导沟通”等课程，一直深受学员欢迎，我相信这就是沟通本身的魅力所致。当自己那些芜杂的思想从薄薄的讲义被整理成厚厚的书稿，我等于又一次系统地接受了一回沟通培训，其味也甘之如饴。本书最大的创新点是将领导沟通和后现代思想进行了对接。这些年我在讲台上反复“销售”的领导变革一些方向性的东西，发现在后现代思想里都有深刻的论述并且自成体系。领导学和哲学在这个十字路口相遇，相视一笑，并肩走向新的远方。这种邂逅如此美妙，这是我写此书最大的收获。

由此，必须感谢向我约稿的国家行政学院的胡月星教授和“中国领导力提升系列丛书”的出版方，是胡教授的信任和出版方的搭台，为我创造了这番美好的体验。也要感谢我的同事刘忠坤老师，他一如既往地做了很多细致的工作。最后要感谢我的先生，帮我拍了一张可以放在书上的很漂亮的近照。

心无限，沟通无限，但愿我有限的表达能对大家有所裨益。

周敏

2016 年 9 月 8 日